IMPORTANT:

HERE IS YOUR REGISTRATION CODE TO ACCESS
YOUR PREMIUM McGRAW-HILL ONLINE RESOURCES.

For key premium online resources you need THIS CODE to gain access. Once the code is entered, you will be able to use the Web resources for the length of your course.

If your course is using **WebCT** or **Blackboard**, you'll be able to use this code to access the McGraw-Hill content within your instructor's online course.

Access is provided if you have purchased a new book. If the registration code is missing from this book, the registration screen on our Website, and within your WebCT or Blackboard course, will tell you how to obtain your new code.

Registering for McGraw-Hill Online Resources

TO gain access to your McGraw-Hill web resources simply follow the steps below:

(1) USE YOUR WEB BROWSER TO GO TO: **www.mhhe.com/queteparece3**

(2) CLICK ON **FIRST TIME USER**.

(3) ENTER THE REGISTRATION CODE* PRINTED ON THE TEAR-OFF BOOKMARK ON THE RIGHT.

(4) AFTER YOU HAVE ENTERED YOUR REGISTRATION CODE, CLICK **REGISTER**.

(5) FOLLOW THE INSTRUCTIONS TO SET-UP YOUR PERSONAL UserID AND PASSWORD.

(6) WRITE YOUR UserID AND PASSWORD DOWN FOR FUTURE REFERENCE. KEEP IT IN A SAFE PLACE.

TO GAIN ACCESS to the McGraw-Hill content in your instructor's **WebCT** or **Blackboard** course simply log in to the course with the UserID and Password provided by your instructor. Enter the registration code exactly as it appears in the box to the right when prompted by the system. You will only need to use the code the first time you click on McGraw-Hill content.

REGISTRATION CODE

JMXL-9OTN-1DYP-0SWH-7BPV

D1469865

Thank you, and welcome to your McGraw-Hill online Resources!

Mc Graw Hill **Higher Education**

0-07-296421-9 T/A **LEE: QUE TE PARECE? INTERMEDIATE SPANISH, 3E**

¿Qué te parece?

¿Qué te parece?

Intermediate Spanish

James F. Lee
Indiana University, Bloomington

Dolly Jesusita Young
University of Tennessee, Knoxville

Rodney Bransdorfer
Central Washington University

Darlene F. Wolf
Late, University of Alabama

Boston Burr Ridge, IL Dubuque, IA Madison, WI New York
San Francisco St. Louis Bangkok Bogotá Caracas Kuala Lumpur
Lisbon London Madrid Mexico City Milan Montreal New Delhi
Santiago Seoul Singapore Sydney Taipei Toronto

The McGraw·Hill Companies

 **Higher Education**

This is an ⎕B⎕ book.

¿Qué te parece?
Intermediate Spanish
Third Edition

1 2 3 4 5 6 7 8 9 0 DOW DOW 0 9 8 7 6 5 4

ISBN 0-07-281832-8

Editor–in–chief: *Emily G. Barrosse*
Publisher: *William R. Glass*
Director of development: *Scott Tinetti*
Development editor: *Max Ehrsam*
Executive marketing manager: *Nick Agnew*
Project manager: *David Sutton, Anne Fuzellier*
Production supervisor: *Tandra Jorgensen*
Senior designer: *Violeta Díaz*
Cover designer: *Lisa Buckley*

Cover credit: Rufino Tamayo (Mexican 1899–1991), *Luna Y Sol*, 1990. Mixografía® print on handmade paper, edition of 100, 37 × 39 inches. Photo: Scott Lindgren Photography, courtesy of Mixografía®, Los Angeles, printers and publishers of fine art prints since 1968.

Interior designer: *Linda Robertson*
Compositor: *The GTS Companies / York, PA Campus*
Typeface: *New Aster*
Printer: *RR Donnelley*

Library of Congress Cataloging-in-Publication Data

¿Qué te parece? Intermediate Spanish / James F. Lee…[et al.].—3rd ed.
   p. cm.
   "An EBI Book"—T.p. verso.
   Includes index.
   ISBN 0-07-281832-8 (softcover : alk. paper)
    1. Spanish language—Textbooks for foreign speakers—English. I. Lee, James F.

PC4129.E5Q45 2004
468.2'421—dc22   2004055966

www.mhhe.com

Dedication

FIRST EDITION

We dedicate this book to our co-author, Dr. Darlene Faye Wolf, whose life ended in December 1994. We celebrate her talent, intellect, beauty, elegance, and spirit. She was a model teacher, dedicated and devoted to her students. She was a published scholar whose promise was infinite. She was a published textbook writer, and her influence will continue to be felt through the materials she wrote. She was an outstanding language program director. Above all, she was a generous and loyal friend.

We celebrate Darlene's life and its impact on ours. We love you, Darlene, and miss you.

SECOND EDITION

To our friend, Darlene. It's not the same without you.

MEDIA EDITION

To Darlene, whom we continue to miss.

THIRD EDITION

Working on this book keeps Darlene close to us.

About the Cover

The dialogue between the moon and the sun in the cover art ***Luna y sol*** (1990) sums up the focus of this book: an invitation to say what you think, to converse with fellow students who may have different backgrounds or beliefs about a variety of interesting topics.

Rufino Tamayo (Mexico, 1899–1991) created ***Luna y sol*** the year prior to his death. At the time of publication of this print, Tamayo was quite ill and, in the words of his publisher, "he wished this work to present a timeless expression of happiness for the generations to come."

Contents

UNIDAD 5   La libertad y la falta de libertad   189

Preface to Instructors

Welcome to the Third Edition of *¿Qué te parece? Intermediate Spanish*!

We have reshaped our previous editions with an eye to a changing demographic reality: More and more freshmen are placing into second-year programs, and thus we cannot rely on our second-year students to be products of our first-year programs. Our new edition contains the textbook, *¿Qué te parece? Intermediate Spanish,* and two workbooks, *Manual que acompaña ¿Qué te parece?: Primera parte* and *Manual que acompaña ¿Qué te parece?: Segunda parte* Online versions of the workbooks are also available. The new edition also includes an optional literary reader, *¿Qué te parece esta lectura?*, and we have a CD-ROM that serves double duty: It complements the **Galería de arte** feature of the textbook and offers additional practice for the *¿Qué te parece esta lectura?* reader.

¿Qué te parece? is a unique intermediate program in that inherent in the pedagogical framework of the text are the five Cs of the National Standards for Foreign Language Learning: Communication, Cultures, Comparisons, Connections, and Communities. Each of these is easily found in *¿Qué te parece?*. Communication in this program is purposeful and goes beyond "practicing" the foreign language (FL) as an end itself. It moves into the realm of communicating in the FL to convey and exchange information. The information conveyed and exchanged is often for the purpose of comparing sociological, political, historical, educational, and psychological phenomenon (Connections) within the native language (NL) culture and then between the NL culture and the FL cultures (Cultures and Communities).

What's New in the Third Edition

We are very thankful to the users of *¿Qué te parece?* for their comments and feedback on the previous edition(s) and the time they took to critique them. We also wish to acknowledge the feedback we have received from students. Putting all that together with our own experiences, we feel we are offering a "new" and "improved" *¿Qué te parece?*, while at the same time respecting the heart of what this program has always offered: content- and task-based communicative interaction.

If you have used a previous edition of *¿Qué te parece?* you will find the following features new to the Third Edition.

❖ Each **Ideas para explorar** string contains a set of thematically unified vocabulary activities followed by a grammar explanation and thematically unified grammar activities.

❖ A new and simplified structure for in-class activities identifies the students' **Tarea** and suggests a **Procedimiento** to the instructor.

❖ Grammar explanation and practice in the textbook is followed by grammar practice in the *Manual*.

❖ Vocabulary presentation and practice in the textbook is followed by vocabulary practice in the *Manual*.

❖ An expanded vocabulary presentation in the textbook offers students the vocabulary word, its definition in Spanish, a context in which to use the vocabulary word, and other forms of the word that may be useful in conversation.

❖ New unit-ending **¿Qué te parece?** activities require students to blend classroom interaction with outside investigation.

❖ The new **Composición** section offers a simplified framework for writing compositions.

❖ A new unit-ending **Proyecto cultural** can optionally be followed up by in-class presentations.

❖ A perfect correspondence between in-class material and follow-up material in the *Manual* facilitates students' out-of-class practice.

❖ An optional separate book that contains literary readings activities, *¿Qué te parece esta lectura?*, broadens students' language and cultural knowledge.

❖ A new online version of the *Manual* enhances the flexibility of the program's multimedia components.

Unit Organization of *¿Qué te parece?*

Each unit of *¿Qué te parece?* opens with a **Galería de arte,** has two parallel lessons, and ends with a **¿Qué te parece?,** a **Composición,** and a **Proyecto cultural** section.

Each lesson contains two **Ideas para explorar** strings. Each string of **Ideas para explorar** contains the following features:

❖ **Vocabulario:** Thematic vocabulary presented with its definition in Spanish, a context in which the word is used, and other forms of the word.

❖ **Gramática:** A grammar explanation of the forms and functions of the grammar topic, presented concisely and with grammar tables.

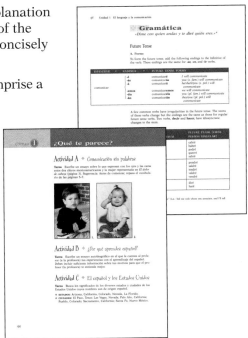

Following the two lessons that comprise a unit are the following sections:

❖ **¿Qué te parece?:** A set of communicative activities that relates class content to investigation, as well as makes use of the fine art pieces displayed in the **Galería de arte.**

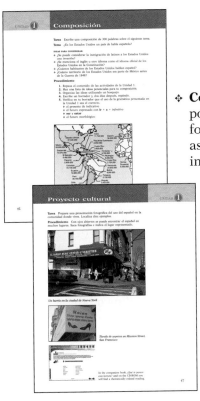

❖ **Composición:** A thematically related composition section that includes suggestions for organizing and drafting a composition, as well as for using unit grammar and editing the draft.

❖ **Proyecto cultural:** An optional project that allows students to investigate and report on a cultural theme related to the unit content.

Additional Features

❖ **Así se dice:** Additional information on the Spanish language.

❖ **Estrategias para la comunicación:** Communication strategies and tips.

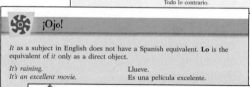

❖ **¡Ojo!:** Additional explanations on the subtleties of the Spanish language.

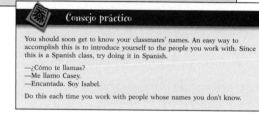

❖ **Consejo práctico:** Notes on various cultural aspects of the Spanish–speaking world.

Second-Year Spanish Courses: What Are They? What Can They Be?

If you have taught second-year courses before, or if you have tried to articulate the second-year curriculum with the rest of your instructional program, you know that the answers to these questions are complex. Second-year courses need to accomplish all the following goals—and perhaps more—at the same time:

❖ provide a continuation and expansion of first-year Spanish

❖ accommodate a variety of students placed into second year from different high school programs (some of these students may not have taken Spanish for two or three years)

❖ represent the "end of the line" for students fulfilling a language requirement

❖ act as a springboard to advanced Spanish courses and, as such, function as a critical course for students who will eventually become Spanish majors or minors

These issues force us to ask many questions when planning a second-year program. Can the transition from first year be a smooth one? Do students with high school preparation have the same skills as students coming from our own first-year courses? How many students will continue on to third year and beyond? Can we help them make a smooth transition into those courses? What can we do to motivate students whose last Spanish course will be this one? What skills should we try to develop in this diverse student population? How much time do we have to get through the materials we choose? Should we juggle a set of books or use a single text?

How Does *¿Qué te parece?* Address These Issues?

The solutions to these problems will vary from institution to institution. The co-authors of *¿Qué te parece?* have faced them all, since we are all currently or have been language program directors in diverse settings. We asked ourselves the same questions as we were planning and writing the *¿Qué te parece?* materials.

Only you can decide if these materials are right for your program, but we believe that you will find the following features to be useful:

- ❖ manageable amount of material, organized according to class meetings of 50 minutes
- ❖ grammar and vocabulary practice leading to communicative activities
- ❖ strategies for communication and listening as well as strategies that will help students learn from and manage interactions with other students
- ❖ fine art from around the Spanish-speaking world, accompanied by art appreciation activities
- ❖ windows into contemporary Hispanic culture via photographs and realia

In addition, you will find that these linguistic and cultural features are presented in the context of traditional and contemporary topics and issues that have proven to be of high interest to students.

Here are some of the general and specific questions that students will explore in the six units of *¿Qué te parece?*

GENERAL	SPECIFIC
What are language and communication?	Why do you take Spanish? How prevalent is Spanish in this country?
How universal are superstitions and popular beliefs?	How are Hispanic belief systems similar to others? How are they different?
Why isn't the issue of environmental protection as simple as it seems?	Does the future of our environment depend on what happens to Latin American rain forests?

(continúa)

How have mass communications influenced modern society?	Is the Internet as important in the Spanish-speaking world as it is in this country? How prevalent is cell phone use?
What are basic human rights?	How prevalent are racism and sexism?
Must different cultures enter into conflict or can they coexist?	Did Columbus discover a new world or merely find one that already existed?

Some of these topics are fun and immediately engaging; others are more serious and challenging. What is important to note about *¿Qué te parece?* is that *it gives students the tools they need to talk about what they think,* not about what someone thinks they should believe.

What Is the Place of Spanish in a Humanities Curriculum?

Unfortunately, in today's world all educated people do not have to speak more than one language. Many Spanish departments try to justify the study of Spanish on practical grounds, knowing that Spanish can be useful to students in their chosen profession. But how can we say that this is the case when most of our students will change jobs many times in their working lifetimes? Science or history departments don't need to justify themselves on practical grounds.

The co-authors of *¿Qué te parece?* feel that the study of Spanish is more appropriately discussed in the context of an individual's general education, or **formación,** to use the Spanish term. Studying Spanish can lead our students to explore different world views. Consider how many cultures and peoples speak, read, and write Spanish! Consider the many national and regional literatures, arts, artists, oral and folk traditions, and peoples, in contact and in conflict, that make up the Spanish-speaking world. In addition, language study can be linked with the development of students' critical-thinking skills. Studying Spanish not only contributes to students' **formación** as people but also as intellectuals.

We believe that *¿Qué te parece?* contributes to students' **formación** as people and as intellectuals in many ways. Seen as a whole, the program offers integrated materials in the areas of basic language, cultural content, and critical-thinking skills.

BASIC LANGUAGE	CULTURE	CRITICAL THINKING
grammar	literature	rating and evaluating
vocabulary	popular figures	drawing conclusions
speaking	historical facts	note-taking
writing	art and artists	debating
reading	political figures	supporting opinions
listening	popular culture	drawing inferences

Organization of the Student Text and the *Manual*

The student textbook consists of six units. Each unit opens with a **Galería de arte,** followed by two **lecciones** of varying length. The units of the *Manual que acompaña ¿Qué te parece?* (workbook/laboratory manual) follow the organization of the student text section by section.

The chart on the following page summarizes the organization and content of the six units and indicates the amount of time (50-minute classes) suggested for each **lección.** Note that the main "organizer" of the student text is the section called **Ideas para explorar,** designed to be covered in two fifty-minute classes each. In addition to the content in the student text, the chart includes a schematic organization of the optional CD-ROM as it relates to each of the units of organization of the student text. The material in the CD-ROM could function as an introduction to each set of **lecciones,** as indicated in this chart.

Additional Features of the Student Text

The following features of the student text will also help you and your students have a rewarding experience in second-year Spanish. A more detailed discussion of them can be found in the bound-in section of the Instructor's Edition.

- ❖ **Así se dice** boxes provide additional information about the Spanish language.
- ❖ **Estrategia para la comunicación** boxes help students be successful language learners.

A Few Words About Art in *¿Qué te parece?*

Although many textbooks feature fine art from different parts of the Spanish-speaking world, not all make use of the art to stimulate communication and interaction among students. Just as the co-authors of *¿Qué te parece?* want students to relate personally to the literature they are reading, we also want them to react to Hispanic art in a personal way. Thus, the **Galería de arte** sections feature artists from a wide range of countries, working in a wide range of styles.

Integrating the **Proyecto Cultural** into the Curriculum

The **Proyecto cultural** found at the end of each unit in the text contains a wealth of information that relates thematically to the content of each unit. The **Proyecto cultural** can be integrated into the second-year curriculum

¿QUÉ TE PARECE? HEADING	WHAT IS IN THE STUDENT TEXT?	WHAT IS IN THE CD-ROM?	DAYS ALLOTTED	WHAT IS IN THE *MANUAL*?
unit table of contents	overview of unit content	preview		
Galería de arte	fine art from the Hispanic world	**Galería de arte:** art appreciation activities based on the **Galería de arte** section that opens the textbook unit		
LECCIÓN A Ideas para explorar	basic unit of organization within the lesson; there are two per lesson	**geografía** or **literatura: biografía** and **vocabulario útil**	4 days	
Vocabulario del tema	presentation of vocabulary with definitions in Spanish; vocabulary practice activities			vocabulary exercises
Gramática	complete grammar explanations with exercises			grammar exercises
Actividades	in-class activities, organized into a **Tarea** and **Procedimiento**			
LECCIÓN B same as **Lección A**		**historia** or **literatura: actividades de comprensión, lectura (leer y escuchar), prueba**	4 days	
¿Qué te parece?	in-class activities that may require out-of-class preparation	**literatura: preguntas**	1 day	
Composición	process composition writing		1 day or optionally assigned to be done out-of-class	
Proyecto cultural	out-of-class activity that explores a cultural theme		optionally students may present the results of their **Proyecto cultural**	

in several ways. Students can hand in their **Proyecto** twice, in the middle of the semester and toward the end of the semester, counting as a certain percentage of their grade. Alternately, the **Proyecto** might weave the content of a suggested video segment, film, television program, movie, song, or literary piece into an in-class, thematically related activity in the text. In the bound-in Instructor's Edition, you will find a correlation chart that indicates which activities within each unit relate culturally or thematically to suggested activities in the **Proyecto cultural.**

Additional Parts of the *¿Qué te parece?* Package

The supplements listed here may accompany *¿Qué te parece?* Please contact your local McGraw-Hill representative for details concerning policies, prices, and availability, as some restrictions may apply.

- ❖ *¿Qué te parece esta lectura?* Since most major and minor programs in Spanish are primarily based on the study of literature, second-year courses must help students learn to read literature. Literary readings in *¿Qué te parece esta lectura?* are accompanied by pre- and postreading activities that help students become successful readers and explore their reactions to the selections. Selections were chosen with the unit theme in mind, as well as to represent a variety of authorial voices and countries.

	UNIT	READING	AUTHOR
1	**El lenguaje y la comunicación**	"La novia ausente" (short story)	Marco Denevi (Argentina)
2	**Las creencias populares**	"Cirios" (narrative)	Marjorie Agosín (Chile)
3	**El medio ambiente**	"Kentucky" (poem)	Ernesto Cardenal (Nicaragua)
4	**Los medios de comunicación y la globalización**	"Telenovela" (poem)	Rosario Castellanos (México)
5	**La libertad y la falta de libertad**	"Una carta de familia" (short story)	Álvaro Menéndez Leal (El Salvador)
6	**Perspectivas e imágenes culturales**	"Balada de los dos abuelos" (poem)	Nicolás Guillén (Cuba)

- ❖ Complete **Audio CD Program** (free to adopting institutions or for purchase by students), coordinated with the *Manual,* that provides listening comprehension practice and structured activities that use the vocabulary and grammar of each unit.

- ❖ A **CD-ROM** coordinates with the literary selections in the *¿Qué te parece esta lectura?* reader and **Galería de arte** sections found in each unit. The interactive format of the CD-ROM includes audio and colorful visuals to engage students further in the world of Hispanic arts and letters.

- ❖ A text-specific **video on CD** contains authentic footage coordinated with the six unit themes in *¿Qué te parece?* **Proyecto cultural** sections at the end of each unit in the text. These sections contain, among other things, ideas for brief writing assignments or projects related to the video episode(s) for each unit.

❖ The new *¿Qué te parece?* Online Learning Center offers abundant material and information for students and instructors alike to get the most out of their intermediate Spanish instruction. Visit the site at **www.mhhe.com/queteparece3.**

❖ A bound-in **Instructor's Edition** with the following features:
— expanded discussion of the program's features, with suggestions for implementation
— biographical information on the artists featured in the **Galería de arte** sections
— suggestions for organizing a syllabus for three- and four-day-a-week programs
— suggestions and guidelines for testing
— suggested criteria for grading compositions
— an overview of the CD-ROM to identify its sections and features
— a correlation chart to help instructors link **Proyecto cultural** activities with other activities in the text

❖ **Audioscript** of the materials on the audio program

Premium Content on the *¿Qué te parece?* Website

Students who purchased a *new copy* of *¿Qué te parece?* have access free of charge to premium content on the Online Learning Center website at **www.mhhe.com/queteparece3.** This includes, among other items, the complete audio program that supports the accompanying Workbook/ Laboratory Manual. The card bound inside the front cover of this book provides a registration code to access the premium content. *This code is unique to each individual user.* Other study resources may be added to the premium content during the life of the edition of the book.

Students who purchased a used copy of *¿Qué te parece?* but would also like to have access to the premium content, may purchase a registration code for a nominal fee. Please visit the Online Learning Center website for more information.

If you are an instructor, you do not need a special registration code for premium content. Instructors have full access to all levels of content via the Instructor's Edition link on the homepage of the Online Learning Center website. Please contact your local McGraw-Hill sales representative for your password to the Instructor's Edition.

Holding Students Accountable for Content on the CD-ROM

Students can be held accountable for the content of the optional CD-ROM in several ways. You might assign activities from the CD-ROM on the course syllabus, using the CD-ROM activities as homework. The content of the CD can be used in short, in-class quizzes or integrated into the major exams during the semester. Specific exercises on the CD, such as the essay tasks, could be used as extra credit or as replacement grades for homework. The content of the CD-ROM can also be integrated into the compositions. You might award additional points to compositions that include references to information from the CD. Finally, you might integrate exercises and information from the CD into class activities on days that you cover the specific lesson.

Making the Transition from First- to Second-Year Spanish Courses

¿Qué te parece? can be used in any second-year course that is communication or proficiency oriented; it serves as a follow-up to any first-year text.

If your first-year program has the following emphasis . . .	*¿Qué te parece?* offers the following strengths:
❖ grammar foundation	❖ balance of skill development ❖ cultural panorama ❖ systematic review and recycling of grammar
❖ comprehension approach	❖ comprehension-based materials ❖ student production and interaction ❖ grammar presented as needed for communication
❖ controlled, contextualized exercises and activities	❖ task-based, open-ended production activities ❖ engaging themes ❖ useful grammar highlighted
❖ four-skills approach ❖ task-based approach	❖ four-skills approach ❖ task-based approach

Acknowledgments

We would like to thank the following instructors who participated in a series of surveys and reviews that were instrumental in the development of the Third Edition of *¿Qué te parece?* The appearance of their names does not necessarily constitute an endorsement of the text or its methodology.

Elena Adell
University of Georgia

María S. Coloma
University of Notre Dame

M. Celeste Delgado-Librero
Sweet Briar College

Priscilla Hunter
Southern Oregon University

Christina Isabelli
Illinois Wesleyan University

Christine Swain
Wake Forest University

Sonia Elizabeth Valle
Tulane University

Many people worked diligently on the First Edition of *¿Qué te parece?* or in some way influenced our thinking on it and subsequent editions, for which we remain appreciative. In particular, we would like to acknowledge Mark Porter, Karin Millard, Renato Rodríguez, Ronald P. Leow, Daniel Bender, Linda Paulus, and Mary Jane Tracey. With regard to the First Edition, we wish to acknowledge the special contributions of Trisha Dvorak, a believer in the power of task-based and content-based instruction. Trisha guided the development of a previous version of the second-year follow-up to *¿Sabías que… ?,* working with her authorial team on concepts, principles, and ideas. We also owe a great deal to Bill VanPatten and his work on the first, second, third, and fourth editions of *¿Sabías que… ?*

From Jim and Dolly to the editorial and production teams: We love the design. Our sincere thanks to Violeta Díaz, Linda Robertson, and Lisa Buckley. We also wish to thank Laura Chastain for her linguistic contributions, and David Sutton and Anne Fuzellier for working diligently to keep the Third Edition moving along toward publication. We are also grateful to now-retired Thalia Dorwick for her continued support of *¿Qué te parece?* and to our publisher, William R. Glass, for making the revision planning meeting so enjoyable.

From Jim to Dolly: It is my great pleasure to have worked with you again. You make me think, and for that and so many other things, thanks.

From Jim to Donna and Sean: Thanks for coming along on a sometimes bumpy ride. I'm really happy you joined the team.

From Jim to Max Ehrsam, our development editor: I truly appreciate the care you took with the manuscript to be sure that our vision made it into print.

Preface to Students

What's in a Name?

We named this book *¿Qué te parece?* (*What Do You Think?*) because it invites you to say what you think. This book does not intend to impose any beliefs on you. Rather, the activities are structured so that many points of view can and will emerge, and the final decision about what to think, feel, or believe with regard to the topics and questions you will explore in this course is yours.

    ¿Qué te parece? was written with students in mind. It will help you be successful in second-year Spanish courses and make you want to use Spanish to explore a variety of topics that we hope are of interest to you.

Topics of Interest

As you work through the exercises and activities in the textbook (the book you are reading right now) and the companion workbook/laboratory manual (*Manual*) that accompanies the textbook, you will learn about and express yourself on topics such as the following:

- ❖ Who are César Chávez and Rigoberta Menchú, and what has been their impact on this country's culture?
- ❖ What belief systems organize your world? And how similar are your belief systems to those of Hispanics, regardless of where they live?
- ❖ Why isn't protecting the environment as simple an issue as it seems to be on the surface? And why is everybody talking about the Latin American rain forests?
- ❖ Is Columbus a hero? How do people in Latin America view him?

Some of these topics will be fun to discuss, and others will be more challenging. In either case, *¿Qué te parece?* will give you the tools you need to express yourself.

Organization of This Text and the *Manual*

This text contains six units organized in the following way:

- ❖ **Galería de arte:** fine art from the Hispanic world
- ❖ first **Lección:** grammar, vocabulary, and communicative activities

❖ second **Lección:** more grammar, vocabulary, and communicative activities
❖ **¿Qué te parece?:** activities that explore cultural themes
❖ **Composición:** for writing practice
❖ **Proyecto cultural:** for investigating a topic in the Hispanic world

If you want to learn more about the text's organization and about its many features, you may wish to read pages xxiv–xxv of the Preface to Instructors. The *Manual* is coordinated with the text, section by section, so it will be easy to understand.

Special Features Designed to Help You Be Successful

The basic unit of organization of *¿Qué te parece?* is called **Ideas para explorar.** Each of these sections contains the following features:

❖ **Vocabulario:** words and expressions you will want to use to talk about the lesson's theme
❖ **Gramática:** a brief grammar chart and explanation that will give you what you need to complete the activities on each topic.
❖ **Actividades:** organized by a **Tarea** and a **Procedimiento**

In addition, the following features will help you learn better, speak more easily, understand more, and appreciate Spanish more in general.

❖ **Estrategia para la comunicación** offers suggestions to help you express yourself better.
❖ **Así se dice** boxes offer additional information about the Spanish language.

Premium Content on the *¿Qué te parece?* Website

If you have purchased a *new copy* of *¿Qué te parece?* you have access free of charge to premium content on the Online Learning Center website at **www.mhhe.com/queteparece3.** This includes, among other items, the complete audio program that supports the accompanying Workbook/ Laboratory Manual. The card bound inside the front cover of this book provides a registration code to access the premium content. *This code is unique to each individual user.* Other study resources may be added to the premium content during the life of the edition of the book.

If you have purchased a used copy of *¿Qué te parece?* but would also like to have access to the premium content, you may purchase a registration code for a nominal fee. Please visit the Online Learning Center website for more information.

If you are an instructor, you do not need a special registration code for premium content. Instructors have full access to all levels of content via the Instructor's Edition link on the homepage of the Online Learning Center website. Please contact your local McGraw-Hill sales representative for your password to the Instructor's Edition.

One Last Point

It is likely that your Spanish class will include a wide variety of people: students who took Spanish in high school, students who started Spanish at this university, people who are finishing up their language requirement, and individuals who want to major or minor in Spanish. Whether or not you plan to continue with Spanish after this course, we hope that you will enjoy using the *¿Qué te parece?* program and that you will say what you think about a variety of topics as well as listen to what others have to say about them. With this program, you will see a wonderful panorama—via art, literature, cartoons, newspaper and magazine articles—of the many cultures and people that make up the Spanish-speaking world here in this country and abroad.

El lenguaje y la comunicación

The *¿Qué te parece?* CD-ROM offers additional activities related to the **Galería de arte** in this unit.

Dimensión de experiencias

¿Cómo nos afecta lo que vemos en una obra de arte? ¿Cómo nos sentimos? ¿Despierta la obra de arte emociones en nosotros? ¿Nos provoca? Estas preguntas tienen que ver con la dimensión de las experiencias del individuo que percibe la obra de arte. Esta dimensión se relaciona con las reacciones sentimentales y emotivas y no con las reacciones y análisis intelectuales.

1 Claudio Bravo (chileno, 1936–   )
Pintando una pared

2 David Alfaro Siqueiros (mexicano, 1896–1974)
El sollozo

3 Patssi Valdez (estadounidense, 1951–   )
El dolor de cabeza

4 Claudio Bravo
(chileno, 1936–   )
2 Circe

El español y tú

¿Por qué aprendes español? ¿por motivos de herencia, motivos prácticos o ambos?

Ideas para explorar *¡Vamos a conocernos!*

Vocabulario

Vocabulario del tema	Definición	Contexto	Otras formas de la palabra
aburrido/a	que no se divierte o que le falta interés en algo o alguien	La fiesta no es muy buena. Juan está aburrido.	aburrir(se) aburrimiento
animado/a	alegre, divertido/a; con energía	Los niños pequeños suelen ser más animados que los ancianos.	animar ánimo
aplicado/a	estudioso/a, trabajador(a)	Los profesores suelen ser aplicados, inteligentes y sabios. Estudiaron muchos años para alcanzar estas cualidades.	aplicar aplicación (*f.*)
atrevido/a	que no tiene miedo de hacer o decir algo	Se dice que las personas atrevidas suelen aprender las lenguas extranjeras más rápidamente.	atrever(se) atrevimiento
bromista	que hace reír a la gente con chistes o burlas	Las fiestas sin invitados bromistas me parecen muy aburridas.	bromear broma
confundido/a	que no tiene claridad de mente o que parece no tenerla	La persona que está confundida no debe tomar decisiones hasta tener la cabeza clara.	confundir confusión (*f.*)
curioso/a	que tiene mucho interés en algo o alguien	A veces, las personas curiosas se enteran de cosas antes que los demás.	curiosear curiosidad (*f.*)
dedicado/a	que pone mucho esfuerzo en algo	El estudiante dedicado suele recibir buenas notas.	dedicar dedicación (*f.*)

Vocabulario del tema	Definición	Contexto	Otras formas de la palabra
deprimido/a	que padece de una tristeza muy profunda	La gente deprimida sufre también de insomnio.	deprimir depresión (f.)
divertido/a	que disfruta mucho algún evento o la compañía de alguien	A todos nos gusta la compañía de amigos divertidos.	divertir(se) diversión (f.)
horrorizado/a	que siente miedo, horror o pánico	Los estudiantes horrorizados de hablar otra lengua sufren sin necesidad.	horrorizar horror (m.)
impulsivo/a	que reacciona a un estímulo sin considerar las consecuencias	Mi amiga es impulsiva: compró un carro muy caro que ahora no le gusta.	impulsar impulso
interesado/a	que tiene interés por cierta(s) cosa(s)	Un estudiante interesado es el estudiante con suficiente motivación para aprender otra lengua.	interesar interés (m.)
listo/a	que comprende las cosas rápidamente o es hábil para saber lo que le conviene	Es necesario ser listo para aprender otra lengua.	listeza
perezoso/a	que no tiene ganas de trabajar, moverse o hacer ciertas cosas	A las personas perezosas les falta la ambición necesaria para graduarse.	pereza
práctico/a	que ve la utilidad de cualquier cosa o situación	Mi compañero de cuarto prefiere comprar un carro práctico en vez de uno lujoso.	
relajado/a	que no se siente tenso/a; sin rigor	El estudiante más relajado va a ser el que aprenda español más rápidamente.	relajar(se) relajamiento
reservado/a	que no suele comunicar sus ideas o sentimientos	Mi amiga es muy reservada y no quiere asistir a las fiestas.	reservar(se) reserva
sedentario/a	que se mueve muy poco	Una persona que ve mucha televisión vive una vida sedentaria.	sedentarismo

Vocabulario del tema	Definición	Contexto	Otras formas de la palabra
sociable	que disfruta la compañía o la conversación de otras personas	Las personas sociables conocen a mucha gente y tienen muchos amigos.	socializar sociabilidad (f.)
sorprendido/a	que no esperaba cierta cosa o que descubre algo que se ocultaba	María estaba sorprendida. ¡Nunca había visto una ciudad tan grande!	sorprender(se) sorpresa

Actividad A ✤ Los rasgos personales

Tarea   Indica si los significados de cada uno de los siguientes pares de palabras son parecidos (P) o no (NP).

1. _____ activo / perezoso
2. _____ aplicado / dedicado
3. _____ atrevido / sedentario
4. _____ agresivo / reservado
5. _____ bromista / divertido
6. _____ listo / inteligente
7. _____ impulsivo / práctico
8. _____ sociable / alegre
9. _____ aburrido / animado
10. _____ contento / deprimido
11. _____ impaciente / tenso
12. _____ relajado / nervioso
13. _____ curioso / interesado
14. _____ confundido / animado
15. _____ horrorizado / sorprendido

Procedimiento   La actividad puede hacerse con toda la clase, en grupos o individualmente. También se puede practicar la pronunciación correcta de todas las palabras.

Paso optativo   Describe a las mujeres representadas en *El sollozo* (página 2) y *2 Circe* (página 3).

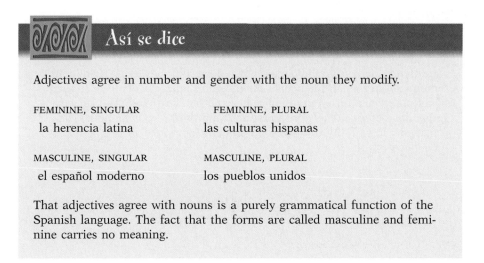

Así se dice

Adjectives agree in number and gender with the noun they modify.

FEMININE, SINGULAR
la herencia latina

FEMININE, PLURAL
las culturas hispanas

MASCULINE, SINGULAR
el español moderno

MASCULINE, PLURAL
los pueblos unidos

That adjectives agree with nouns is a purely grammatical function of the Spanish language. The fact that the forms are called masculine and feminine carries no meaning.

Consejo práctico

You should soon get to know your classmates' names. An easy way to accomplish this is to introduce yourself to the people you work with. Since this is a Spanish class, try doing it in Spanish.

—¿Cómo te llamas?
—Me llamo Casey.
—Encantada. Soy Isabel.

Do this each time you work with people whose names you don't know.

Actividad B ✤ ¿Qué buscas?

Tarea   Indica los rasgos personales y características que buscas en las personas indicadas y aquéllos que tú posees, según el contexto.

> **1.** ¿Cuáles son los rasgos personales y características que buscas...
>   ✤ en un buen profesor (una buena profesora) de español?
>   ✤ en un compañero (una compañera) de cuarto?
>   ✤ en tus compañeros de clase (de español)?
>
> **2.** ¿Cuáles son los rasgos personales y características que posees tú...
>   ✤ como estudiante (en general)?
>   ✤ como estudiante de español?

Procedimiento   Los/Las estudiantes pueden trabajar en parejas o en grupos y luego compartir sus respuestas con el resto de la clase. Por lo general, ¿buscan el mismo tipo de profesor(a)? ¿el mismo tipo de compañero/a? ¿Cómo se describen los miembros de la clase como estudiantes?

Así se dice

Note that the adjective **indicadas** in the direction lines for **Actividad B** is feminine even though the people the direction lines are referring to might be all males or a mixed group of males and females. Why? The adjective **indicadas** describes the word **personas,** and this word is feminine. Thus, a man would say, **Soy una persona sincera** (not **sincero**).

Estrategia para la comunicación

We often listen to what other people have to say, then indicate whether we agree with them or not. Use the following expressions to indicate agreement and disagreement. After making a statement with one of these expressions, you will probably want to indicate what aspects of the other person's opinion you are (dis)agreeing with.

AGREEMENT

¡Claro que sí!
¡Definitivamente!
Es cierto.
Estoy de acuerdo.
¡Por supuesto!
¡Tiene(s) toda la razón!
Ya lo creo.

DISAGREEMENT

A cada cual lo suyo.
¡De ninguna manera!
¡Imposible!
¡No es cierto!
No estoy de acuerdo.
¡Qué tontería!
Te equivocas.
Todo lo contrario.

Actividad C ✦ Al entrar y al salir

Tarea Termina las siguientes oraciones con información verdadera para ti.

1. Al despertarme esta mañana, estaba...
2. Al acostarme esta noche, espero estar...
3. Al entrar en el salón de clase hoy, estaba...
4. Al salir del salón de clase hoy, espero estar...

Procedimiento Se puede trabajar en parejas o en grupos y luego compartir los resultados con el resto de la clase. Un alumno (Una alumna) puede presentar la información que aprendió de otro/a.

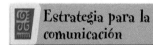

Estrategia para la comunicación

The following words link information together. Be sure you know what they mean.

y	*and*
pero	*but*
además	*besides*
también	*also*
a la vez	*at the same time*

✦ Gramática

*«El que madru**g**a com**e** pechuga.»**

Present Tense of Regular and Stem-Changing Verbs

A. Regular Forms

The following endings are attached to verb stems based on the infinitive forms. These endings indicate present time and the person who is performing the action.

---

*"The early bird gets the worm." (Lit.: The person who rises early eats chicken breast.)

-ar VERBS		
estudiar	→	**estudi-**
estudi**o**	*I study*	
estudi**as**	*you (s. fam.) study*	
estudi**a**	*he/she/it studies; you (s. pol.) study*	
estudi**amos**	*we study*	
estudi**áis**	*you (pl. fam.) study*	
estudi**an**	*they/you (pl. pol.) study*	

-er VERBS		
comer	→	**com-**
com**o**	*I eat*	
com**es**	*you (s. fam.) eat*	
com**e**	*he/she/it eats; you (s. pol.) eat*	
com**emos**	*we eat*	
com**éis**	*you (pl. fam.) eat*	
com**en**	*they/you (pl. pol.) eat*	

-ir VERBS		
escribir	→	**escrib-**
escrib**o**	*I write*	
escrib**es**	*you (s. fam.) write*	
escrib**e**	*he/she/it writes; you (s. pol.) write*	
escrib**imos**	*we write*	
escrib**ís**	*you (pl. fam.) write*	
escrib**en**	*they/you (pl. pol.) write*	

B. Stem-Changing Forms

1. Patterned changes

  a. Vocalic changes in stressed syllables

    The stem vowel changes only when it is stressed. It does not change otherwise. In the case of the **nosotros** or **vosotros** forms, the stem vowel is not stressed and, thus, does not change.

	e → ie	o/u* → ue	e → i
	preferir	**recordar**	**pedir**
Models	prefiero prefieres prefiere preferimos preferís prefieren	recuerdo recuerdas recuerda recordamos recordáis recuerdan	pido pides pide pedimos pedís piden
Other verbs **-ar**	comenzar despertar empezar pensar	contar encontrar jugar* mostrar	
Other verbs **-er**	encender entender perder querer	mover poder resolver volver	
Other verbs **-ir**	divertir sentir sugerir	dormir morir	reír seguir† servir

¡Ojo!

Not all verbs undergo the stem-vowel changes described here. For example, in the verbs in the first set below, the stem vowels change as described, but in the verbs in the second set they don't change. You will have to memorize which verbs change and which do not.

encender	contar		vender	cortar
empezar	mover		pesar	coser

b. Sound-related changes
There are several spelling changes that are necessary in order to maintain the original sound of the infinitive. Two types are described here. The first maintains the original pronunciacion of **g** (whether *hard* or *soft*) when adding a personal ending would bring the **g** next to a vowel that would normally change it. The second type maintains the original pronunciation of a vowel when adding a personal ending brings it next to another vowel that would normally combine with it to make a diphthong.

---

*__Jugar__ is the only verb in Spanish that experiences the **u → ue** stem-vowel change.
†Verbs like **seguir** (**perseguir, conseguir,** and so forth) also undergo the spelling change described in part 1b.

	gu → g	g → j	i → y	ADD ACCENT TO i OR u
	distinguir	**proteger**	**incluir**	**continuar**
Models	distin**g**o distingues distingue distinguimos distinguís distinguen	prote**j**o proteges protege protegemos protegéis protegen	inclu**y**o inclu**y**es inclu**y**e incluimos incluís inclu**y**en	contin**ú**o contin**ú**as contin**ú**a continuamos continuáis contin**ú**an
Other verbs	conseguir* perseguir* seguir*	dirigir escoger recoger	construir huir	actuar enviar variar

2. Idiosyncratic changes

    a. First-person singular changes (no irregularities in other present tense forms)

	c → zc	INSERT **g** BEFORE **o**	INSERT **g** BEFORE **o** AND **e** → **i**	OTHERS
Models	conocer → cono**zc**o	poner → pon**go**	traer → tra**igo**	
Other verbs	aparecer conducir merecer ofrecer producir	salir valer	caer	caber → quepo dar → doy hacer → hago saber → sé

    b. Multiple irregularities (some of the most frequently used verbs in Spanish)

decir[†]	**ir**	**oír**	**tener**[†]	**venir**
digo dices dice decimos decís dicen	voy vas va vamos vais van	oigo oyes oye oímos oís oyen	tengo tienes tiene tenemos tenéis tienen	vengo vienes viene venimos venís vienen

---

*Verbs like **conseguir** (**perseguir, seguir,** and so forth) also undergo the stem-vowel change described in part 1a.

[†]Verbs like **decir** (**maldecir, predecir,** etc.) and **tener** (**contener, mantener,** etc.) follow the same pattern as these two verbs.

¡Ojo!

Children learning Spanish as their first language often make mistakes when conjugating verbs. One of the most common is called *overgeneralization*. It occurs when the rule for conjugating a regular verb is applied to irregular verbs or vice versa. You might hear a child say **sabo** instead of **sé** or **vieno** instead of **vengo.** You probably made the same kind of mistake when you were first learning English (for example, *I goed* instead of *I went*), and you may make them again as you learn Spanish. It is a natural process and it shows that you have been successful in acquiring a rule. Now you just need to learn the exceptions to the rule!

C. Functions

The present tense in Spanish has a wider range of functions than it does in English. There are four principal functions of the Spanish present tense.

1. To express an action, event, or state in progress at the time of speaking

—¿Qué **pasa**? — *What's going on?*
—Nada. ¿Qué **haces** tú? — *Nothing. What are you doing?*

El Presidente **regresa** a la Casa Blanca. — *The President is returning to the White House.*

Note that the English equivalents use the present progressive.

2. To express a regularly occurring or habitual action or situation in the present

Martina **desayuna** todas las mañanas a las ocho y después **corre** tres kilometros. — *Martina eats breakfast every morning at eight and later runs three kilometers.*

Trabajo desde las nueve hasta las cinco, excepto los fines de semana. — *I work from nine to five, except on weekends.*

3. To express a situation that exists currently and continues into the future

Este semestre **estudio** francés, matemáticas y economía. — *I am studying French, math, and economics this semester.*

Horacio **escribe** una novela y un libro de poesía. — *Horacio is writing a novel and a book of poems.*

Again, the English equivalents would use the present progressive.

4. To express an action or situation in the near future

Mañana Jorge y yo **limpiamos** la casa y **lavamos** el coche. — *Tomorrow Jorge and I are going to clean the house and wash the car.*

Las tiendas **abren** a las cinco esta tarde. — *The stores will open at five this afternoon.*

The English equivalent is a future tense.

Actividad A ✣ ¿Es verdad?

Tarea Conjuga el verbo indicado para darle sentido a la oración. Luego, indica si lo que se expresa es verdad para ti.

1. Muchas personas _____ (hacer) ejercicio cuando están deprimidas.
2. Algunas personas _____ (correr) para relajarse.
3. Cuando me siento muy tenso/a, _____ (ir) al cine.
4. Cuando estoy alegre, _____ (lavar) la ropa y _____ (limpiar) la casa.
5. Mis amigos/as y yo _____ (preferir) salir los sábados y no los viernes. La gente es más divertida los sábados.
6. Mi familia y yo _____ (cenar) juntos los domingos.
7. Cuando los adultos se sienten horrorizados, _____ (llorar) y _____ (gritar).
8. La mayoría de los alumnos de esta universidad son muy dedicados y _____ (estudiar) mucho.
9. La mayoría de los alumnos de esta universidad _____ (trabajar) además de estudiar.
10. Cuando está aburrido/a, el profesor (la profesora) _____ (mirar) la televisión.

Procedimiento Los alumnos pueden trabajar individualmente, en parejas o con la clase entera. Al repasar las respuestas de los alumnos se debe verificar que la forma del verbo sea correcta.

Actividad B ✣ ¿Qué te gusta hacer?

Tarea Entrevista a un compañero (una compañera) de clase para completar el siguiente cuadro con las actividades que le gusta hacer los fines de semana.

	CUANDO ESTÁ ALEGRE	CUANDO ESTÁ TRISTE	CUANDO ESTÁ NERVIOSO/A Y/O TENSO/A	CUANDO ESTÁ ___
solo/a				
con amigos				

POSIBLES ACTIVIDADES

charlar con un compañero
(una compañera)

descansar

dormir (mucho)

escuchar música

estudiar hasta muy tarde

hacer ejercicio

hacer la tarea

ir a la iglesia

ir a la playa

ir al cine

ir de compras

lavar la ropa

leer un libro

practicar algún deporte

relajarse

sacar vídeo(s)

salir a comer

¿ ?

Procedimiento   Tras la entrevista, los alumnos pueden compartir la información con el resto de la clase. ¿Hay actividades que se asocian más con ciertos estados de ánimo?

Así se dice

Both **¿qué?** and **¿cuál?** are used in Spanish as the equivalent of English *what?* Using **¿cuál?** implies a choice among options and is often used with **ser.**

¿Cuál es tu libro preferido?	*What is your favorite book?*
¿Cuál es tu número de teléfono?	*What is your phone number?*

The interrogative **¿qué?** often precedes a noun.

¿Qué carrera haces?	*What is your major?*
¿Qué nombre le pusiste a tu perro?	*What did you name your dog?*

Actividad C ✦ Tu horario

Tarea   Prepara un horario de tus actividades semanales utilizando la tabla de la siguiente página. Luego compara tu horario con el de un compañero (una compañera) de clase.

DATOS PERSONALES	LUNES	MARTES
_____	_____	_____
_____	_____	_____
_____	_____	_____
_____	_____	_____
_____	_____	_____
_____	_____	_____
MIÉRCOLES	**JUEVES**	**VIERNES**
_____	_____	_____
_____	_____	_____
_____	_____	_____
_____	_____	_____
_____	_____	_____
_____	_____	_____

Procedimiento Los alumnos pueden intercambiar los calendarios e indicar dos actividades que les gustan y dos que no les gustan del horario del compañero (de la compañera).

Paso optativo Utilizando el horario que preparaste, busca a alguien de la clase con quien tengas un horario compatible y puedas trabajar fuera de clase.

Así se dice

To express *on Tuesday* or *on Tuesdays,* Spanish uses the definite article (**el** or **los,** respectively), whereas English uses the preposition *on.*

El examen es **el viernes.**
La profesora tiene horas de oficina **los martes.**

Ideas para explorar *¿Por qué se aprende el español?*

Vocabulario

Vocabulario del tema	Definición	Contexto	Otras formas de la palabra
VERBOS			
ampliar	aumentar	Ampliamos nuestras perspectivas culturales cuando aprendemos otra lengua.	ampliación (*f.*) ampliado/a (*adj.*)
asimilarse	proceso por el cual un grupo adopta gradualmente las características de otra cultura	Cuando nos asimilamos a otra cultura empezamos a pertenecer a ella.	asimilación (*f.*) asimilado/a (*adj.*)
enfocarse	concentrarse	Es difícil que me enfoque en los estudios con tantos problemas familiares que tengo.	enfoque (*m.*) enfocado/a (*adj.*)
especializarse	seguir un determinado curso de estudios en un campo en particular	Decidí especializarme en español por su utilidad y también para ampliar mis posibilidades de conseguir un buen trabajo.	especialización (*f.*) especializado/a (*adj.*)
mudarse	trasladarse; cambiar de alojamiento	Para hablar español como un nativo, es necesario mudarse a un país donde se hable esta lengua.	mudanza
relacionarse	tener relación dos o más personas o cosas	Los problemas económicos suelen relacionarse con los sociales.	relación (*f.*) relacionado/a
traducir	expresar en un idioma una cosa dicha o escrita originariamente en otro idioma	Si quieres escribir una composición en español, no es recomendable escribirla en inglés y luego traducirla.	traducción (*f.*) traductor (traductora) traducido/a

Vocabulario del tema	Definición	Contexto	Otras formas de la palabra
SUSTANTIVOS			
la absorción cultural	dejar de formar parte de un grupo mientras se va formando parte de otro	Si alguien quiere aprender otra lengua, la absorción cultural facilita el aprendizaje.	absorber absorbido/a
la formación	educación en general o adiestramiento en determinada materia o actividad	Toda persona con una buena formación puede hablar por lo menos tres lenguas.	formar(se) formado/a
el idioma	lenguaje propio de un grupo humano	El español es el segundo idioma de los Estados Unidos.	idiomático/a
la lengua extranjera	lenguaje de un grupo humano al que una persona no pertenece	Es mejor hablar cualquier lengua extranjera que sólo hablar una.	extranjería extranjerismo extranjero/a (*m., f.*)
la lengua nativa	lenguaje del grupo humano al que una persona pertenece	El inglés es la lengua nativa de los Estados Unidos, así como el español es la lengua nativa de España y veintitrés otros países del mundo.	lingüística lingüístico/a

Actividad A ❖ La palabra apropiada

Tarea   Completa las siguientes oraciones con las palabras o frases apropiadas del vocabulario.

1. Para los que nacen en Chile, el inglés es una _____ mientras que el español es su _____.

2. Mis bisabuelos nacieron en lrlanda y emigraron a los Estados Unidos. Por el proceso de _____, ya no tenemos mucho contacto con la cultura irlandesa.

3. En muchas universidades, una persona puede _____ en español si toma un mínimo de ocho cursos avanzados, es decir, los cursos que siguen a los cuatro semestres introductorios de lengua.

4. Dicen que los estudiantes universitarios _____ cada año a un lugar diferente. Primero viven en las residencias estudiantiles y luego en apartamentos, muchas veces con diferentes compañeros de cuarto.

5. Mi meta es pensar completamente en español para no tener que _____ de mi lengua nativa al español.

6. Lo que busco es tener amistades variadas y diversas. Es decir que quiero _____ con todo tipo de persona. No me importa su raza, religión u orientación sexual.

7. Además del español, el _____ que a mí me gustaría estudiar es el chino. Es completamente diferente del español, incluyendo el sistema ortográfico.

8. Todos los cursos obligatorios del currículum general son íntegros en la _____ de los estudiantes. Les enseñan a pensar y a ver el mundo desde varias perspectivas.

9. El propósito o meta de estudiar la literatura hispanoamericana y también la literatura española es _____ la experiencia del estudiante de español. Es importante darle al estudiante una variedad de experiencias.

10. Este semestre voy a trabajar menos para poder _____ en los estudios. No salí muy bien el semestre pasado.

11. La vida universitaria es diferente de la vida de la escuela secundaria. Así que todos tienen que adaptarse y _____ a las nuevas circunstancias.

Procedimiento   Los alumnos pueden trabajar en parejas o individualmente. Luego, con toda la clase, pueden verificar que las respuestas estén correctas y enfatizar la pronunciación correcta de las palabras del vocabulario.

Actividad B ✛ ¿Estás de acuerdo?

Tarea   Indica si estás de acuerdo o no con las ideas expresadas en cada oración. Explica tus razones.

1. Es fácil aprender una lengua extranjera.

2. Hablar dos idiomas amplía el conocimiento del mundo.

3. No es necesario asimilarse a la cultura de otro país para aprender bien una lengua extranjera.

4. Para aprender bien un idioma es esencial mudarse a un país donde se hable ese idioma.

5. La formación de cada alumno universitario debe incluir el estudio de una lengua extranjera.

Procedimiento   Los alumnos pueden trabajar en parejas o en grupos y luego presentar los resultados al resto de la clase. ¿Cómo se caracteriza la actitud de los miembros de la clase hacia las lenguas extranjeras?

Paso optativo   Busca y presenta información sobre los programas de estudio en el extranjero en que participa tu universidad.

 Estrategia para la comunicación

The following phrases are useful when expressing an opinion.

Creo que...
Pienso que...
En mi opinión...
Opino que...
Se dice que...

Actividad C ❖ El aprendizaje de una lengua extranjera

Tarea   Escribe una oración con cada una de las siguientes palabras, expresando algo de tu propia experiencia con el aprendizaje de una lengua extranjera.

Modelo   Intento no traducir mientras leo algo en español.

1. especializarse
2. traducir
3. asimilarse
4. relacionarse
5. la formación
6. ampliar
7. lengua nativa

Procedimiento   Los alumnos pueden presentar sus oraciones escritas en clase para comparar sus experiencias con las de otros/as estudiantes.

Gramática

*«Al nopal lo van a ver sólo cuando tiene tunas.»**

Future with ir

A. Forms

The verb **ir** followed by **a** and an infinitive expresses future intent.

voy	*I am going*	
vas	*you (s. fam.) are going*	
va	*he/she/it is going; you (s. pol.) are going*	
	+ a + *inf.*	*to (do something)*
vamos	*we are going*	
vais	*you (pl. fam.) are going*	
van	*they/you (pl. pol.) are going*	

B. Function

To express an intent to do something or to be some way

La familia Gómez **va a viajar** a Puerto Rico este verano.	*The Gómez family is going to travel to Puerto Rico this summer.*
¿Cuándo **vas a visitar** a tu hermana en California?	*When are you going to visit your sister in California?*
Los senadores **van a decidir** el caso de las armas nucleares este mes.	*The senators are going to decide on the nuclear arms case this month.*

---

*Lit.: "People will only go to see the cactus when it has ripe fruit." (This proverb chastises fair-weather friends.)

Así se dice

A very common expression in Spanish is **Vamos a ver,** often shortened to simply **A ver.** It is roughly equivalent to English *Let's see,* and is used both literally, when someone is going to look at or for something, and figuratively as a filler in conversation when someone is thinking of what to say next.

A ver, hijo, ¿qué has hecho ahora?   *Let's see, son, what have you done now?*

¿La receta para el pan de maíz?   *The cornbread recipe? Let's see. . . .*
   Vamos a ver... Masa harina, sal, huevos,...   *Corn meal, salt, eggs, . . .*

Actividad A ✢ Tus razones

Tarea   Indica cuáles de las siguientes razones para estudiar el español se aplican a ti.

1. ☐ Voy a necesitar saber español para ejercer mi profesión.
2. ☐ Me voy a mudar a un lugar de los Estados Unidos donde se habla español.
3. ☐ Voy a visitar comunidades bilingües (español–inglés) como las de Miami, Nueva York, Los Ángeles, San Antonio o Chicago.
4. ☐ Voy a vivir en un país donde se hable español.
5. ☐ El estudio de otro idioma y cultura va a ampliar mi formación profesional.
6. ☐ Me voy a relacionar con personas hispanohablantes.
7. ☐ Pienso que el español me va a ser útil en el futuro, pero por ahora no sé exactamente cómo.
8. ☐ Me voy a especializar en español o en lenguas extranjeras.
9. ☐ ¿Otra razón? _____

Procedimiento   Los alumnos pueden trabajar individualmente, en parejas o en grupos; luego, en grupos, pueden identificar la razón para estudiar el español que se menciona más frecuentemente.

 Así se dice

You might have noticed that in the singular, **razón** has an accent mark on the last syllable, but in the plural it does not: **razones.** In Spanish, the tendency is to stress the same syllable in the singular and plural forms of a word. Words that end in **-n** or **-s** are normally accented on the next to last syllable. However, if the accent is on the last syllable, as in **razón,**

then an accent mark is needed to indicate that. **Razones** ends in **-s** and so the next to the last syllable is accented. This is also the case with **alemán/ alemanes.**

There are many nouns in Spanish whose singular form ends in **-ión,** accent on the **o,** but whose plural forms do not have a written accent mark, for example, **nación/naciones, estación/estaciones, acción/acciones.** The same principle applies to words that end in **-s,** for example, **interés/intereses, estrés/estreses, portugués/portugueses.**

Actividad B ✛ ¿Estás de acuerdo?

Tarea   Expresa el futuro con la forma correcta de **ir** + **a** + *infinitivo.* Luego, indica si estás de acuerdo o no con lo expresado.

		SÍ	NO
1.	Si hago errores de gramática, nadie me _____ (entender) cuando hablo.	☐	☐
2.	Después de cuatro semestres de estudiar un idioma a nivel universitario, una persona _____ (ser) bilingüe.	☐	☐
3.	Si me concentro en aprender la gramática, _____ (poder hablar) con fluidez.	☐	☐
4.	Después de estudiar español, estudiar portugués _____ (ser) mucho más fácil.	☐	☐
5.	Para aprender bien el español, las personas _____ (tener que pensar) en español y no traducir primero de su lengua materna al español.	☐	☐

Procedimiento   Los alumnos pueden trabajar individualmente o en parejas. ¿Hay un consenso entre los miembros de la clase en cuanto a lo expresado en las oraciones?

Actividad C ✛ El español en mi futuro

Tarea   Escribe dos oraciones, una verdadera y otra falsa, sobre el estudio del español en tu futuro.

Modelo   Después de este curso no voy a tomar más clases de español. (verdadero)
Después de tomar este curso voy a participar en un programa de estudios hispánicos en Rusia. (falso)

Procedimiento   Los alumnos pueden trabajar individualmente o en parejas para escribir ambas oraciones. Luego pueden presentar las oraciones a los miembros de la clase, quienes tendrán que adivinar cuál de las oraciones es verdadera y cuál es falsa.

El español y los
Estados Unidos

¿Sabes qué porcentaje de la población de los Estados Unidos es hispano?

Ideas para explorar *Están en todas partes*

Vocabulario

Vocabulario del tema	Definición	Contexto	Otras formas de la palabra
VERBOS			
tener éxito	lograr que algo salga bien; triunfar	Para muchos, tener éxito significa ganar mucho dinero. Para otros, tener éxito significa llevar una vida feliz.	exitoso/a
triunfar	obtener fama, honor; vencer	Para triunfar se necesita motivación, dedicación y ambición.	triunfo triunfante
SUSTANTIVOS			
la cultura	conjunto de tradiciones, costumbres, ideas, arte, etcétera, de un país	Algunas personas dicen que la cultura estadounidense es muy superficial, ¿qué te parece?	culto/a cultural
la dualidad	tener una sola persona o cosa dos caracteres distintos	Que alguien sea feliz y pesimista me parece una dualidad imposible.	dualismo dual
la mezcla	combinación	La mezcla del placer con los negocios no es recomendable.	mezclar mezcladora mezcolanza
la ventaja	cualquier aspecto positivo asociado con algo	Hay varias ventajas en aprender más de dos idiomas durante la infancia.	aventajar ventajoso/a
ADJETIVOS			
bicultural	que tiene dos culturas diferentes y que practica las costumbres de ambas	Las personas biculturales suelen entender las costumbres y tradiciones de ambas culturas con profundidad.	biculturalismo

Vocabulario del tema	Definición	Contexto	Otras formas de la palabra
bien parecido/a	guapo/a; hermoso/a	La mezcla de grupos étnicos crea muchas veces niños que llegan a ser bien parecidos.	parecer(se) apariencia
bilingüe	que habla con la misma facilidad dos lenguas diferentes	¿Es posible ser bicultural sin ser bilingüe y viceversa?	bilingüismo
inseparable	imposible o difícil de separar	Pedro y Juan son amigos íntimos e inseparables.	separar separado/a

Actividad A ✤ Antónimos y sinónimos

Tarea   Indica si las palabras o frases de cada par son antónimos o sinónimos.

1. tener éxito   fracasar
2. ventaja   desventaja
3. la dualidad   tener dos caracteres distintos
4. bicultural   monocultural
5. bien parecido   feo
6. la cultura   las costumbres
7. bilingüe   monolingüe
8. triunfar   lograr fama
9. inseparable   separable
10. la mezcla   la combinación

Procedimiento   Los alumnos pueden trabajar individualmente o en parejas y luego verificar que las respuestas estén correctas con la clase entera.

Estrategia para la comunicación

We sometimes don't know or have forgotten a particular word. We can ask the people we are talking to for help. The following phrases are useful in doing just that.

Es lo opuesto de...
Es sinónimo de...
Significa...

Actividad B ✤ El impacto latino

Tarea   Evalúa lo que se expresa en cada oración según los siguientes tres criterios.

a. Tiene mucho impacto en la conciencia del país. Abre la mentalidad de los estadounidenses.
b. Tiene algún impacto en la conciencia del país. Los estadounidenses por lo menos no lo pueden ignorar.
c. Tiene poco impacto en la conciencia del país. No abre la mentalidad de los estadounidenses.

1. _____ Los latinos son el segmento de la población nacional de los Estados Unidos de mayor crecimiento.

2. _____ Los latinos forman un bloque clave de votantes en once estados y, así, son capaces de decidir 217 de los 270 votos del colegio electoral necesarios para ganar la presidencia.

3. _____ En la capital del país comprenden las ventajas de ser bilingüe. Los candidatos para la presidencia hacen campaña política en español para mostrar que aprecian la dualidad de culturas que existe en los Estados Unidos.

4. _____ Los latinos están en todas partes. Por ejemplo, los puertorriqueños Ricky Martin y Jennifer López bailan juntos en el programa de Oprah Winfrey.

5. _____ Jennifer López está en las portadas de muchas revistas de belleza y chismes. Tiene una carrera de actriz y cantante.

6. _____ Enrique Iglesias, hijo de Julio Iglesias, canta en los programas _The Tonight Show_ y _Good Morning America_.

7. _____ La actriz mexicana Salma Hayek fue nominada como mejor actriz por su actuación en _Frida_ y aparece en la portada de _Entertainment Weekly_ y _Glamour_.

8. _____ Hay cada vez más empaques en inglés y español; por ejemplo, las palomitas Pop Secret, el sabor mandarina–_tangerine_ de Kool-Aid y la bebida Sunny Delight.

Procedimiento   Los alumnos pueden trabajar en parejas o en grupos para evaluar los puntos expresados. Luego, pueden compartir los resultados con el resto de la clase. ¿Qué aspectos creen los alumnos que tienen mayor impacto en la conciencia del país?

Así se dice

Superlatives, such as "the hardest class" or "the least shy student," are usually rendered in Spanish with the _definite article_ + _noun_ + **más** + _adjective_ or with the _definite article_ + _noun_ + **menos** + _adjective_.

la clase más difícil   los libros más caros
la alumna menos tímida   el programa menos popular

Exceptions are **mayor, menor, peor,** and **mejor.** They simply take the definite article and a noun.

el/la mayor _the oldest_   la hija mayor
el/la menor _the youngest_   el hijo menor
el/la mejor _the best_   la mejor escritora
el/la peor _the worst_   el peor año

Actividad C ✦ ¿Estás de acuerdo?

Tarea   Indica si estás de acuerdo o no con las ideas expresadas en las oraciones. Explica tus razones.

1. Para tener éxito en los Estados Unidos, el hecho de ser bilingüe no es una ventaja.

2. Todas las señales públicas deben estar en las lenguas que se hablan con más frecuencia en el país. En los Estados Unidos, por ejemplo, las señales deben estar en inglés, español y chino.

3. La dualidad cultural presenta tantos problemas como ventajas a las personas biculturales.

4. La cultura estadounidense no tolera el bilingüismo ni el biculturalismo. Las monedas lo expresan: *e pluribus unum* («de muchos, uno»).

5. La mejor manera de entender a los Estados Unidos es aprender algunas de las lenguas que se hablan en ese país.

Procedimiento   Los alumnos pueden trabajar en parejas o en grupos para comentar las ideas. Luego pueden compartir los resultados con el resto de la clase. En general, ¿creen los alumnos que los Estados Unidos es un país abierto a la dualidad lingüística y cultural?

Gramática

*«Meras palabras son ruido; envuelto en ellas está el sentido.»**
«La mejor salsa es el hambre.»[†]

Estar

A. Forms

PRESENT	
estoy	*I am*
estás	*you (s. fam.) are*
está	*he/she/it is; you (s. pol.) are*
estamos	*we are*
estáis	*you (pl. fam.) are*
están	*they/you (pl. pol.) are*

PRETERITE	
estuve	*I was*
estuviste	*you (s. fam.) were*
estuvo	*he/she/it was; you (s. pol.) were*
estuvimos	*we were*
estuvisteis	*you (pl. fam.) were*
estuvieron	*they/you (pl. pol.) were*

IMPERFECT	
estaba	*I used to be*
estabas	*you (s. fam.) used to be*
estaba	*he/she/it/you (s. pol.) used to be*
estábamos	*we used to be*
estabais	*you (pl. fam.) used to be*
estaban	*they/you (pl. pol.) used to be*

*Lit.: "Words themselves are mere noises; wrapped inside them is the meaning."
[†]Lit.: "Hunger is the best sauce."

B. Functions

1. To indicate a condition that results from an action or event, whether stated or unstated

    a. Mental or emotional states that are resultant conditions

El político ha hablado por cuarenta y cinco minutos sin cesar. **Estoy** aburrida.	*The politician has spoken for forty-five minutes without stopping. I'm bored.*
Estoy deprimido. No he visto el sol por más de tres semanas.	*I'm depressed. I haven't seen the sun in more than three weeks.*
El profesor nos daba tanta tarea que **estábamos** agotados.	*The instructor would give us so much work that we were exhausted.*

    b. Other types of resultant conditions

Se tomó cinco vasos de vino. **Estaba** borracho.	*He drank five glasses of wine. He was drunk.*
Los obreros trabajaron noche y día, y por fin la construcción **estuvo** terminada.	*The workers worked night and day, and finally the construction was done.*
Después de tantos años de sacrificio, su tesis doctoral por fin **está** escrita.	*After so many years of sacrifice, her doctoral thesis is finally written.*
¡Este parque es tan grande! **Estoy** completamente perdido.	*This park is so big! I'm totally lost.*

 Así se dice

In informal situations we often use slang expressions to indicate a mental or physical condition. For example, we might say *he's wasted* to mean that someone is extremely tired (or drunk). Slang is just as common in Spanish. Here are a few expressions with **estar** that you might hear native speakers of Spanish use.

estar alucinado/a	*to be amazed, freaked out*
estar despistado/a	*to be absent-minded, "spaced out"*
estar hecho/a polvo	*to be exhausted (Lit.: to be ground to dust)*
estar rallado/a	*to be very angry (Lit.: to be shredded) (Argentina)*

Slang expressions come and go very quickly and vary from place to place. Check with native speakers before using any slang expressions you might have learned.

2. To indicate or comment on unexpected qualities or changes from the norm

Oye, Guillermo, ¡qué calvo **estás**!

Guillermo, how bald you're getting!

Estoy preocupado porque, cada vez que veo a Josefina, **está** más delgada. Creo que la pobre sufre de anorexia.

I'm worried because every time I see Josefina she looks thinner. I think she might have anorexia.

No me gustan los pasteles, pero éste **está** riquísimo.

I don't like cakes, but this one tastes delicious.

Marisela es puntual, pero estos días **está** muy distinta. Faltó a clase dos veces y se olvidó de nuestra cita.

Marisela is punctual, but recently she seems different. This week she missed class twice and forgot our appointment.

Note: English often uses different verbs, such as *appear, taste, look, seem, smell,* or *act,* to express what Spanish accomplishes with **estar.**

CONTRAST WITH **ser**

Each of the adjectives above can also be used with **ser** to indicate the norm or an expected (defining) quality.

Es/Está calvo.

He is a bald man. / His hair loss is especially noticeable.

Es/Está delgada.

She is a thin person. / She looks thinner than I remember her being.

El helado es/está rico.

Ice cream is rich (in calories). / (This) ice cream tastes great.

Eres/Estás distraída.

You are an absent-minded person. / You seem distracted, inattentive.

 ¡Ojo!

Many students have learned that **ser** expresses a permanent state and **estar** a temporary condition. This distinction does not account for how **ser** and **estar** actually function in Spanish. Study these examples.

Es niño. (*even though childhood is temporary*)
Está muerto. (*even though death is permanent*)
Está enfermo. (*even if the illness is long-term or incurable*)

3. To indicate the location of an object, place, or person (anything other than an event)

El Museo del Prado **está** en España, pero el Museo Rufino Tamayo **está** en México.

The Prado Museum is in Spain, but the Rufino Tamayo Museum is in Mexico.

La Dra. Menéndez **está** en la clínica los martes, pero **está** en el hospital los jueves.

Dr. Menéndez is at the clinic on Tuesdays, but she is at the hospital on Thursdays.

CONTRAST WITH **ser**

Ser is only used to refer to the location of an event, not of an object, place, or person. Whenever **ser** is used to indicate location, it is almost always synonymous with *to take place.*

El examen **está** en el auditorio.

The exam (the physical object, i.e., the paper on which the exam is written) is in the auditorium.

El examen **es** en el auditorio.

The exam (the scheduled event, i.e., the exam) takes place in the auditorium.

Ser

A. Forms

PRESENT	
soy	*I am*
eres	*you (s. fam.) are*
es	*he/she/it is; you (s. pol.) are*
somos	*we are*
sois	*you (pl. fam.) are*
son	*they/you (pl. pol.) are*

PRETERITE	
fui	*I was*
fuiste	*you (s. fam.) were*
fue	*he/she/it was; you (s. pol.) were*
fuimos	*we were*
fuisteis	*you (pl. fam.) were*
fueron	*they/you (pl. pol.) were*

IMPERFECT	
era	*I used to be*
eras	*you (s. fam.) used to be*
era	*he/she/it/you (s. pol.) used to be*
éramos	*we used to be*
erais	*you (pl. fam.) used to be*
eran	*they/you (pl. pol.) used to be*

Lección 2   El español y los Estados Unidos   **61**

B. Functions

1. To indicate a relationship of equivalence between sentence elements

Un idioma **es** acústico.
  (*defining trait*)
idioma = acústico

A language is acoustic.

José de San Martín **era** argentino.
  (*nationality*)
José de San Martín = argentino

*José de San Martín was
  Argentinian.*

Mis padres **son** abogados.
  (*profession*)
padres = abogados

My parents are lawyers.

La mesa **es** de madera. (*material*)
mesa = madera

The table is made of wood.

Son las cinco de la tarde. (*time*)
(la hora) = cinco

It's five o'clock in the afternoon.

Ayer **fue** martes, cinco de mayo.
  (*day, date*)
ayer = martes, 5 de mayo

*Yesterday was Tuesday, the fifth
  of May.*

2. To indicate origin

Somos de California.

We are from California.

El vino **es** de La Rioja, la
  provincia española famosa
  por su vino.

*The wine is from La Rioja, the
  Spanish province that is famous
  for its wine.*

Isabel Allende **es** de Chile, pero
  vive en San Rafael, California.

*Isabel Allende is from Chile, but she
  lives in San Rafael, California.*

3. To indicate the time or location an event takes place*

La película **es** a las ocho.

The movie is at eight o'clock.

La fiesta **fue** en la casa de
  Humberto.

*The party was at Humberto's
  house.*

4. To indicate possession

Un día va a **ser** tuyo todo lo
  que ves.

*One day everything you see is
  going to be yours.*

La computadora no **es** mía, **es** de
  la compañía.

*The computer isn't mine; it's the
  company's.*

Los libros **eran** de la tía Olga.

The books were Aunt Olga's.

---

*Note that, in this instance, **ser** is used when referring to the location of an *event* to say
  that something *is taking place*.

CONTRAST WITH **estar**

1. Both **estar** and **ser** can be used to introduce predicate adjectives. Although the adjective is the same, the meaning is different. Whereas **estar** expresses a resultant condition, **ser** expresses an equivalence between sentence elements. In the following examples, **ser** indicates a defining trait, and **estar** indicates a condition or state of being.

Es aburrida.	*She's a boring person.*
Está aburrida.	*She's bored.*
Es un borracho.	*He's a drunkard.*
Está borracho.	*He's drunk.*

2. **Ser** and **estar** also contrast in some cases with adjectives derived from past participles. When used with **estar,** the emphasis is on the resultant condition. When used with **ser,** the emphasis is on the action or act. This use of **ser** is referred to as passive voice (which is not used as frequently in Spanish as in English).

Los documentos **son** preparados por el ayudante.   *Documents are prepared by the assistant.*

The use of **ser** underscores the act of preparing the documents.

Los documentos ya **están** preparados.   *The documents are already prepared.*

The use of **estar** merely states the fact that a set of documents exists. They have been prepared and are ready.

The same principles apply in the following examples.

La Constitución **fue** escrita en 1912.   *The Constitution was written in 1912.*
La Constitución **está** escrita.   *The Constitution is written.*

The use of **ser** underscores the act of writing, which took place in 1912. The use of **estar** emphasizes the fact that the writing of the Constitution is finished.

Así se dice

In English, we often say, *It's me,* when we identify ourselves to someone who can't see us. In Spanish, the expression is **Soy yo.** Here are a couple of examples.

1. when you've just knocked on someone's door
   —¿Quién es?   —*Who is it?*
   —**Soy yo,** Mariana.   —*It's me, Mariana.*

2. when you pick up the phone
   —¿Está Jaime?   —*Is Jaime there?*
   —**Soy yo.**   —*Yes, this is Jaime.*

Actividad A ✦ ¿En qué se parecen las dos niñas?

Tarea Observa las dos siguientes fotos y completa las siguientes
oraciones con información verdadera.

 1. 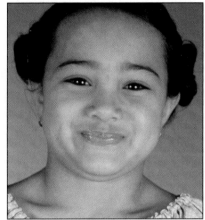 2.

1. Una de las niñas es rubia, mientras que la otra es trigueña.
   (También/Sin embargo), yo soy _____.
2. Mientras que una de las niñas es tal vez latina, la otra es
   probablemente europea. (También/Sin embargo), yo soy _____.
3. Una de las niñas es de ojos claros; la otra es de ojos oscuros.
   (También/Sin embargo), yo soy _____.
4. Las dos niñas son menores de diez años. (También/Sin embargo),
   yo soy _____.
5. Las dos niñas son alegres. (También/Sin embargo), yo soy _____.
6. Las dos niñas son _____. (También/Sin embargo), yo soy _____.

Procedimiento Se puede hacer la actividad con la clase entera o los
alumnos pueden trabajar en grupos pequeños. Si trabajan en grupos pueden usar otras formas del verbo **ser;** por ejemplo, «somos» en vez de «soy».

Así se dice

Estar is used with many adjectives to depict an emotional state, to say how
something is at that moment. To communicate how you *get* to that emotional
state, you can use **ponerse** + *adjective*. This roughly translates as *to become*.

Me pongo nervioso cuando pienso que tengo seis cursos este semestre.

Actividad B ✦ ¿Cómo están?

Tarea Indica cómo está el padre en cada uno de los siguientes cinco
dibujos. A continuación hay una lista de adjetivos que te pueden ayudar.

animado	fascinado	nervioso
asustado	frustrado	preocupado
enojado	impaciente	sorprendido
estresado	interesado	tenso

A   B   C   D   E

[1]partes prominentes cubiertas de pelo sobre la órbita de los ojos

Procedimiento   Los alumnos pueden trabajar en parejas y, luego, verificar que las respuestas estén correctas con el resto de la clase.

Actividad C ⁑ Descripciones

Tarea   Escribe dos oraciones para describir cada una de las siguientes imágenes. Usa el verbo **ser** en una oración y el verbo **estar** en la otra.

1.

2.

3.

4.

Procedimiento   Los alumnos pueden trabajar individualmente o en parejas. Deben verificar que los usos de **ser** y **estar** sean los correctos.

Así se dice

Ser can be used in what are called impersonal expressions, impersonal in that the subject is undefined.

Es bueno...	*It's good . . .*
Es importante...	*It's important . . .*
Es imprescindible...	*It's essential . . .*
Es necesario...	*It's necessary . . .*

When these expressions are followed by an infinitive, they make a generalized statement applicable to everyone.

Es bueno participar en clase.
Es importante salir bien en los exámenes.
Es necesario pagar el alquiler.

You'll see more of these impersonal expressions in a later lesson.

Ideas para explorar *Los países de habla española*

Vocabulario

Vocabulario del tema	Definición	Contexto	Otras formas de la palabra
VERBOS			
amenazar	dar señal de que algo tiene aspecto de ir a producir un daño o de convertirse en un daño	El aprendizaje de una segunda lengua no amenaza la cultura o la lengua nativa de una persona.	amenaza amenazado/a amenazador (amenazadora)
convivir	existir a la misma vez en el mismo lugar; vivir en compañía	Dos culturas pueden convivir en paz.	convivencia
desplazar	sacar algo del lugar en que está	Los musulmanes fueron desplazados de España en 1492, aunque habían nacido allí y vivido en el país durante 700 años.	desplazamiento desplazado/a
invadir	penetrar	Aunque se puede invadir un territorio y conquistar a su gente, la cultura del grupo invadido sobrevive.	invasión (*f.*) invadido/a invasor (invasora)
surgir	aparecer	Los conflictos sociales de muchos países surgen de los prejuicios religiosos, raciales o económicos de la gente de ese país.	surgimiento surgido/a
SUSTANTIVOS			
el anglohablante	persona que habla inglés	Con frecuencia, los anglohablantes tienen dificultad para pronunciar ciertos sonidos del español.	anglosajón (anglosajona) hablador (habladora)
los ciudadanos	las personas de una ciudad, estado o país con sus derechos y deberes	Todo ciudadano debe votar y no sentir que su voto no cambia nada.	ciudadanía

Vocabulario del tema	Definición	Contexto	Otras formas de la palabra
la desventaja	aspecto negativo asociado con algo	Es una desventaja no saber hablar español para quienes viven en los estados sureños del país.	aventajar ventajoso/a
el dialecto	cada una de las variantes regionales de un mismo idioma, caracterizadas por variaciones en pronunciación, vocabulario y sintaxis, pero mutuamente entendidas por los hablantes del idioma en general	En España hay varios dialectos del español peninsular, así como en los Estados Unidos hay varios dialectos del inglés.	dialectal
la frontera	línea que separa un estado o país de otro	El Río Bravo representa la frontera en el estado de Texas entre los Estados Unidos y México.	fronterizo/a
el hispanohablante	persona que habla español	Los hispanohablantes tienen la ventaja de poderse comunicar en su idioma nativo en más de veinte países del mundo.	hispanidad (f.) hispano/a
el nivel de vida	estado económico y social	Se dice que hay sólo dos niveles de vida en algunos países latinoamericanos: uno que corresponde al de los pocos ricos y el otro al de los muchísimos pobres.	nivelar nivelación (f.)
la población	los habitantes de un área geográfica, un estado o un país	La población de hispanohablantes aumenta cada año en los Estados Unidos.	poblar poblado (n.) poblado/a
el porcentaje	proporción; tanto por ciento	El porcentaje de hispanohablantes en los Estados Unidos también aumenta cada año.	porcentual (adj.)

Actividad A ✦ Asociaciones

Tarea   Da la palabra de vocabulario que se asocia con las siguientes palabras o frases.

1. una variante regional de un idioma
2. reemplazar
3. el límite entre países o estados
4. existir juntos
5. ocupar por la fuerza
6. manifestarse
7. anunciar que hay un peligro

Procedimiento   Se puede hacer la actividad con la clase entera, haciendo énfasis en la pronunciación correcta de las palabras de vocabulario.

Actividad B ✦ Oraciones incompletas

Tarea   Completa las siguientes oraciones con la palabra o frase apropiada del vocabulario (páginas 36–37).

1. Todos los _____ de los Estados Unidos tienen que pagar impuestos (*taxes*).
2. El _____ de los países del tercer mundo no es muy alto.
3. _____ se refiere a una persona cuya lengua nativa es el español.
4. _____ se refiere a una persona cuya lengua nativa es el inglés.
5. Una _____ de ser estudiante universitario es que uno nunca tiene mucho dinero.
6. La _____ de algunas ciudades europeas como Madrid, París, Lisboa y Munich es parecida en número a la de algunas ciudades grandes de los Estados Unidos como Los Ángeles, Nueva York y Chicago.
7. El _____ de turistas que visita la ciudad de San Francisco aumenta cada año.

Procedimiento   Los alumnos pueden trabajar en parejas o en grupos y luego verificar que las respuestas estén correctas con el resto de la clase.

Así se dice

To express that the relationship between two or more things is either equal or unequal, use the following structures.

❖ Comparisons of inequality

más/menos + *adjective/adverb/noun* + **que**
verb + **más/menos** + **que**

Tengo **menos alumnos** este semestre **que** el semestre pasado.
Juana **estudia más que** yo.

❖ Comparisons of equality

tan + *adjective* + **como**
tantos/as + *noun* + **como**

Estudiar español es **tan popular** hoy **como** siempre ha sido.
Hay **tantas alumnas como** alumnos en la clase.

Actividad C ❖ ¿Qué opinas?

Tarea   Utilizando las palabras del vocabulario, entrevista a un compañero (una compañera) de clase sobre sus experiencias personales con los siguientes temas.

❖ la población de hispanohablantes en los Estados Unidos
❖ los triunfos de los latinos en los Estados Unidos
❖ el nivel de vida en los Estados Unidos
❖ las ventajas y/o desventajas de ser bilingüe en los Estados Unidos
❖ las ventajas y/o desventajas de ser bicultural en los Estados Unidos

Procedimiento   El entrevistador (La entrevistadora) puede presentar al resto de la clase dos o tres datos que obtuvo durante la entrevista que a él (ella) le parezcan interesantes. En general, ¿tienen los miembros de la clase mucha o poca experiencia personal con el español y lo hispano en los Estados Unidos?

Paso optativo   Comenta con tus compañeros/as el significado de *e pluribus unum* («de muchos, uno»), el dicho que aparece en las monedas estadounidenses. ¿Creen que este dicho señala la idea de absorción cultural en los Estados Unidos?

 Estrategia para la comunicación

Circumlocution is a means of communicating when you don't know a word or phrase. To circumlocute means to "go around" the meaning. In **Actividad C** you will be practicing this skill since you will be trying to convey the meaning of an English phrase that does not translate directly into Spanish. Here are some helpful phrases you can use.

Quiere decir...
Significa...
Se refiere a...
Describe...
En otras palabras...

Gramática

*«Dime con quien andas y te diré quién eres.»**

Future Tense

A. Forms

To form the future tense, add the following endings to the infinitive of the verb. These endings are the same for **-ar, -er,** and **-ir** verbs.

INFINITIVE +	ENDINGS =	FUTURE TENSE FORMS	
comunicar	-é	comunicaré	*I will communicate*
	-ás	comunicarás	*you (s. fam.) will communicate*
	-á	comunicará	*he/she/it/you (s. pol.) will communicate*
	-emos	comunicaremos	*we will communicate*
	-éis	comunicaréis	*you (pl. fam.) will communicate*
	-án	comunicarán	*they/you (pl. pol.) will communicate*

A few common verbs have irregularities in the future tense. The stems of these verbs change but the endings are the same as those for regular future tense verbs. Two verbs, **decir** and **hacer,** have idiosyncratic changes to the stem.

CHANGE	INFINITIVE	FUTURE STEM	FUTURE TENSE (FIRST-PERSON SINGULAR)
drop **e** *from infinitive*	caber	cabr-	cabré
	haber	habr-	habré
	poder	podr-	podré
	querer	querr-	querré
	saber	sabr-	sabré
d *replaces* **e** *or* **i** *of infinitive*	poner	pondr-	pondré
	salir	saldr-	saldré
	tener	tendr-	tendré
	valer	valdr-	valdré
	venir	vendr-	vendré
idiosyncratic	decir	dir-	diré
	hacer	har-	haré

---

*"Birds of a feather flock together." (Lit.: Tell me with whom you associate, and I'll tell you who you are.)

B. Functions

To indicate that an event, action, or state of being will take place or exist at some point in the future

El año que viene **viajaré** al Uruguay.	*Next year I'm going to travel to Uruguay.*
Tendrás que terminar el proyecto mañana.	*You will have to finish the project tomorrow.*
Viviremos en Santiago después de casarnos.	*We will live in Santiago after we marry.*
Si no gano la lotería esta semana, **estaré** desilusionada.	*If I don't win the lottery this week, I'm going to be disappointed.*

FUTURE TENSE CONTRASTED WITH PRESENT TENSE AND **ir** + **a** + *INFINITIVE*

In Spanish the immediate future is often expressed with the present tense, whereas other future action or situations are often expressed with **ir** + **a** + *infinitive*.

Present Tense to Express Future

—¿Qué hora es?	—*What time is it?*
—Son las dos.	—*It's two o'clock.*
—A las tres **llamo** a Alex. ¿Quieres hablarle?	—*At three, I'm going to call Alex. Would you like to talk to him?*

Ir + **a** + *infinitive* to Express Future

—¿Qué **vas a hacer** este fin de semana?	—*What are you going to do this weekend?*
—**Voy a ver** la nueva película del cineclub. Y tú, ¿qué **vas a hacer?**	—*I'm going to see the new film showing at the* cineclub. *What are you going to do?*

Future Tense to Express Future

—El nuevo senador promete que **reducirá** los impuestos a los pobres y **dismiuirá** el desempleo.	—*The new senator promises that he will lower taxes on the poor and lessen unemployment.*
—Eso lo **veremos.**	—*We'll see.*

It is possible that you will hear or read more than one way of expressing the future in the same conversation or situation. The future tense carries a stronger sense of determination or surety than the present or **ir** + **a** + *infinitive*. You will not be wrong if you use any of these ways of indicating the future. Your ability to choose the best form for the situation will improve as you read and hear Spanish being used in a variety of situations and you get a feel for when each is used.

Actividad A ✤ En los próximos diez años

Tarea   Escoge el verbo que mejor complete las siguientes predicciones, de acuerdo con tu opinión.

1. (Se abrirán más / Se cerrarán) programas bilingües en las escuelas primarias en los próximos diez años.
2. El número de hispanohablantes en los Estados Unidos (aumentará/ disminuirá) en los próximos diez años.
3. Los ciudadanos de los Estados Unidos (aprobarán/desaprobarán) el inglés como la lengua oficial del país.
4. El gobierno federal (rechazará/propondrá) la idea de declarar el inglés y el español como los dos idiomas oficiales de los Estados Unidos.
5. El español (desplazará / no desplazará) el dicho latín que aparece en el dinero de los Estados Unidos.

Procedimiento   Se puede hacer con la clase entera o en grupos. ¿Están de acuerdo los alumnos? ¿Hay un consenso general?

Actividad B ✤ Predicciones

Tarea   Predice la situación en los Estados Unidos dentro de cincuenta años con respecto al uso del inglés y el español. Considera las siguientes ideas.

✤ el inglés como idioma universal
✤ la enseñanza bilingüe
✤ los idiomas oficiales
✤ la integración/segregación de nuevos inmigrantes
✤ programación televisiva en español

Procedimiento   Los alumnos pueden trabajar individualmente, en parejas o en grupos para escribir un párrafo. Luego pueden compartir sus ideas con el resto de la clase, verificando que hayan usado las formas verbales correctas. ¿Están de acuerdo en cuanto al futuro del uso del inglés y el español en los Estados Unidos?

Así se dice

The following are some of the functions of the definite articles in Spanish.

❖ To indicate a specific person, place, or thing

Los estudiantes de esta clase trabajan mucho.
The students in this class work a lot.

❖ To refer to people, places, or things as a general group or in the abstract

Los ciudadanos de los Estados Unidos tienen muchos derechos.
U.S. citizens have many rights.

La libertad es algo muy apreciado en este país.
Liberty is highly valued in this country.

❖ To express seasons of the year, dates, time of day, and *on* with days of the week

Prefiero **la primavera.**   *I prefer Spring.*
Hoy es **el veintidós** de marzo.   *Today is March twenty-second.*
Son **las cuatro y media.**   *It's four-thirty.*
El examen es **el miércoles.**   *The exam is on Wednesday.*

Actividad C ❖ Y después, ¿qué harán?

Tarea   Describe lo que harán las personas representadas en las siguientes dos obras.

1. *Pintando una pared* (página 2): Después de trabajar, los dos hombres…
2. *2 Circe* (página 3): Después de descansar un rato, la mujer…

Procedimiento   Los alumnos pueden trabajar en parejas o en grupos y escribir tres oraciones por cada obra. Luego, pueden compartir los resultados con el resto de la clase. Se debe verificar que las formas verbales sean las correctas.

Actividad A ✤ Comunicación sin palabras

Tarea Escribe un ensayo sobre lo que expresan con los ojos y las caras estos dos chicos mexicoamericanos y la mujer representada en *El dolor de cabeza* (página 3). Sugerencia: Antes de comenzar, repasa el vocabulario de las páginas 5–7.

1.

2.

Actividad B ✤ ¿Por qué aprendes español?

Tarea Escribe un ensayo autobiográfico en el que le cuentes al profesor (a la profesora) tus experiencias con el aprendizaje del español. Debes incluir suficiente información sobre tus motivos para que el profesor (la profesora) te entienda mejor.

Actividad C ✤ El español y los Estados Unidos

Tarea Busca los significados de los diversos estados y ciudades de los Estados Unidos cuyos nombres son de origen español.

✤ **ESTADOS:** Arizona, California, Colorado, Nevada, La Florida.
✤ **CIUDADES:** El Paso, Texas; Las Vegas, Nevada; Palo Alto, California; Pueblo, Colorado; Sacramento, California; Santa Fe, Nuevo México.

Actividad D ✤ Selena

Tarea Mira la película *Selena* de Jennifer López, con el fin de analizar los temas del lenguaje y la identidad, y el bilingüismo y el biculturalismo.

Escribe dos párrafos contestando las siguientes preguntas.

✤ ¿Por qué aprende Selena a cantar en español?
✤ ¿Por qué se muestra ansioso el padre cuando los periodistas mexicanos entrevistan a Selena?
✤ Además de cantar en español, ¿por qué decide Selena cantar en inglés?

Jennifer López ganó mucha fama interpretando el papel de Selena.

Composición

Tarea Escribe una composición de 300 palabras sobre el siguiente tema.

Tema ¿Es los Estados Unidos un país de habla española?

IDEAS PARA CONSIDERAR

❖ ¿Se puede considerar la inmigración de latinos a los Estados Unidos una invasión?

❖ ¿Se menciona el inglés u otro idioma como el idioma oficial de los Estados Unidos en la Constitución?

❖ ¿Cuántos habitantes de los Estados Unidos hablan español?

❖ ¿Cuánto territorio de los Estados Unidos era parte de México antes de la Guerra de 1848?

Procedimiento

1. Repasa el contenido de las actividades de la Unidad 1.
2. Haz una lista de ideas potenciales para tu composición.
3. Organiza las ideas utilizando un bosquejo.
4. Escribe un borrador y, dos días después, repásalo.
5. Verifica en tu borrador que el uso de la gramática presentada en la Unidad 1 sea el correcto.
   ❖ el presente de indicativo
   ❖ el futuro expresado con **ir** + **a** + *infinitivo*
   ❖ **ser** y **estar**
   ❖ el futuro morfológico

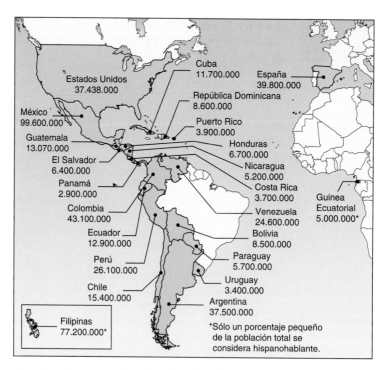

Muchos dicen que los Estados Unidos es un país de habla española porque es el quinto país del mundo de mayor población hispana. ¿Qué opinas?

Tarea Prepara una presentación fotográfica del uso del español en la comunidad donde vives. Localiza diez ejemplos.

Procedimiento Con ojos abiertos se puede encontrar el español en muchos lugares. Saca fotografías e indica el lugar representado.

Un barrio en la ciudad de Nueva York

Tienda de zapatos en Mission Street, San Francisco

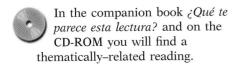 In the companion book *¿Qué te parece esta lectura?* and on the CD-ROM you will find a thematically–related reading.

Las creencias populares

GALERÍA DE ARTE

The *¿Qué te parece?* CD-ROM offers additional activities related to the **Galería de arte** in this unit.

Dimensión contextual

¿En qué época se produjo cada obra de arte? ¿Cómo eran la sociedad y la situación política de la época? ¿Qué tradiciones socioculturales subyacen en la obra de arte? Estas preguntas tienen que ver con la dimensión contextual de una obra de arte. Esta dimensión se relaciona con la situación sociohistórica representada en la obra. Así se pueden apreciar las condiciones que hicieron surgir la obra. ¿Cómo era la época en que vivió El Greco en España? ¿Qué experiencias tuvo durante su vida? ¿Cómo fue la juventud de Carmen Lomas Garza en el sur de Texas? ¿Qué experiencias dieron forma a su vida?

1 El Greco (español, 1541–1614)
El entierro del conde de Orgaz

2 Fernando Botero (colombiano, 1932–   )
Muerte de Luis Chalmeta

3 Carmen Lomas Garza
(estadounidense, 1948–   )
El milagro

4 Germán Pavón (ecuatoriano, 1933–   )
El cuarto de Rosalía

La suerte

¿Crees que hay gente con buena suerte y gente que siempre tiene mala suerte?

Ideas para explorar *La buena y la mala suerte*

Vocabulario

Vocabulario del tema	Definición	Contexto	Otras formas de la palabra
VERBOS			
cruzar los dedos	acción de colocar el dedo de en medio sobre el índice	Antes de escuchar los números de la lotería, crucé los dedos para obtener buena suerte.	cruz (*f.*) dedal (*m.*) cruzado/a
traer	atraer; causar; llevar a alguien o algo	La niña siempre trae sus juguetes a la escuela.	traído/a
SUSTANTIVOS			
el conejo	mamífero de orejas largas, las patas delanteras más cortas que las de atrás y cola muy corta	Bugs Bunny es el conejo más famoso de los dibujos animados.	coneja conejera
el espejo	superficie brillante de vidrio que refleja la imagen de cualquier objeto que está delante de él	La madrastra de Blanca Nieves siempre le preguntaba al espejo: «Espejo, espejo, ¿quién es la mujer más bella de todas?»	espejismo espejuelos
la espoleta	hueso de un ave en forma de arco	La espoleta viene del pollo.	
la herradura	objeto semicircular hecho de metal que se le pone en las patas a un caballo para proteger sus cascos	Las herraduras son los zapatos de los caballos.	herrar herraje (*m.*) herrería herrador(a)
la madera	material procedente de los árboles	Los españoles y los chilenos guardan sus mejores vinos en barriles de madera.	madero maderería

Vocabulario del tema	Definición	Contexto	Otras formas de la palabra
el paraguas	utensilio para protegerse de la lluvia	Mary Poppins siempre llevaba un paraguas para protegerse de la lluvia y el sol.	paragüero/a paragüería
la pata	pierna y pie de los animales; pierna de algunos muebles	El carpintero restauró las patas de la silla favorita de mi padre.	patalear patear «meter la pata» patada
la suerte	fortuna; destino; azar; se llama así a la causa de los sucesos no intencionados o imprevisibles	Conozco a alguien con muy buena suerte: ha ganado dos veces la lotería.	«echar suertes» suertudo/a
el trébol	especie de planta que suele tener las hojas en grupos de tres y, raramente, en grupos de cuatro	Los tréboles de cuatro hojas no se encuentran fácilmente en el pasto.	trebolar (m.)

Actividad A ✛ Asociaciones

Tarea   Selecciona la palabra o frase que mejor se asocie con cada descripción.

Modelo   Las piernas son parte del cuerpo humano. Al referirse a los pies y piernas de un animal se dice... → las patas

1. _____ Hacer esto le puede traer a una persona siete años de mala suerte.

   a. encontrarse con un gato negro   c. romper un espejo
   b. cruzar los dedos

2. _____ Se refiere a la acción de golpear suavemente con los dedos un objeto de madera para alejar la mala suerte.

   a. llevar consigo una pata de conejo   c. cruzar los dedos
   b. tocar madera

3. _____ Se cree que esto le puede traer buena suerte a la persona que lo encuentra.

   a. un gato negro   c. un espejo
   b. un trébol de cuatro hojas

4. _____ Según esta creencia, pasar por debajo de este objeto trae mala suerte.

   a. una escalera   c. un árbol
   b. un espejo

5. _____ Se refiere a la acción de poner el dedo de en medio sobre el índice para evitar la mala suerte.

   a. aplaudir   **c.** cruzar los dedos
   b. tocar madera

6. _____ Para que se cumpla algún deseo, dos personas agarran los dos lados de este objeto y tiran hasta que se rompe. Según esta creencia, a la persona que se queda con la parte más grande se le va a cumplir el deseo.

   a. la espoleta   **c.** el espejo
   b. el dedo

7. _____ Es como un zapato para caballos. Colgada sobre la puerta de la casa trae buena suerte.

   a. la espoleta   **c.** el dedo
   b. la herradura

8. _____ Se usa cuando llueve para protegerse de la lluvia.

   a. un espejo   **c.** el paraguas
   b. el número 13

Procedimiento   Se puede hacer la actividad con la clase entera o en parejas. Al verificar que los alumnos tengan las respuestas correctas, se puede practicar la pronunciación correcta de las palabras del vocabulario.

Así se dice

There isn't just one way to say *lucky* in Spanish. Note the following expressions.

lucky number
número que trae suerte

a lucky break
una oportunidad fortuita

Thank your lucky stars.
Bendice tu buena estrella.

It was lucky that you went.
Menos mal que fuiste.

I am lucky to have good friends.
Tengo la (buena) suerte de tener buenos amigos.

Actividad B ✦ Las superticiones

Tarea   Lee el párrafo de la próxima página y escribe en los espacios en blanco las palabras apropiadas, según el contexto.

conejo	madera	traen
herradura	suerte	trébol

Es interesante estudiar las supersticiones porque existen mil cosas que se hacen con la creencia de que _____[1] la buena _____[2] o alejan (*keep away*) la mala. Por ejemplo, para alejar la mala suerte, uno puede tocar _____[3] o poner una _____[4] de caballo sobre la puerta. Para tener buena suerte sólo se necesita encontrar un _____[5] de cuatro hojas o llevar una pata de _____[6] en el bolsillo. ¿Puedes pensar en otras acciones que se cree que traen la buena suerte o alejan la mala, relacionadas con un gato negro, una escalera o un paraguas?

Procedimiento   Los alumnos pueden trabajar en parejas y luego verificar las respuestas correctas con otra pareja de alumnos. La pregunta que se hace al final del párrafo puede contestarse con la clase entera.

Actividad C ✦ ¿Con cuáles estás de acuerdo?

Tarea   Indica si estás de acuerdo o no con las ideas expresadas en cada una de las siguientes oraciones. Luego explica tus razones.

1. Nunca hago nada para alejar la mala suerte.
2. Nadie en mi familia es supersticioso.
3. Siempre hago cosas para atraer a la buena suerte.
4. Nadie puede hacer nada para influir en el futuro.
5. Una persona puede ser realista y supersticiosa a la vez.

Procedimiento   Los alumnos pueden trabajar en grupos para comparar sus opiniones. ¿Con qué ideas concuerda la mayoría? ¿Con qué ideas desacuerda?

Así se dice

You probably know many negative words in Spanish such as:

nunca/jamás	*never*
nada	*nothing, not anything*
nadie	*no one, not anyone*
ninguno/a	*none, not any*
tampoco	*neither, not either*

Negative words typically follow the verb, and when they do, a **no** is required before the verb. When **nunca, jamás,** and **tampoco** precede a verb, the **no** is not necessary.

No hago nada que se asocie con las supersticiones.
Nunca tengo objetos o símbolos asociados con supersticiones en mi casa/apartamento.

No veo tampoco programas que hablen de supersticiones en la tele.
Tampoco leo los horóscopos en el periódico.

 Gramática

*«El amor que **ha sido** brasa, de repente vuelve a arder.»**

Present Perfect Tense

A. Forms

The present perfect tense is formed by combining the present indicative of the auxiliary verb **haber** with the past participle of a main verb. Past participles are formed by adding **-ado** to the stem of **-ar** verbs, and by adding **-ido** to the stem of **-er** and **-ir** verbs.

haber +	PAST PARTICIPLE		
	-ar → -ado	**-er → -ido**	**-ir → -ido**
he has ha hemos habéis han	estudiado (*studied*) mirado (*watched*) pensado (*thought*) tocado (*touched*) trabajado (*worked*) viajado (*traveled*)	bebido (*drunk*) comido (*eaten*) conocido (*known*) corrido (*run*) entendido (*understood*) tenido (*had*)	asistido (*attended*) distinguido (*distinguished*) ido (*gone*) pedido (*asked for*) salido (*left*) vivido (*lived*)

Some common past participles are irregular and must be memorized. Past participles of compound forms created by adding a prefix to a root verb (for example, **de** + **volver** → **devolver**) form their past participles using that of the root verb (**devolver** → **devuelto**).

INFINITIVE	→	PAST PARTICIPLE	INFINITIVE	→	PAST PARTICIPLE
abrir	→	abierto (*opened*)	morir	→	muerto (*died*)
cubrir	→	cubierto (*covered*)	poner	→	puesto (*put*)
decir	→	dicho (*said*)	resolver	→	resuelto (*resolved*)
describir	→	descrito (*described*)	romper	→	roto (*broken*)
escribir	→	escrito (*written*)	ver	→	visto (*seen*)
hacer	→	hecho (*made*)	volver	→	vuelto (*returned*)

---

*"Where there's smoke, there's fire." (Lit.: Love that has been a cinder suddenly bursts into flame again.)

¡Ojo!

Word order in Spanish and English can differ in expressions using the present perfect. Object pronouns precede the conjugated verb **haber** and the negative **no** precedes object pronouns. In Spanish, time expressions like *never* and *ever* cannot come between the conjugated verb **haber** and the past participle. Study the examples.

Spanish	No lo **he visto** nunca.
	negative + object pronoun + **haber** + past participle + time expression
English	*I have never seen him.*
	subject + *have* + time expression + past participle + object pronoun
Spanish	**¿Ha viajado** Ud. a Latinoamérica alguna vez?
	haber + past participle + subject + time expression
English	*Have you ever traveled to Latin America?*
	have + subject + time expression + past participle

B. Function

To express an action in the past that continues into the present, is expected to continue into the present, or has some bearing on the present. (This is the same function that the present perfect serves in English.)

¿No **has visto** nunca un fantasma?	*Haven't you ever seen a ghost?*
Hemos encontrado muchos tréboles de cuatro hojas este verano.	*We have found many four-leaf clovers this summer.*
Por fin, **ha llegado** la carta de mis padres.	*My parents' letter has finally arrived.*
Paula y Julián todavía no **han leído** *Cien años de soledad.*	*Paula y Julián still haven't read A Hundred Years of Solitude.*

Así se dice

Past participles are also used in expressions that are not present perfect verb forms. For example, you might see signs in shop windows indicating that the shop is **Abierto** (*Open*) or **Cerrado** (*Closed*). Other expressions do not translate as literally. For example, if you wanted a round-trip ticket, you would ask for **un boleto de ida y vuelta, ida** and **vuelta** being participles formed from the verbs **ir** and **volver.** An expression you might hear in response to a request is **dicho y hecho,** formed from the past participles of the verbs **decir** and **hacer** and similar to saying in English, *Consider it done.*

Actividad A ✢ ¿Estás de acuerdo?

Tarea Completa las siguientes oraciones con el pretérito perfecto (*present perfect*) del verbo indicado. Luego indica si estás de acuerdo o no con lo expresado.

Sí = Estoy de acuerdo.

No = No estoy de acuerdo.

1. _____ En los Estados Unidos se _____ (hacer) muchas películas sobre las supersticiones.
2. _____ La mala suerte es un tema que los científicos en todo el mundo _____ (estudiar) por mucho tiempo.
3. _____ Hay muchos individuos que _____ (comportarse) en formas muy raras para atraer la buena suerte.
4. _____ Nosotros _____ (ver) en las películas una tendencia a aprovecharse de los temores de la gente y a utilizar temas sobre lo fantástico.
5. _____ El gobierno _____ (saber) desde hace muchos años que existe vida en otros planetas.
6. _____ Jennifer López _____ (ser) cantante, bailarina y actriz, pero todavía no _____ (hacerse) una candidata política.
7. _____ Los científicos _____ (aprobar) la teoría de Charles Darwin sobre la evolución de las especies.
8. _____ Yo jamás _____ (ver) nada que parezca sobrenatural.

Procedimiento Se puede hacer la actividad con la clase entera o en grupos. Se debe verificar que las formas verbales sean las correctas. En cuanto a éstas, el profesor (la profesora) resolverá cualquier duda que surja. ¿Hay un consenso más o menos general entre los miembros de la clase en cuanto a lo expresado en las oraciones?

Estrategia para la comunicación

There are times when you may wish to express a degree of agreement or disagreement. The following words and phrases can help you express your opinion more precisely.

Es válido.	Tiene alguna validez.	No tiene ninguna validez.
Estoy de acuerdo.	Estoy, en parte, de acuerdo.	No estoy de acuerdo para nada.
Tienes razón.	Tienes algo de razón.	No tienes ninguna razón.

Actividad B ✤ ¿Qué has hecho tú?

Tarea   Entrevista a algunos miembros de la clase para averiguar qué cosas han hecho alguna vez.

Modelo   —¿Quiénes han llevado una pata de conejo alguna vez?
—Nunca he llevado ninguna.
—Yo sí. Cuando era niño. ¿Y tú? ¿Has llevado una pata de conejo alguna vez?

SUPERSTICIÓN	LOS QUE LO HAN HECHO
1. llevar una pata de conejo	_____
2. evitar pasar por debajo de una escalera	_____
3. tocar madera	_____
4. buscar un trébol de cuatro hojas	_____
5. preocuparse por haber roto un espejo	_____
6. sentirse mal al cruzar caminos con un gato negro	_____
7. cruzar los dedos	_____
8. colgar una herradura en la puerta	_____
9. romper una espoleta	_____
10. ponerse cierta prenda de ropa (por ejemplo, una camisa o gorro) para un examen o un partido	_____
11. utilizar un bolígrafo en particular durante un examen	_____
12. recoger una moneda del suelo	_____

Procedimiento   Se puede hacer la actividad en grupos y luego compartir los resultados con el resto de la clase. Se debe verificar que las formas verbales sean las correctas. ¿Qué acciones y/o creencias predominan entre los miembros de la clase?

Así se dice

As you have learned in this lesson, the past participle of a verb is formed from the infinitive and is used with the present perfect. The past participle can also be used as an adjective. When it is, it must agree in gender and number with the noun it modifies.

Carmen es una mujer **afortunada.**   *Carmen is a fortunate woman.*
Éstos son los libros **usados.**   *These are the used books.*

Actividad C ✤ El milagro

Tarea Expresa y explica lo que ha pasado en el cuadro *El milagro*, de Carmen Lomas Garza (página 51).

Modelo Dos hombres han matado tres serpientes como ofrenda a la Virgen María.

VOCABULARIO ÚTIL

agradecer	*to give thanks*
aparecer	*to appear*
arrodillarse	*to kneel down*
la aparición	*apparition*
el arbusto	*bush*
el camión	*truck*
el campesino (la campesina)	*country person*
la granja	*farm*
el granjero	*farmer*
la hacienda	*ranch*
el molino de viento	*windmill*
el nopal	*type of cactus*
el porche	*porch*
el tanque de agua	*water tank*
árido/a	*dry*

Procedimiento La descripción puede hacerse en forma oral o escrita. Luego puede compartirse con el resto de la clase. Se debe verificar que lo expresado y también las formas verbales sean correctos.

Ideas para explorar *Perspectivas globales*

Vocabulario

Vocabulario del tema	Definición	Contexto	Otras formas de la palabra
VERBOS			
contar	narrar; relatar	Muchos padres les cuentan historias a sus hijos.	cuento contado/a
evitar	eludir; esquivar; rehuir	Es natural querer evitar las situaciones desagradables.	evitado/a
matar	causar la muerte	Se cree que Lee Harvey Oswald mató a John F. Kennedy.	muerto/a
mentir	no decir la verdad; falsificar; engañar	Decir la verdad es mejor que mentir, puesto que las mentiras siempre se descubren eventualmente.	mentira mentiroso/a
regalar	hacer un regalo; darle algo a alguien	Es costumbre regalarle algo especial a la pareja que se casa el día de la boda.	regalo regalado/a
regresar	volver; reaparecer; irse y venir	Stephen F. Austin regresó a Texas para morir en la tierra que tanto quería.	regreso
temer	sentir miedo	Los niños le temen al coco (*boogey-man*), así como los adultos le temen a la muerte.	temor temible (*adj.*) temeroso/a
SUSTANTIVOS			
la certeza	conocimiento claro y seguro de las cosas	¿Tienes la certeza de que tu novio/a te es fiel?	certidumbre (*f.*) cierto/a

Vocabulario del tema	Definición	Contexto	Otras formas de la palabra
el comportamiento	conjunto de reacciones de un individuo; conducta	El comportamiento de Mike Tyson era autodestructivo.	comportarse
el cuento	historia; narrativa; relato	El cuento de «Hansel y Gretel» contiene elementos de crueldad.	cuentista (*m., f.*)
la desgracia	mala suerte; evento que causa sufrimiento	Los huracanes sólo traen desgracias.	desgraciado/a desgraciadamente (*adv.*)
la maldición	amenaza de desgracias o fracasos	Según mi abuela, es una maldición abrir el paraguas en la casa.	maldecir maldad (*f.*)
el mundo occidental	conjunto de países de varios continentes, cuya civilización tiene su origen en Europa; países del oeste	El mundo occidental excluye a los países del oriente.	mundial (*adj.*) mundano/a
la sabiduría	conjunto de todos los conocimientos que posee la humanidad	Se dice que los ancianos tienen más sabiduría que los jóvenes.	saber sabido/a a sabiendas (*adv.*)
ADJETIVOS			
maléfico/a	nocivo/a; que causa o puede causar daño	La magia negra es maléfica.	maleficio maleficencia
sabio/a	culto; erudito; prudente	El rey Arturo era sabio.	saber sabelotodo (*m., f.*)
CONJUNCIONES			
además	que se añade a algo ya expresado	Además de llegar tarde a la clase, Roberto olvidó su libro.	
sin embargo	sin que lo previamente expresado constituya un obstáculo	Soy una persona religiosa. Sin embargo, no me considero un fanático.	

Así se dice

The typical placement of descriptive adjectives in Spanish is after the noun they modify. Descriptive adjectives tell us what kind of person, place, or thing we are talking about as opposed to other persons, places, or things.

una civilización avanzada versus **una civilización no desarrollada**
un carro rojo versus **un carro negro**
un policía cortés versus **un policía arrogante**

But there are adjectives that can go either before or after the noun they modify. You may have noted that **buena** and **mala** precede **suerte.** You might also have heard **Es una buena idea** or **Es una buena hija.** When **bueno** and **malo** precede the noun they modify, they are considered to be traits inherent in the noun: inherently good luck, inherently bad luck, an inherently good child, an inherently bad idea, and so forth. Note that **bueno** and **malo** have short forms before masculine singular nouns: **el buen hijo, el mal hijo.**

Actividad A ✦ En el mundo occidental

Tarea   Lee las siguientes oraciones y escribe en los espacios en blanco la palabra apropiada de la siguiente lista. Luego, verifica tus respuestas con el resto de la clase.

certeza	maldición	mundo	regresar
cuenta	maléfico	regalo	sabia
desgracia	mentiras		

1. En la Argentina, si de tarde te encuentras con una araña (*spider*), es señal de que vas a recibir un _____ de alguien.

2. En la Argentina, si ves una mariposa de colores significa que pronto vas a tener una visita, así que debes _____ pronto a la casa.

3. En Panamá, no se debe permitir que una mecedora (*rocking chair*) se mueva sola, porque representa algo _____. Se dice que el diablo se está meciendo.

4. En Panamá, una soltera que se pone los anillos o se viste con traje de novia no es muy _____, porque todos saben que eso trae mala suerte.

5. En el _____ occidental, la novia lleva puesto algo prestado, algo regalado, algo usado y algo azul el día de la boda, para tener buena suerte en su matrimonio.

6. El novio no debe ver a la novia en su vestido antes de la ceremonia, porque será una _____.

7. En Latinoamérica, se _____ que recibir el año nuevo con dinero dentro los zapatos le da a uno muchísima prosperidad.

8. Cuando uno siente comezón (*itch*) en la palma derecha de la mano, la _____ es que pronto recibirá dinero.

9. Las manchas (*stains*) blancas en medio de las uñas son señales de _____ que se han dicho.

10. Soñar que pierdes un diente significa que un familiar cercano ha sufrido una _____.

Procedimiento   Se puede hacer la actividad con la clase entera o en parejas; luego debe verificarse que las respuestas estén correctas. Se puede enfatizar la pronunciación correcta de las palabras de vocabulario.

Actividad B ✥ Los cuentos de hadas

Tarea   Crea oraciones utilizando las palabras del vocabulario. Usa las siguientes frases y los cuentos de hadas mencionados como referencia.

1. animales sabios / fábulas de Esopo
2. temer / Hansel y Gretel
3. carecer / los padres de Hansel y Gretel
4. con certeza / la madrastra de Cenicienta (*Cinderella*)
5. desgracia / la muerte del padre de Cenicienta
6. el comportamiento maléfico / la madrastra de Blancanieves
7. la maldición / la madrastra de Blancanieves
8. el intento de matar / Blancanieves
9. regresar a su forma humana / La Bella y la Bestia

Procedimiento   Se puede hacer la actividad en parejas o en grupos, y luego compartir los resultados con la clase entera. ¿Han leído los alumnos estos cuentos? ¿Han visto las películas?

Así se dice

The word **historia** can refer to the field of history or it can refer to a story or tale.

Me especializo en historia.	*I'm majoring in history.*
¿Cuál es tu historia?	*What's your story?*
Cuéntame tu historia.	*Tell me your story.*
La muerte de mi amiga es una historia trágica.	*The death of my friend is a tragic story.*

The word **cuento** also means story, but it most often refers to literary works, such as short stories.

Actividad C ✛ La maldición y la bendición

Tarea   Utiliza las palabras del vocabulario para explicar en qué consiste la maldición o la bendición implícita en las siguientes creencias.

1. En España y en muchos países de Latinoamérica existe el dicho: «El martes 13, ni te embarques ni te cases».

2. En Inglaterra es frecuente encontrar calles que carecen del número 13, mientras que en los Estados Unidos es frecuente encontrarse con edificios que carecen del piso 13.

3. En la India, el viernes 13 es considerado el mejor día para contraer matrimonio y, además, se sientan siempre trece personas en la mesa nupcial.

Procedimiento   Se puede hacer la actividad en grupos. Luego pueden compartirse los resultados con el resto de la clase.

Gramática

*«Cuando **tuve** dientes, no **tuve** pan; y cuando tengo pan, no tengo dientes.»**

Preterite

A. Regular Forms

The preterite of **-ar** verbs is formed by adding **-é, -aste, -ó, -amos, -asteis, -aron** to the stem. The preterite of **-er** and **-ir** verbs is formed by adding **-í, -iste, -ió, -imos, -isteis, -ieron** to the stem.

-ar VERBS	
asustar	
asust**é**	*I frightened*
asust**aste**	*you (s. fam.) frightened*
asust**ó**	*he/she/it/you (s. pol.) frightened*
asust**amos**	*we frightened*
asust**asteis**	*you (pl. fam.) frightened*
asust**aron**	*they/you (pl. pol.) frightened*

-er VERBS	
temer	
tem**í**	*I feared*
tem**iste**	*you (s. fam.) feared*
tem**ió**	*he/she/it/you (s. pol.) feared*
tem**imos**	*we feared*
tem**isteis**	*you (pl. fam.) feared*
tem**ieron**	*they/you (pl. pol.) feared*

---

*Lit.: "When I had teeth, I didn't have bread; and when I have bread, I don't have teeth." (i.e., When you've got the ability, you don't have the opportunity, and when you have the opportunity, you no longer have the ability.)

-ir VERBS	
vivir	
viv**í**	*I lived*
viv**iste**	*you (s. fam.) lived*
viv**ió**	*he/she/it/you (s. pol.) lived*
viv**imos**	*we lived*
viv**isteis**	*you (pl. fam.) lived*
viv**ieron**	*they/you (pl. pol.) lived*

B. Irregular Forms

Patterned changes

1. Stem changes

-Ir stem-changing verbs are **e → i** or **o → u** in the third-person singular and plural forms (**él/ella/Ud.** and **ellos/ellas/Uds.**) in the preterite. **-Ar** and **-er** stem-changing verbs do not change in the preterite.

	e → i		**o → u**	
	preferir		**dormir**	
Models	preferí	*I preferred*	dormí	*I slept*
	preferiste	*you (s. fam.) preferred*	dormiste	*you (s. fam.) slept*
	pref**i**rió	*he/she/it/you (s. pol.) preferred*	d**u**rmió	*he/she/it/you (s. pol.) slept*
	preferimos	*we preferred*	dormimos	*we slept*
	preferisteis	*you (pl. fam.) preferred*	dormisteis	*you (pl. fam.) slept*
	pref**i**rieron	*they/you (pl. pol.) preferred*	d**u**rmieron	*they/you (pl. pol.) slept*
Other verbs	despedir (*to say good-bye*)		morir (*to die*)	
	divertirse (*to have fun*)			
	pedir (*to ask for*)			
	vestirse (*to get dressed*)			

2. Sound-related changes in spelling

As in the present tense, verbs in the preterite undergo a spelling change to preserve the original sound of the final consonant in the infinitive or to maintain a diphthong in the case of **-er** and **-ir** verbs whose stem ends in a vowel.

	c → qu	g → gu	z → c	gu → gü	i → y
	explicar (*to explain*)	**llegar** (*to arrive*)	**cruzar** (*to cross*)	**averiguar** (*to verify*)	**influir** (*to influence*)
Models	expli**qu**é explicaste explicó explicamos explicasteis explicaron	lle**gu**é llegaste llegó llegamos llegasteis llegaron	cru**c**é cruzaste cruzó cruzamos cruzasteis cruzaron	averi**gü**é averiguaste averiguó averiguamos averiguasteis averiguaron	influí influiste influ**y**ó influimos influisteis influ**y**eron

Other verbs	buscar
	  (*to seek*)
	indicar
	  (*to indicate*)
	sacar
	  (*to remove*)
		entregar
		  (*to turn in*)
		jugar
		  (*to play*)
		pagar
		  (*to pay*)
			almorzar
			  (*to eat lunch*)
			comenzar
			  (*to begin*)
			empezar
			  (*to begin*)
				apaciguar
				  (*to placate*)
				atestiguar
				  (*to testify*)
					distribuir
					  (*to distribute*)
					leer
					  (*to read*)
					oír
					  (*to hear*)

Idiosyncratic changes

3. Verbs that share a common root vowel, accentuation, and endings
Note that the first- and third-person singular forms (**yo** and **él/ella/Ud.** forms) are not accented on the final syllable like regular verbs in the preterite.

INFINITIVE	ROOT VOWEL IN STEM	ENDINGS
andar (*to walk*) caber (*to fit*) estar (*to be*) haber (*to have* [*aux.*]) poder (*to be able to*) poner (*to put*) saber (*to know*) tener (*to have*)	anduv- cup- estuv- hub- pud- pus- sup- tuv-	e iste o imos isteis ieron
hacer* (*to do; to make*) querer (*to want*) venir (*to come*)	hic- quis- vin-	
conducir (*to drive*) decir (*to say*) producir (*to produce*) traducir (*to translate*) traer (*to bring*)	conduj- dij- produj- traduj- traj-	

*hacer → **hizo** in third-person singular to maintain the "s" sound.

4. Completely idiosyncratic verbs

The verbs **ir, ser,** and **dar** fall into this category. **Ir** and **ser** share identical preterite forms; context makes clear which is being used. Note that the first- and third-person singular forms (**yo** and **él/ella/Ud.** forms) are not accented on the final syllable like regular verbs in the preterite.

ir/ser		dar	
fui	*I went/was*	di	*I gave*
fuiste	*you (s. fam.) went/were*	diste	*you (s. fam.) gave*
fue	*he/she/it/you (s. pol.) went/were*	dio	*he/she/it/you (s. pol.) gave*
fuimos	*we went/were*	dimos	*we gave*
fuisteis	*you (pl. fam.) went/were*	disteis	*you (pl. fam.) gave*
fueron	*they/you (pl. pol.) went/were*	dieron	*they/you (pl. pol.) gave*

C. Functions

To express completed action in the past. (Emphasis is on the beginning or end of the action or on the action having been completed.)

Ayer por la mañana, **desayuné, leí** el periódico y **salí** para el trabajo.

Yesterday morning I had breakfast, read the newspaper, and left for work.

—¿Qué **hiciste** anoche?

—What did you do last night?

—**Fui** al cine con Bárbara y después **me acosté.**

—I went to the movies with Bárbara and then went to bed.

El año pasado **vi** a Pedro en el aeropuerto.

Last year I saw Pedro at the airport.

Actividad A ✥ La Llorona

Tarea En las culturas hispanas hay dos personajes equivalentes al *boogey-man:* el Coco y la Llorona. Aquí está la leyenda de la Llorona. Conjuga los verbos indicados en el pretérito con el fin de conocer la leyenda de la Llorona.

Había una vez una señora con tres hijos. Como se enamoró(enamorarse) de un hombre que no quería a sus niños, ella los mató² (matar). Pasó³ (Pasar) los años y la señora murió⁴ (morir). Cuando su espíritu llegó⁵ (llegar) a las puertas del paraíso, Dios no permitió⁶ (permitir) su entrada. La señora confesó⁷ (confesar) que había matado a sus hijos echándolos al río. Para perdonarla, Dios le dijo⁸ (decir) que tenía que encontrar a sus hijos. Desde ese momento, la señora camina por toda la tierra llorando en busca de sus hijos (o de los hijos de cualquier persona).

Procedimiento   Los alumnos pueden trabajar en parejas y luego compartir los resultados con el resto de la clase. Se debe verificar que las formas verbales sean las correctas.

Según la historia, los gritos de la Llorona se escuchan por la noche: «¡Ay, mis hijos! ¡Ay, mis hijos!» (**Diana Bryer** [*estadounidense, 1942–*], La Llorona)

¿Creías en el **boogey-man** *de niño/a? ¿Crees que hay algún personaje semejante en otras culturas?* (**Francisco de Goya y Lucientes** [*español, 1746–1828*], Que viene el coco)

⊙⊙⊙⊙⊙   Así se dice

The preterite is used to refer to an event that the speaker views as completed in the past. There are events, however, that theoretically have no end. For example, when you know something, you always know it. For such events, the preterite signals the beginning of the event rather than its completion. What is the beginning of knowing something? Finding it out!

Hoy **supe** que mañana hay un examen.	*Today I found out that there's a test tomorrow.*

What's the beginning of knowing someone? Meeting them!

Conocí a Eduardo en abril.	*I met Eduardo in April.*

The verbs **poder** and **comprender** are similar. In the present tense they mean *to be able to* and *to understand*. In the preterite they mean *to manage* (*to do something*) and *to grasp* (*a fact*).

Actividad B ✦ El milagro de la Virgen de Guadalupe

Tarea   Conjuga los verbos indicados con la forma correcta del pretérito
con el fin de conocer la historia de la Virgen de Guadalupe y Juan Diego.

Según la leyenda, en 1531, Juan Diego, un indio azteca convertido al
cristianismo, iba en ruta a la ciudad de México cuando _vio_ [1] (ver)
una luz luminosa. Cuando se acercó, se le _apareció_ [2] (aparecer) la imagen
de la Virgen de Guadalupe, quien le _dijo_ [3] (decir) que construyera un
templo allí donde estaba. Luego, Juan Diego le _contó_ [4] (contar) al
Obispo lo que _ocurrió_ [5] (ocurrir), pero el Obispo le _pidió_ (pedir) pruebas
de veracidad (*proof*). Juan _regresó_ [6] (regresar) al lugar donde vio a la
Virgen de Guadalupe. Ella se le _apareció_ (aparecer) otra vez y le dijo que
tenía que poner en su capa (*cloak*) todas las rosas de ese lugar y
llevárselas al Obispo, y así hizo Juan Diego. Cuando Juan Diego _abrió_
(abrir) su capa ante el Obispo, en vez de las rosas había una pintura
de la Virgen de Guadalupe. Hoy en día la capa está en la Basílica de
Guadalupe en la ciudad de México, donde todo el mundo puede verla.
Es notable que la pintura conserva los colores tan brillantes como los
tuvo [8] (tener) hace más de 400 años.

Procedimiento   Los alumnos pueden trabajar en parejas y luego compartir los resultados con el resto de la clase. Se debe verificar que las
formas verbales sean las correctas.

*La Virgen de Guadalupe,
madre de México*

Consejo práctico

Belief systems vary tremendously around the world. Miracles are taken very seriously by some and are considered blasphemous by others. A virgin birth is seen as essential to one religion's faith and impossible in another's. One culture eats beef whereas another venerates the cow. The great religions of the world don't agree on many issues, and it isn't necessary that everyone in the class see eye to eye. But to keep discussion going, remember that it is essential not to attack someone else's beliefs.

Estrategia para la comunicación

The following words and phrases are useful when narrating a series of events, putting them in the order in which they took place.

Primero... Segundo... Tercero...
Al principio... Luego... Después...
Por fin... Finalmente...

Actividad C ✦ El cuarto de Rosalía

Tarea   Inventa una historia de lo que hizo esta mañana la mujer representada en *El cuarto de Rosalía*, de Germán Pavón (página 51).

IDEAS PARA CONSIDERAR

✤ ¿Será una historia de horror o de amor?

✤ ¿Será una historia trágica o cómica?

✤ ¿Es Rosalía la mujer en la pintura o se trata de otra persona?

VOCABULARIO ÚTIL

mirar por la ventana	*to look out the window*
sentarse	*to sit*
el alféizar	*windowsill*
el altar	*altar*
el asiento de la ventana	*window seat*
el baúl	*trunk*
la caja	*box*
la cruz	*cross*
el cuadro	*painting*
la estatua	*statue*
el icono	*icon*
el retrato	*portrait*

Procedimiento   Los alumnos pueden crear la narración en grupos. Luego pueden compartir las historias con el resto de la clase. Un grupo de voluntarios puede escribir su historia en la pizarra para verificar que las formas verbales sean las correctas. Al final, la clase puede votar para elegir la mejor historia.

Estrategia para la comunicación

When telling your classmates about something that happened to you, you most likely start by presenting some background information and then relating the main point of the story. You can use the following phrases to introduce this main point, thereby signaling to your listeners that they are about to hear something important about the story.

A fin de cuentas,	*In the end,*
Como consecuencia,	*Consequently,*
Como resultado,	*As a result,*
Desafortunadamente, Desgraciadamente, }	*Unfortunately,*
Trágicamente,	*Tragically,*

La ciencia y lo anticientífico

¿Quién tiene el derecho de desaprobar las creencias y prácticas religiosas de otros?

Ideas para explorar *Lo científico y lo anticientífico*

Vocabulario

Vocabulario del tema	Definición	Contexto	Otras formas de la palabra
VERBOS			
enfrentarse	luchar; afrontar	Los soldados de ambos países se enfrentaron en el campo de batalla.	frente (*f.*) enfrente (*adv.*)
parecerse	tener aspectos semejantes o idénticos a otro	Charlie Sheen y Emilio Estévez se parecen mucho a su padre, Martin Sheen.	apariencia parecido/a
ADJETIVOS			
desordenado/a	descompuesto/a alterado/a	Si uno es contador, es mejor ser ordenado que desordenado.	desordenar desorden (*m.*)
incrédulo/a	desconfiado/a; suspicaz	Los incrédulos no creen en apariciones ni en fantasmas.	incredulidad (*f.*)
intuitivo/a	se aplica a las personas que tienen la facultad de comprender las cosas inmediatamente por intuición, sin razonamiento	Se dice que las mujeres son más intuitivas que los hombres.	intuir intuición (*f.*)
metódico/a	se aplica a las personas que lo hacen todo con método	Tanto los detectives como los científicos deben ser metódicos.	método metodología
objetivo/a	desapasionado/a; imparcial; inspirado/a por la razón	Los periodistas deben ser objetivos cuando escriben.	objetividad (*f.*)
prejuicioso/a	se aplica a las personas que toman decisiones con base en juicios parciales, sin tomar en cuenta toda la información	Se dice que todos podemos ser prejuiciosos en algún momento.	prejuzgar prejuicio (*m.*)

Vocabulario del tema	Definición	Contexto	Otras formas de la palabra
razonable	sensato; se aplica a las personas que obran según la razón	No es razonable dormir menos de seis horas al día.	razonar razón (f.)
seguro/a de sí	tener confianza en uno mismo (una misma)	Una persona segura de sí suele triunfar en la vida.	asegurar seguridad (f.)
subjetivo/a	apasionado/a; parcial; inspirado/a por el modo de pensar o sentir de uno	Un juez no puede ser, subjetivo; tiene que ser objetivo.	subjetividad (f.)

Actividad A ✣ Descripciones

Tarea Escoge la palabra que corresponde a cada descripción.

1. __A__ Esta cualidad se refiere a alguien que generalmente percibe las cosas inmediatamente, sin necesidad de razonamiento lógico.

   (a.) intuitivo/a   b. metódico/a   c. razonable

2. __C__ Se refiere a la semejanza entre dos o más personas o cosas.

   a. enfrentarse   b. contar   (c.) parecerse

3. __C__ Describe a una persona cuyo escritorio está lleno de papeles y libros por todos lados, sin ninguna organización.

   a. incrédulo/a   b. objetivo/a   (c.) desordenado/a

4. __A__ La persona que tiene esta característica es imparcial. Toma sus decisiones después de evaluar la información pertinente al asunto.

   (a.) objetivo/a   b. prejuicioso/a   c. asegurado/a

5. __C__ Se refiere a la manera en que alguien toma decisiones. Las toma independiente de los datos objetivos. Lo que motiva las decisiones no es directamente pertinente al asunto.

   a. incrédulo/a   b. prejuicioso/a   (c.) subjetivo/a

6. __A__ Lo hace una persona que, ante una dificultad o peligro, se prepara para hacerle frente.

   (a.) enfrentarse   b. parecerse   c. contar

7. __A__ Describe a la persona que está muy confiada.

   (a.) asegurado/a   b. subjetivo/a   c. prejuicioso/a

8. __C__ Describe a la persona que actúa ordenando sus ideas para llegar a una conclusión.

   a. subjetivo/a   b. incrédulo/a   (c.) razonable

Procedimiento   Se puede hacer la actividad en parejas o con la clase entera. Al verificar que las respuestas estén correctas se puede enfatizar la pronunciación debida de las palabras del vocabulario.

Actividad B ✦ Hasta los científicos

Tarea   Utiliza las palabras del vocabulario y la tabla de la página 78 para describir cómo son los científicos en cada sección de la siguiente tira cómica.

cohete

Estrategia para la comunicación

You may want to make comparisons between the **científicos** and the **oficiales invitados** in the comic strip from **Actividad B.** Comparisons of inequality are commonly rendered by the pattern **más/menos** + *adjective* + **que.** However, you may wish to express *equality* between groups of people. Here are some phrases that will be useful to express comparisons of equality.

así como
(just) like

de una manera parecida
similar to

igual que
equal to: (just) like

tanto como
as much as

SECCIONES DE LA TIRA CÓMICA	CARACTERÍSTICAS DE LOS CIENTÍFICOS
1. la explicación del cohete y la fórmula matemática	¿razonables o emocionales? ¿asegurados o preocupados? ¿imparciales o prejuiciosos?
2. cómo funciona la computadora	¿desordenados o metódicos? ¿analíticos o intuitivos?
3. la invitación	¿asegurados o incrédulos?
4. la anticipación del lanzamiento del cohete	¿ ?

Procedimiento   Se puede hacer la actividad en parejas o en grupos y luego compartir los resultados con el resto de la clase. ¿Cómo se puede interpretar la última sección de la tira cómica?

Paso optativo   Describir cómo son los oficiales invitados en cada sección de la tira cómica.

Actividad C ✤ Por un lado y por el otro

Tarea   Utiliza las palabras del vocabulario para contar experiencias personales que revelen dos aspectos contrarios de tu personalidad.

Modelo   Por un lado, soy metódico en mi trabajo; por el otro, soy muy desordenado. Mis libros y cuadernos están en todas partes.

Procedimiento   Los alumnos pueden trabajar en parejas o en grupos para contar sus experiencias personales y luego compartir los resultados con el resto de la clase.

✦ Gramática

«Hasta el diablo era buen mozo cuando le apuntaba el bozo.»*

Imperfect

A. Regular Forms

The imperfect of **-ar** verbs is formed by dropping the **-ar** ending of the infinitive and adding **-aba, -abas, -aba, -ábamos, -abais, -aban.** The imperfect of **-er** and **-ir** verbs is formed by dropping the **-er** or **-ir** ending of the infinitive and adding **-ía, ías, ía, íamos, íais, ían.**

---

*"Beauty is only skin deep." (Lit.: Even the devil was handsome when he was still a youth [had adolescent down instead of whiskers].)

-ar VERBS

explicar

explic**aba**	*I was explaining / used to explain*
explic**abas**	*you (s. fam.) were explaining / used to explain*
explic**aba**	*he/she/it/you (s. pol.) was/were explaining / used to explain*
explic**ábamos**	*we were explaining / used to explain*
explic**abais**	*you (pl. fam.) were explaining / used to explain*
explic**aban**	*they/you (pl. pol.) were explaining / used to explain*

-er VERBS

creer

cre**ía**	*I believed / used to believe*
cre**ías**	*you (s. fam.) believed / used to believe*
cre**ía**	*he/she/it/you (s. pol.) believed / used to believe*
cre**íamos**	*we believed / used to believe*
cre**íais**	*you (pl. fam.) believed / used to believe*
cre**ían**	*they/you (pl. pol.) believed / used to believe*

-ir VERBS

influir

influ**ía**	*I was influencing / used to influence*
influ**ías**	*you (s. fam.) were influencing / used to influence*
influ**ía**	*he/she/it/you (s. pol.) was/were influencing / used to influence*
influ**íamos**	*we were influencing / used to influence*
influ**íais**	*you (pl. fam.) were influencing / used to influence*
influ**ían**	*they/you (pl. pol.) were influencing / used to influence*

B. Irregular Forms

There are only three common verbs that are irregular in the imperfect.

ser

era	*I was / used to be*
eras	*you (s. fam.) were / used to be*
era	*he/she/it/you (s. pol.) was/were / used to be*
éramos	*we were / used to be*
erais	*you (pl. fam.) were / used to be*
eran	*they/you (pl. pol.) were / used to be*

ir	
iba	*I was going / used to go*
ibas	*you (s. fam.) were going / used to go*
iba	*he/she/it/you (s. pol.) was/were going / used to go*
íbamos	*we were going / used to go*
ibais	*you (pl. fam.) were going / used to go*
iban	*they/you (pl. pol.) were going / used to go*

ver	
veía	*I was seeing / used to see*
veías	*you (s. fam.) were seeing / used to see*
veía	*he/she/it/you (s. pol.) was/were seeing / used to see*
veíamos	*we were seeing / used to see*
veíais	*you (pl. fam.) were seeing / used to see*
veían	*they/you (pl. pol.) were seeing / used to see*

C. Functions

1. To express repeated or habitual actions or situations in the past

Cuando yo **era** niño, **visitaba** a mi abuela todos los domingos.	*When I was a child, I visited my grandmother every Sunday.*
Siempre **me divertía** en las vacaciones de verano.	*I always had fun during summer vacations.*
Hacía ejercicio aeróbico todas las tardes después de la escuela.	*I did aerobics every afternoon after school.*

2. To express mental, emotional, or physical states or to describe physical appearance in the past

Era de estatura mediana, de pelo castaño. Siempre **estaba** contenta.	*She was average height, with brown hair. She was always happy.*
El fantasma **parecía** una sombra. **Llevaba** un traje blanco y en la cara **tenía** una expresión de horror.	*The ghost seemed like a shadow. It was wearing a white suit, and on its face it had an expression of horror.*

3. To describe background circumstances in the past, including age, time, and weather

Era una noche oscura y fría. **Hacía** mucho viento.	*It was a dark, cold night. There was a lot of wind.*
Eran las tres de la tarde y no **había** nadie en la plaza.	*It was three in the afternoon, and there was nobody in the plaza.*

| El chico **tenía** catorce años y ya **era** muy alto. | *The boy was fourteen years old and was already very tall.* |
| La manera más común de andar por la ciudad **era** en bicicleta. | *The most common way of getting around the city was on a bike.* |

4. To express two or more events simultaneously in progress in the past

| Mientras **comían, miraban** la televisión. | *They watched television while they ate.* |
| **Andaban** por las calles y **comentaban** las noticias. | *They walked the streets and talked about the news.* |

CONTRAST WITH THE PRETERITE

The choice between preterite and imperfect often depends on the speaker's intention. If you want to emphasize the beginning, end, or completeness of an action, use the preterite. If you want to emphasize the ongoing nature, or duration, of an action, use the imperfect. Compare these examples.

| Ayer **fue** a la playa y **jugó** en la arena. | *Yesterday she went to the beach and played in the sand.* (completed action) |
| Todos los veranos **iba** a la playa y **jugaba** en la arena. | *Every summer she used to go to the beach and play in the sand.* (habitual action) |

An interrupted action in the past is expressed with a combination of preterite and imperfect.

| **Hablaba** por teléfono cuando **llegó** su hermana. | *She was talking on the phone when her sister arrived.* |
| **Andaban** en bicicleta por el centro cuando **vieron** un accidente muy grave. | *They were riding bicycles when they saw a very serious accident.* |

PRETERITE OR IMPERFECT?

Some verbs in Spanish express meanings that are expressed by different verbs in English, depending whether they are in the preterite or the imperfect. As with other verbs in Spanish, the use of preterite expresses an action at its beginning, end, or as a completed whole, whereas the imperfect expresses an ongoing condition.

	PRETERITE	IMPERFECT
conocer	**Conocí** a Juan el año pasado. *I met Juan last year.*	**Conocía** a Juan el año pasado. *I (already) knew Juan last year.*
poder	Elena **pudo** terminar el proyecto. *Elena managed to finish the project.*	Elena **podía** terminar el proyecto. *Elena could finish the project (but we don't know if she actually did).*
querer	Felicia **quiso** esquiar. *Felicia tried to ski.*	Felicia **quería** esquiar. *Felicia wanted to ski (but we don't know if she actually got to).*
saber	**Supimos** que José estaba enfermo. *We found out that José was sick.*	**Sabíamos** que José estaba enfermo. *We knew that José was sick.*

Actividad A ✤ El antropólogo y el indígena

Tarea   Contesta las siguientes preguntas sobre el dibujo.

1. ¿Cuál era la actitud del antropólogo? ¿Parecía curioso o arrogante?
   descubría artefactos   curioso
2. ¿Parecía reservado el indígena o se veía obviamente ofendido?
   ofendido e indígena
3. ¿Estaba arrodillado el indígena o estaba de pie?
   arrodillado del indígena
4. ¿Quién se tocaba el mentón, el antropólogo o el indígena?
   el antropólogo
5. ¿Quién tenía las manos cruzadas sobre el pecho, el antropólogo o
   el indígena?   *el antropólogo*
6. ¿Quién daba vueltas alrededor de la imagen del dios, el antropólogo o el indígena?   *el antropólogo*

Procedimiento Se puede hacer la actividad con la clase entera o en parejas, poniendo atención en el uso del imperfecto en las preguntas.

Paso optativo Mira el siguiente dibujo para observar los resultados de la interacción entre el antropólogo, el indígena y su dios en el dibujo de la página 82. El antropólogo pregunta: «Es capaz de hacer milagros y todo... ?» ¿Con base en el dibujo de abajo, cómo le contestas?

Así se dice

The verb **hay,** a form of the verb **haber,** means *there is* or *there are*. It only has the one form in the present tense, and its singular or plural meaning is determined by the rest of the sentence.

Hay un niño en el dibujo.	*There is one child in the drawing.*
Hay dos niños en el dibujo.	*There are two children in the drawing.*

The past tense forms of **hay** are **hubo** (preterite) and **había** (imperfect). Just as with the present tense, the use of a singular or plural equivalent in English depends on the rest of the sentence.

Hubo un accidente.	*There was an accident.*
Hubo dos accidentes anoche.	*There were two accidents last night.*
Había un niño en el dibujo.	*There was one child in the drawing.*
Había dos niños en el dibujo.	*There were two children in the drawing.*

Actividad B ❖ Las creencias de niños

Tarea Contrasta lo que creías de niño con lo que ahora sabes «científicamente». Puedes usar los siguientes conceptos como ejemplos.

❖ la cigüeña (*stork*)
❖ el conejo de Pascua
❖ Santa Claus
❖ el ratoncito Pérez (*tooth fairy*)

Modelo Cuando era niña mis padres me explicaron el nacimiento de mi hermanito como un regalo que nos trajo una cigüeña. La realidad es completamente diferente y el proceso no tiene nada que ver con una cigüeña...

Procedimiento Los alumnos pueden trabajar en parejas o en grupos para contrastar sus creencias. Unos voluntarios podrían escribir sus resultados en la pizarra para verificar el uso apropiado del imperfecto.

Actividad C ❖ Fecha memorable

Tarea Describe una fecha memorable que tenga algo que ver con la expresión de creencias.

POSIBLES IDEAS

❖ un bautizo
❖ una boda
❖ un clérigo inolvidable
❖ un rabino extraordinario
❖ un funeral
❖ una monja excepcional
❖ un bar mitzvah
❖ la primera comunión
❖ la primera confesión de pecados (*sins*)
❖ un velorio (*wake*)

Modelo la primera comunión: Recuerdo cuando entramos en la iglesia. Yo fui el primer chico en entrar porque era el más bajo de todos. Estaba todo silencioso. Llevaba mi nueva Biblia y un rosario. Mis padres se sentían orgullosos...

Procedimiento Se puede trabajar individualmente y luego comparar los textos en parejas o presentarlos ante toda la clase.

Ideas para explorar *El porqué de las creencias anticientíficas*

Vocabulario

Vocabulario del tema	Definición	Contexto	Otras formas de la palabra
VERBOS			
aclarar	explicar; poner en claro; hacer algo comprensible	El profesor aclaró las dudas de Cristina.	aclaración (*f.*) clarificación (*f.*) aclaratorio/a (*adj.*) claramente (*adv.*)
alcanzar	llegar a un determinado punto o a una meta	Trabajamos mucho para alcanzar nuestras metas.	alcance (*m.*) alcanzado/a
asustar	causar miedo	Los fantasmas asustan a los vivos.	susto asustadizo/a
castigar	imponer un castigo a alguien que ha cometido un delito o una falta	Hay formas muy poco eficientes de castigar a los niños.	castigo castigado/a
inculcar	infundir	Todos los padres tratan de inculcar buenos principios a sus hijos.	inculcación (*f.*) inculcado/a
influir	tener algún efecto sobre alguien o algo; ejercer presión moral sobre alguien	El pasado influye siempre en el presente y el futuro.	influencia influenciable
lograr	alcanzar; conseguir	Se logran las metas con el trabajo y la persistencia.	logro logrado/a
mantener	alimentar; continuar; hacer que algo continúe teniendo validez	Para mantener un buen cuerpo, hay que hacer mucho ejercicio.	mantenimiento mantenido/a
proteger	impedir que algo o alguien sufra daño, defender	Los padres deben proteger a sus hijos cueste lo que cueste.	protección (*f.*) protector (protectora)

Vocabulario del tema	Definición	Contexto	Otras formas de la palabra
SUSTANTIVOS			
la aspiración	ambición; meta; deseo	Sin aspiraciones ni ambición, no es posible alcanzar las metas propuestas.	aspirar aspirante (m., f.)
el ateo (la atea)	que niega la existencia de toda divinidad	El ateo no cree en Dios.	ateísmo ateo/a
el campo	conjunto de todo lo que está asociado con las distintas áreas de estudio e investigación; especialización de una persona	El campo de la parapsicología intenta explicar ciertos fenómenos extraordinarios.	acampar campar campesino/a (m., f.)
el daño	efecto de lastimar o lastimarse	Algunas creencias populares, como la brujería, pueden causar daño y desgracias.	dañar dañino/a
la duda	estado de no saber qué creer o cómo actuar; no aceptar ni rechazar alguna creencia	La duda religiosa a veces conduce al ateísmo.	dudar dudoso/a
el escape	huida; fuga; evasión	Las leyendas proveen un escape de la realidad tanto para los niños como los adultos.	escapar escapado/a
el peligro	amenaza; riesgo	Se corre mucho peligro al conducir bajo la influencia del alcohol.	peligrar peligroso/a
el presagio	predicción; pronóstico; profecía	La mujer sintió un mal presagio cuando el adivinador empezó a leerle las cartas de tarot.	presagiar presagiado/a
el propósito	el porqué; la intención	Uno de los propósitos de aprender español es mejorar la comunicación intercultural.	proponer propuesto/a
el riesgo	peligro	Los soldados corrieron grandes riesgos durante la guerra.	arriesgar arriesgado/a riesgoso/a

Vocabulario del tema	Definición	Contexto	Otras formas de la palabra
ADJETIVO realizado/a	que se ha cumplido o concluido	Mi trabajo realizado durante el último semestre fue estupendo.	realizar realización (*f.*)

Actividad A ❖ Sinónimos y antónimos

Tarea   Indica si los pares de palabras son sinónimos (S) o antónimos (A). Luego verifica las respuestas.

1. __A__ realizado / alcanzado
2. __S__ la aspiración / la meta
3. __A__ el ateo (la atea) / el/la creyente
4. __S__ el campo / la especialización
5. __A__ el escape / la realidad
6. __S A__ el riesgo / la seguridad
7. __S__ daño / peligro
8. __S__ profecía / presagio
9. __S__ lograr / alcanzar
10. __A__ proteger / amenazar

Procedimiento   Se puede hacer la actividad con la clase entera o en parejas. Al verificar las respuestas correctas se puede enfatizar la pronunciación correcta de todas las palabras.

Actividad B ❖ ¡A emparejar!

Tarea   Escoge la palabra correcta para completar las oraciones.

a. propósito   d. escape   g. campo
b. ateo   e. aspiración   h. comportamiento
c. logra   f. asusta

1. La __B E__ de Helen Keller en la película *The Miracle Worker* es lograr comunicarse con el mundo.
2. El __E H__ de la niña protagonista de la película *Miracle on 34th Street* es muy buena porque cree en Santa Claus.
3. En la película *The Bishop's Wife,* el ministro no es __B__ sino creyente.
4. Mucha gente se __F__ con las películas de horror como *Halloween* y nunca va al cine a verlas.

5. El __E__ del personaje de Freddy Krueger en la película *Nightmare on Elm St.* es asustar a todos los personajes en la película.

6. En la película *It's a Wonderful Life,* Jimmy Stewart __BC__ observar cómo sería la vida de sus queridos sin su presencia.

7. El __G__ de la parapsicología estudia los fenómenos sobrenaturales, como la telepatía.

8. Para muchas personas, la televisión es un __D__ de la realidad.

Procedimiento   Se puede hacer la actividad en parejas o en grupos y luego verificar las respuestas correctas con la clase entera. ¿Cuántos alumnos han visto las películas mencionadas?

Paso optativo   Utilizando las palabras de vocabulario, comentar otras películas; por ejemplo: *The Sixth Sense, Bruce Almighty* y las películas de *Harry Potter.*

Actividad C ✦ ¿Por qué se hace?

Tarea   Lee las siguientes creencias de varios países hispanos e indica, según tu opinión, cuál es el propósito de cada una de ellas.

1. __B__ En Venezuela se cuelga un rosario de un árbol para que deje de llover.

   a. influir en el futuro
   b. traer buena suerte
   c. aclarar dudas

2. __B__ En el Ecuador se pone sábila (áloe) detrás de la puerta para evitar que los malos espíritus entren en la casa.

   a. servir de presagio
   b. proteger de un daño
   c. explicar algo incomprensible

3. __CA__ En México se cree que el «mal aire» puede causar algunas enfermedades. Por eso, la gente evita las corrientes de aire, especialmente las de la noche.

   a. proteger de un daño
   b. castigar
   c. mantener la armonía en la comunidad

4. __BC__ En Venezuela se lleva un diente de ajo en la cartera para tener dinero siempre.

   a. alejar el mal
   b. asustar
   c. influir en el futuro

5. __A/C__ En España y Latinoamérica hay un refrán que dice: «El martes 13 ni te cases ni te embarques, ni de tu casa te apartes».

   a. proteger de un daño
   b. castigar
   c. mantener la armonía en la comunidad

Procedimiento   Se puede hacer la actividad en parejas o en grupos y luego, con la clase entera, comparar las opiniones.

Los elementos de las creencias populares, la fe y las supersticiones se combinan y mezclan en esta tienda de Miami.

Gramática

*«No hay mal que por bien no venga.»**

Present Subjunctive

A. Regular Forms

The present subjunctive forms of nearly all verbs are based on the first-person singular form **(yo)** of the present indicative. Infinitives ending in **-ar** take endings with **-e** and infinitives ending in **-er** and **-ir** take endings with **-a.**

---

*"Every cloud has a silver lining." (Lit.: There's no misfortune that doesn't bring with it at least some good.)

-ar VERBS	-er VERBS	-ir VERBS
adivinar	**creer**	**abrir**
adivine	crea	abra
adivines	creas	abras
adivine	crea	abra
adivinemos	creamos	abramos
adivinéis	creáis	abráis
adivinen	crean	abran

B. Irregular Forms

Verbs that are irregular in the **yo** form of the present indicative are irregular in the present subjunctive forms. Here are several common examples.

suponer, tener, venir		atraer, caer, hacer		conocer, parecer, producir	
supong- teng- veng-	a as a amos áis an	atraig- caig- hag-	a as a amos áis an	conozc- parezc- produzc-	a as a amos áis an

Verbs that have spelling and/or sound changes in the **yo** form of the present indicative related to maintaining the sound of the infinitive also exhibit that change in the subjunctive. (See **Lección 1,** page 12, for more information on these spelling changes.)

	gu → g	g → j	i → y	ADD ACCENT TO **i** OR **u**
Change in present indicative	**distinguir → distingo**	**proteger → protejo**	**incluir → incluyo**	**continuar → continúo**
Subjunctive models	distinga distingas distinga distingamos distingáis distingan	proteja protejas proteja protejamos protejáis protejan	incluya incluyas incluya incluyamos incluyáis incluyan	continúe continúes continúe continuemos continuéis continúen
Other verbs	conseguir seguir	coger dirigir	construir huir	actuar enviar

Some verbs that are not irregular in the **yo** form of the present indicative are irregular in the present subjunctive in order to maintain the sound of the infinitive. These follow the same patterns you have already studied.

	c → qu	z → c
	acercar	**empezar**
Models	acer**que** acer**qu**es acer**que** acer**qu**emos acer**qu**éis acer**qu**en	empie**ce** empie**ce**s empie**ce** empe**ce**mos empe**cé**is empie**ce**n
Other verbs	explicar verificar	comenzar

C. Stem-Changing Verbs

1. Stem-changing verbs with infinitives ending in **-ar** and **-er** show the same pattern of change in the subjunctive as in the indicative.

	e → ie	o → ue
	pensar	**desaprobar**
Models	p**ie**nse p**ie**nses p**ie**nse pensemos penséis p**ie**nsen	desapr**ue**be desapr**ue**bes desapr**ue**be desaprobemos desaprobéis desapr**ue**ben
Other verbs **-ar**	despertar empezar negar	acordar encontrar rogar
Other verbs **-er**	encender entender perder	poder soler volver

2. Stem-changing verbs with infinitives ending in **-ir** whose stem vowel **e** changes to **ie** or **i** in the indicative follow that pattern in the subjunctive with an additional change to **i** in the second- and third-person plural forms (**nosotros** and **vosotros**) of the subjunctive. Verbs whose stem vowel **o** changes to **ue** in the indicative also change in the subjunctive with an additional change to **u** in the second- and third-person plural forms (**nosotros** and **vosotros**) of the subjunctive.

	e → ie, i	e → i, i	o → ue, u
	sentir	**pedir**	**morir**
Models	sienta sientas sienta sintamos sintáis sientan	pida pidas pida pidamos pidáis pidan	muera mueras muera muramos muráis mueran
Other verbs	divertir mentir sugerir	seguir servir vestir	dormir

D. Idiosyncratic Forms

dar	estar	haber	ir	saber	ser
dé	esté	haya	vaya	sepa	sea
des	estés	hayas	vayas	sepas	seas
dé	esté	haya	vaya	sepa	sea
demos	estemos	hayamos	vayamos	sepamos	seamos
deis	estéis	hayáis	vayáis	sepáis	seáis
den	estén	hayan	vayan	sepan	sean

Structurally, the subjunctive mood is used almost exclusively in only two cases: 1) in subordinate clauses introduced by **que** that have a subject different from the main clause; 2) in main clauses introduced by **ojalá, tal vez,** or **quizá(s).**

E. Functions*

To express doubt, uncertainty, or disbelief

Es imposible que **ganen** el torneo.	*It's not possible that they will win the tournament.*
Dudo que ellos **vengan** al concierto.	*I doubt they will come to the concert.*
No creo que **haya** bastante dinero para comprar el coche.	*I don't think there's enough money to buy the car.*
Quizás **haga** sol mañana.	*Maybe it will be sunny tomorrow.*

Actividad A ✤ La forma correcta de los verbos

Tarea Completa las siguientes oraciones con la forma correcta del verbo en indicativo o subjuntivo.

---

*Several other functions of the subjunctive will be introduced in later lessons.

1. No creo que un amuleto (*charm*) me (protege / proteja) del peligro.
2. Dudo que tú (empiezas / empieces) sin él.
3. Juan no cree que yo (soy / sea) ateo.
4. Quizá le (inculcan / inculquen) educación religiosa en la escuela a Alejandra.
5. Es imposible que los fantasmas me (asustan / asusten).
6. Estoy seguro de que Juan (está / esté) en su casa.
7. Es dudoso que (hay / haya) mucha gente en la fiesta.
8. Es posible que los gatos negros te (traen / traigan) mala suerte.

Procedimiento La actividad puede hacerse individualmente o en parejas. Luego se puede discutir con toda la clase la razón gramatical por la que cada oración lleva subjuntivo o indicativo, según corresponda.

Actividad B ✥ ¿Subjuntivo o indicativo?

Tarea Conjuga cada verbo utilizando la forma apropiada del presente de subjuntivo o indicativo.

En la mayoría de las culturas occidentales, la ciencia y la tecnología son [son]¹ (ser) más importantes que la espiritualidad. Hay quienes creen que la ciencia puede² (poder) encontrar una cura para cualquier problema. Por ejemplo, el número de personas que tome³ (tomar) drogas sintéticas es mayor del que use⁴ (usar) medicinas naturales, a base de hierbas o plantas. Igualmente, la mayoría de la gente duda que haya⁵ (haber) posibilidad de evitar las enfermedades llevando una vida más espiritual.

Sin embargo, desde los años sesenta, cada día hay más personas que buscan⁶ (buscar) nuevas maneras de percibir el mundo. Ellas niegan que los médicos y los científicos tengan⁷ (tener) la solución a todos los males del mundo. Estas mismas personas opinan que no todo lo que sea⁸ [sea] (ser) anticientífico sea⁹ [es] (ser) superstición. Al contrario, aconsejan que todos tomemos en cuenta nuestra potencia espiritual para vivir más tiempo y llevar una vida feliz. Es posible que los yoguis y los curanderos de otras culturas nos enseñen¹⁰ (enseñar) el secreto de una vida tranquila y profunda por medio de la espiritualidad.

Procedimiento Se puede hacer la actividad en parejas o en grupos. Un grupo de voluntarios puede escribir las respuestas en la pizarra, para luego verificar las respuestas correctas. Se puede hacer énfasis en las diferencias de pronunciación entre la forma del verbo en el presente de indicativo y la del presente de subjuntivo.

Paso optativo Comenta las ideas expresadas en el párrafo.

Actividad C ✥ ¿Qué opinas?

Tarea Utiliza las expresiones de las tablas de la próxima página para opinar sobre las ideas expresadas en cada una de las siguientes oraciones. Luego explica tus razones.

EXPRESIONES QUE LLEVAN EL SUBJUNTIVO	EXPRESIONES QUE LLEVAN EL INDICATIVO
Es dudoso que... Es posible que... Es imposible que... Dudo que... No es verdad que...	Es cierto que... Es verdad que... Es seguro que... Es un hecho que... Es obvio que...

Modelo Es verdad que en cada pueblo hay gente que practica el tarot. Esas personas anuncian sus servicios en la guía telefónica. No es verdad que tengan muchos clientes.

1. En este país, lo desconocido es considerado peligroso y por eso se buscan maneras de explicarlo.
2. Las creencias populares pueden influir tanto en el comportamiento de los niños como en el de los adultos.
3. Mucha gente lee su horóscopo, pero sólo para divertirse.
4. En realidad, en nuestros tiempos no ocurren milagros.
5. Una crisis de la vida provoca la fe.

Procedimiento Se puede hacer la actividad en parejas o en grupos y luego compartir las opiniones con el resto de la clase. Al presentar las opiniones se debe verificar que las formas verbales sean las correctas.

En Guatemala, una adivinadora interpreta el tarot para un cliente.

Actividad A ✤ El entierro del conde de Orgaz y El milagro

Tarea Compara y contrasta en un ensayo los cuadros *El entierro del conde de Orgaz* (página 50) y *El milagro* (página 51).

IDEAS PARA CONSIDERAR
❖ las diferentes creencias populares representadas
❖ las clases sociales
❖ el efecto de los colores en los cuadros
❖ las facciones de las caras de las figuras

Actividad B ✤ Junípero Serra y las misiones de California

Tarea Prepara un informe sobre la vida del fraile Junípero Serra y las misiones que fundó a lo largo del Camino Real en el actual estado de California. Puedes encontrar información en alguna enciclopedia, en un diccionario de religión o en la red.

Junípero Serra (1713–1784), fundador de varias de las misiones de California

Actividad C ✤ *Muerte de Luis Chalmeta*

Tarea Describe e interpreta la obra *Muerte de Luis Chalmeta* (página 50). Es necesario interpretar el significado de las manos que aparecen de las nubes.

IDEAS PARA CONSIDERAR

✤ las manos son las de la esposa, la madre o la novia de Luis Chalmeta
✤ las manos representan a la Virgen María, también llamada «Reina de los Cielos»

Actividad D ✤ Los dioses de la agricultura

Tarea Investiga las creencias de los aztecas, incas y mayas en cuanto a los dioses de la agricultura. Prepara un informe con fotos.

Actividad E ✤ Entre los santos

Tarea Escribe un informe sobre uno de los siguientes santos asociados con la Península Ibérica: San Ignacio de Loyola, Santiago de Compostela, San Jordi de Cataluña, Santa Teresa de Ávila. Puedes encontrar información en alguna enciclopedia o diccionario de religión. También en la red es posible encontrar información.

Actividad F ✤ Nombres

Tarea Investiga el origen de los nombres de las siguientes ciudades y, de ser posible, prepara un informe con fotografías y mapas.

✤ Asunción, Paraguay
✤ las Islas Pascuas, Chile
✤ Malabo (antes Santa Isabel), Guinea Ecuatorial
✤ San Francisco, California, Estados Unidos
✤ San José, Costa Rica
✤ San Juan, Puerto Rico
✤ San Salvador, El Salvador
✤ Santa Fe, Nuevo México, Estados Unidos
✤ Santiago, Chile
✤ Santiago de Compostela, España
✤ Santo Domingo, la República Dominicana

Tarea   Escribe una composición de 300 palabras sobre el siguiente tema.

Tema   ¿Es lo anticientífico parte esencial en todas la culturas?

IDEAS PARA CONSIDERAR

❖ ¿Qué tienen en común las creencias anticientíficas?
❖ ¿Qué nos ofrecen estas creencias?
❖ ¿Es lo anticientífico verdaderamente anticientífico?
❖ ¿Es posible que el pensamiento anticientífico no exista para el año 3000?
❖ ¿Qué días festivos se basan en creencias populares?

Procedimiento

1. Repasa el contenido del las actividades de la Unidad 2.
2. Haz una lista de ideas potenciales para tu composición.
3. Organiza las ideas utilizando un bosquejo.
4. Escribe un borrador y, dos días después, repásalo.
5. Verifica en tu borrador que el uso de la gramática presentada en la Unidad 2 sea el correcto.
   ❖ el pretérito perfecto
   ❖ el pretérito
   ❖ el imperfecto
   ❖ el presente de subjuntivo

Cada 12 de diciembre, penitentes mexicanos andan de rodillas hacia la Basílica de la Virgen de Guadalupe en la ciudad de México. La fecha conmemora la aparición de la Virgen a un hombre indígena, Juan Diego, en 1531.

Tarea   Mira la película *Como agua para chocolate,* en la que las creencias y el mundo de los espíritus forman una parte importante de la trama. A esta técnica de incluir elementos fantásticos dentro de un contexto realista se le llama «realismo mágico». Al ver la película presta atención a los siguientes aspectos.

❖ el pastel de boda
❖ el fantasma de la madre
❖ la muerte de la hermana de la protagonista
❖ la muerte de la protagonista

Procedimiento   Escribe dos o tres párrafos sobre los sucesos en la película relacionados con el realismo mágico.

Laura Esquivel, autora de la novela
Como agua para chocolate

In the companion book *¿Qué te parece esta lectura?* and on the CD-ROM you will find a thematically–related reading.

UNIDAD 3

El medio ambiente

The *¿Qué te parece?* CD-ROM offers additional activities related to the **Galería de arte** in this unit.

Dimensión formal

¿Cómo está organizada la obra de arte? ¿Es simétrica? ¿asimétrica? ¿Hay líneas, figuras o formas que llaman la atención? Estas preguntas tienen que ver con la dimensión formal del arte. Esta dimensión tiene que ver con las relaciones entre la composición y la organización de los elementos que componen la obra. ¿Cómo interpretas las dimensiones en *La jungla,* por Wifredo Lam? ¿Cómo se relacionan las dimensiones de *Cubo atmósfera,* por Grace Solís?

1 Daniel Quintero (español, 1949–   )
El violinista de Chernobyl

2 Wifredo Lam (cubano, 1902–1982)
La jungla

3 José R. Oliver
(puertorriqueño, 1910–1979)
Delirio febril urbanístico

4 Grace Solís (ecuatoriana, 1956–   )
Cubo atmósfera

La situación actual

¿Cómo podemos evitar que el aire de las ciudades se vuelva sucio y asfixiante?

Ideas para explorar *Los mandamientos verdes*

Vocabulario

Vocabulario del tema	Definición	Contexto	Otras formas de la palabra
VERBOS			
ahorrar *(to save)*	guardar; no gastar; economizar; conservar	Para ahorrar energía, apaga las luces que no necesites.	ahorrador(a) ahorro ahorrado/a
almacenar *(to store)*	acumular en cantidad; guardar como reserva	Se almacena tanto petróleo como es posible, pero las reservas no son muy grandes.	almacén (*m.*) almacenaje (*m.*) almacenamiento almacenado/a
consumir *(to consume)*	gastar; utilizar cierta cantidad de una cosa; el contrario de producir	Los *SUVs* y Hummers consumen mucha gasolina.	consumidor consumismo consumo consumido/a
derrochar *(to waste)*	malgastar; gastar algo con insensatez o en exceso	Durante los baños se derrocha más agua que durante las duchas.	derroche (*m.*) derrochado/a derrochador/a
descomponerse *(to decompose)*	pudrir (*to rot*) algunos materiales orgánicos; separar los diversos componentes	Algunos materiales se descomponen más rápidamente que otros.	descomposición (*f.*) descomponible descompuesto/a
rechazar *(to reject)*	no aceptar; repeler; estar en contra de algo	Hay algunos científicos que rechazan la teoría del efecto invernadero.	rechazo rechazado/a
reciclar *(to recycle)*	usar de nuevo	Es bueno reciclar los envases de aluminio y vidrio y no tirarlos en la basura.	reciclaje (*m.*) reciclado/a
reducir *(to reduce)*	disminuir; hacer o hacerse una cosa más pequeña	El reciclaje reduce el volumen de desperdicios producidos anualmente.	reducción (*f.*) reduccionismo reducido/a (*adj.*)

Vocabulario del tema	Definición	Contexto	Otras formas de la palabra
tirar en la basura *throw in the trash*	echar las cosas en el lugar destinado a los restos de comida, papeles y otras cosas que no sirven	Tira en la basura sólo los desechos no reciclables.	basurero tirado/a
SUSTANTIVOS			
el aerosol *aerosol*	sustancia sólida o líquida en suspensión en un medio gaseoso	Algunos aerosoles dañan la capa de ozono.	
la energía *energy*	fuerza; poder; en términos de la física, aptitud de una materia para producir fenómenos físicos o químicos	La energía alternativa (por ejemplo, la que produce el viento) puede reducir el nivel de contaminación del aire.	enérgico/a enérgicamente (*adv.*)
el envase *container*	recipiente	Los envases de aluminio, espuma plástica y vidrio pueden ser reciclados.	envasar envasado/a
de aluminio *aluminum*	recipiente de metal, como una lata de refresco		
de espuma plástica *plastic foam*	recipiente hecho de burbujas de plástico que sirve para envolver		
de vidrio *glass*	recipiente de vidrio, como una botella o una jarra		
el envoltorio *wrapping*	paquete de papel u otro material para guardar una compra o algún objeto	Los envoltorios de papel son mejores para el medio ambiente que los de plástico.	envolver envoltura envuelto/a
la lata *tin can*	envase de metal (hierro o acero) que sirve para contener líquido o comida	Se puede reciclar las latas de aluminio.	enlatar enlatado/a (*adj.*)
el producto envasado *bottled product*	producto que viene en envase o recipiente especial para ser guardado o transportado	Los productos envasados aumentan el volumen anual de desechos.	producir productor producido/a
el químico *chemistry*	componente de alguna materia; producto químico	Varios pesticidas contienen químicos que son dañinos para el ser humano, los animales y el medio ambiente.	química químico/a

Vocabulario del tema	Definición	Contexto	Otras formas de la palabra
el recipiente *Container*	vasija o utensilio en el que se puede contener algo; depósito; envase	En muchas ciudades hay recipientes para desechar los envases reciclables.	recibir recibimiento recibido/a

Actividad A ✤ Asociaciones

Tarea   Indica qué palabra o frase sustantival del vocabulario del tema (páginas 103–105) se asocia con cada uno de los siguientes grupos de palabras.

1. malgastar, perder, destruir *derrochar*
2. guardar, economizar, conservar *ahorrar*
3. evadir, pasar por alto, no querer hacer
4. acabar, extinguir, gastar *consumir*
5. disminuir, rebajar, decrecer *reducir*
6. mantener, conservar, acumular *almacenar*
7. pudrirse, corromperse, biodegradarse *descomponerse*
8. echar, no reciclar, no reusar *rechazar*
9. paquete, encerrar, cubrir *envoltorio*
10. enlatar, envasar, embotellar *tirar en la basura*
11. fuerza, poder, electricidad *energía*
12. capa de ozono, clorofluorocarbonos, gases *aerosols*
13. sustancias, aerosoles, perfumes *Quím químico*
14. legumbres, sopas, leche *vidrio*

Procedimiento   Se puede trabajar en parejas o en grupos y luego verificar las respuestas correctas con el resto de la clase. Al comparar las respuestas se puede hacer énfasis en la pronunciación correcta de las palabras del vocabulario.

Actividad B ✤ Oraciones

Tarea   Escribe oraciones con las siguientes palabras.

1. ahorrar, derrochar
2. almacenar, reciclar
3. descomponerse, los envases de espuma plástica
4. consumir, reducir
5. los aerosoles, los envases de aluminio
6. tirar en la basura, los recipientes

Procedimiento   Los alumnos pueden trabajar en parejas o en grupos pequeños para escribir las oraciones. Luego pueden compartir los resultados con el resto de la clase. ¿Utilizaron bien las palabras del vocabulario? ¿Entendieron el significado correcto de las palabras del vocabulario?

Actividad C ✦ ¿Estás de acuerdo?

Tarea   Indica si estás de acuerdo o no con las ideas expresadas en cada una de las siguientes oraciones. Luego explica tus razones o describe tus experiencias personales.

Madrid ecologista

1. El gobierno debe poner multas de 500 dólares a las personas que tiren en la basura los envases reciclables.
2. No es necesario producir detergentes perfumados.
3. Cada individuo debe tener la opción de reciclar, reutilizar o tirar en la basura sus envases.
4. Deberíamos restringir la producción y el uso de la espuma plástica y del plástico en general para animar a los consumidores a comprar envases y productos reciclables o reutilizables.
5. El problema de la contaminación del medio ambiente se debe a la cantidad de envases y materiales que se usan en la fabricación de los productos de consumo. Sin el apoyo del gobierno y de la industria, jamás se salvará el medio ambiente.

Procedimiento   Se puede trabajar individualmente, en parejas o con la clase entera, haciendo énfasis en la pronunciación correcta de las palabras del vocabulario.

✦ **Gramática**

«Haga mal y espere otro tal.»*

Formal Commands

A. Forms

For both affirmative and negative formal commands (**Ud.** and **Uds.**) use the same form as the third-person present subjunctive.

	-ar VERBS	**-er** VERBS	**-ir** VERBS
	cultivar	**resolver**	**permitir**
(*Ud.*)	(no) cultiv**e**	(no) resuelv**a**	(no) permit**a**
(*Uds.*)	(no) cultiv**en**	(no) resuelv**an**	(no) permit**an**

---

*"As you sow, so shall you reap." (Lit.: Do wrong and expect equal wrong.)

If a verb is irregular in the subjunctive, it is also irregular in the command form. A few irregular forms are illustrated here. Review the present subjunctive forms in **Lección 4** for a more complete listing of irregularities.

dar → **dé, den**   saber → **sepa, sepan**
estar → **esté, estén**   ser → **sea, sean**
ir → **vaya, vayan**

Object pronouns are always attached to the end of the verb in affirmative commands. A written accent is added to maintain the original stress pattern.

(*Ud.*)	cómprelo
(*Uds.*)	cómprenlo

Object pronouns always precede the verb in negative commands.

(*Ud.*)	no lo compre
(*Uds.*)	no lo compren

B. Functions

To tell someone whom you address as **Ud.** or **Uds.** what to do or what not to do

¡**Prevenga**/**Prevengan** la destrucción de las selvas!   *Prevent the destruction of the forests!*

¡**Salve**/**Salven** las ballenas!   *Save the whales!*

¡**Ahorre**/**Ahorren** los recursos naturales!   *Conserve natural resources!*

¡**Arrepiéntase**/**Arrepiéntanse**!   *Repent!*

¡No **compre**/**compren** productos perfumados!   *Don't buy perfumed products!*

¡No **contribuya**/**contribuyan** a la deforestación!   *Don't contribute to deforestation!*

¡No **se arriesgue**/**se arriesguen**!   *Don't put yourself at risk!*

Actividad A ❖ Los mandamientos verdes

Tarea   Conjuga el verbo en cada una de las siguientes oraciones para ver cuáles son los diez mandamientos verdes. Averigua qué miembros de la clase obedecen los mandamientos.

1. _Ahorre_ (Ahorrar) energía en su propia casa.

2. No ~~produca~~ (producir) basura.
produzca

almacene

3. <u>Limite</u> (Limitar) el uso de los plásticos.
4. No <u>~~almac~~</u> (almacenar) un arsenal químico.
5. <u>Cuide</u> (Cuidar) el campo.
6. <u>Use</u> (Usar) el coche racionalmente.
7. <u>Utilice</u> (Utilizar) envases buenos para el medio ambiente.
8. <u>Cerre</u> (Cerrar) el agua, porque es un bien escaso.
9. <u>Pense</u> (Pensar) globalmente.
10. <u>Actúe</u> (Actuar) localmente.

Procedimiento   Los alumnos pueden trabajar individualmente o en parejas para conjugar los verbos. Luego pueden verificar que las formas verbales sean las correctas. ¿Cuáles son los mandamientos que los alumnos obedecen? ¿Cuáles no obedecen?

Actividad B ✤ El aire

Tarea   Expresa en forma de mandato las ideas expresadas en el siguiente anuncio. Indica, de acuerdo con tu opinión, cuál es el orden de importancia de las acciones ecológicas recomendadas.

saquen
instalen
utilicen
destierren
reduzcan

El aire de las ciudades

Un cóctel sucio y asfixiante de humo, niebla y sol

Cómo podemos evitarlo:

- Sacar las fábricas de las ciudades.
- Instalar catalizadores en los automóviles y restringir su uso en el casco urbano.[1]
- Utilizar los transportes públicos, preferentemente los no contaminantes: tren, metro, tranvia y trolebús.
- Desterrar los ómnibus de gasoil.
- Reducir los horarios de calefacción y eliminar las calderas de carbón.[2]

---

[1]casco… *city center*   [2]calderas… *coal-fired boilers*

Procedimiento   Los alumnos pueden trabajar individualmente o en grupos para reescribir las oraciones y para indicar el orden de importancia de las acciones ecológicas. Luego, con toda la clase, se puede verificar que las formas verbales estén correctas y comparar los órdenes de importancia de las acciones. En general, ¿están de acuerdo los alumnos?

Actividad C ✤ Perspectivas

Tarea Propon los diferentes órdenes de importancia para los diez mandamientos verdes, según la perspectiva de las siguientes personas.

✤ el dueño de una fábrica
✤ ciudadanos que viven muy cerca de una fábrica
✤ el presidente de un país no desarrollado y pobre
✤ el presidente de los Estados Unidos
✤ ¿ ?

LOS DIEZ MANDAMIENTOS VERDES

Ahorre energía en su propia casa.

No produzca basura.

Limite el uso de los plásticos.

No almacene un arsenal químico.

Cuide el campo.

Use el coche racionalmente.

Utilice envases buenos para el medio ambiente.

Cierre el agua, porque es un bien escaso.

Piense globalmente.

Actúe localmente.

Procedimiento Los alumnos pueden trabajar en grupos y cada grupo puede enfocarse en la perspectiva de una sola persona. Luego, con toda la clase, cada grupo puede presentar sus resultados, para comparar y contrastar órdenes. ¿Hay variación en los órdenes de importancia según la perspectiva de las diferentes personas?

Ideas para explorar ¿Ecologista o desastre natural?

Vocabulario

Vocabulario del tema	Definición	Contexto	Otras formas de la palabra
VERBOS			
convencer *to convince*	persuadir; cambiar la opinión de otra persona; probar	¿Te convencen los argumentos de los científicos con respecto al problema de la capa de ozono?	convencimiento convincente (*adj.*) convencido/a
encantar *to charm*	fascinar; gustar mucho	Me encanta trabajar con personas ecologistas.	encantamiento encanto encantado/a encantador(a)
gustar *to please*	causar o sentir agrado o placer	Me gusta que la universidad nos provea con recipientes verdes; así es fácil reciclar.	gusto gustoso/a
importar *to matter*	interesar; merecer atención o preocupación	Nos importa el futuro de nuestro país.	importancia
impresionar *to impress*	emocionar; conmover; excitar	Las soluciones que me impresionan son las que ahorran dinero.	impresión (*f.*) impresionado/a impresionante
molestar *to ~~distrub~~ disturb*	fastidiar; enojar; estorbar	Me molesta que no toda la gente recicle la basura orgánica.	molestia molesto/a
preocupar *to preoccupy*	causar ansiedad; inquietar	Les preocupa a los científicos el agujero en la capa de ozono.	preocupación (*f.*) preocupado/a preocupante
sorprender *to surprise*	asombrar; sentir sorpresa	Nos sorprende el volumen de desechos que se produce anualmente.	sorpresa sorprendente sorprendido/a

Vocabulario del tema	Definición	Contexto	Otras formas de la palabra
SUSTANTIVOS			
las acciones concienzudas *conscious actions*	acciones que se hacen con conciencia del impacto positivo que éstas pueden tener	Sólo a través de las acciones concienzudas vamos a poder salvar al mundo.	conciencia
las acciones nocivas *harmful actions*	acciones que hacen daño, que perjudican	El deseo de hacer dinero lleva a las fábricas e industrias a cometer acciones nocivas que dañan al medio ambiente.	nocividad (*f.*)
los detergentes *detergents*	productos para lavar o limpiar	Los detergentes lavan la ropa, pero pueden contener químicos dañinos para el medio ambiente.	
ADJETIVOS			
desechable *disposable*	que se usa sólo una vez y luego se tira a la basura	La tierra y el agua están contaminadas a causa de los productos desechables y los químicos que las fábricas tiran en la tierra, los lagos y los ríos.	desechar desecho desechado/a
perfumado/a *perfume*	que tiene fragancia	Algunos piensan que los productos de limpieza perfumados deben evitarse.	perfumar perfume (*m.*)

Actividad A ❖ ¿Cuáles son tus hábitos personales?

Tarea   Responde cada oración utilizando la siguiente escala.

5 = muchísimo   **4** = mucho   **3** = a veces   **2** = poco   **1** = poquísimo

1. _3_ Me preocupa el medio ambiente.
2. _2_ Me interesa trabajar en causas ecologistas.
3. _2_ No me molesta comprar artículos no biodegradables.
4. _4_ Es más conveniente comprar artículos desechables, como servilletas de papel y vasos de plástico.
5. _4_ Reciclo el vidrio.
6. _3_ Reciclo los periódicos y las revistas.

Procedimiento Los alumnos pueden responder individualmente o en grupos y luego compartir las respuestas en grupos o con la clase entera. Finalmente, pueden indicar cómo se describen a sí mismos según el siguiente esquema.

❖ Soy un verdadero (una verdadera) ecologista.
❖ Soy un(a) ecologista sólo cuando me parece conveniente.
❖ Soy indiferente a las cuestiones del medio ambiente.
❖ Soy un «desastre natural».

¿Cuántos productos que dañan el medio ambiente compras tú?

Así se dice

We use **gustar** and similar verbs to express a mental attitude or perception about something. Sentences that use **gustar** and similar verbs have the following sentence pattern.

indirect object pronoun + verb + subject

Me gusta la naturaleza. *I like nature.*
Me gustan las montañas. *I like the mountains.*

In some cases, a prepositional phrase with **a** is used to clarify or to emphasize the indirect object.

me → a mí   nos → a nosotros/as
te → a ti   os → a vosotros/as
le → a él, a ella, a Ud. les → a ellos/as, a Uds.

A nosotros nos molesta el ruido de las motos.

The noise of motorcycles bothers us.

A algunas personas no les importa el medio ambiente, pero **a mí me importa** mucho.

Some people don't care about the environment, but I do.

Estrategia para la comunicación

It is often said that there are two sides to every story; you can't always determine who is right and who is wrong. For this reason issues are not always easily decided, and so you often must take a middle position. To do so, you need to be able to state what the two sides are. These expressions will help you do that.

En cierto sentido... / Sin embargo...
Por un lado... / Por otro lado...
Un buen argumento es... / No obstante...

Actividad B ❖ ¿Quién lo dice? ¿Qué dices tú?

Tarea   Determina si la persona que habla es un verdadero ecologista o un «desastre natural». Luego, habla por ti mismo/a.

1. «Cuando voy de compras, me importa buscar el símbolo de reciclaje en los envases de plástico.»

   ☒ el verdadero ecologista   ☐ el desastre natural

   Por mi parte, _yo compro plástico con el símbolo_

2. «Me preocupan mucho los precios. Compro lo más barato y lo más conveniente.»

   ☐ el verdadero ecologista   ☒ el desastre natural

   Por mi parte, _no voy a comprar_

3. «Sólo utilizo productos para la limpieza que son ecológicamente sanos. Me importa buscar esta información en las etiquetas.»

   ☒ el verdadero ecologista   ☐ el desastre natural

   Por mi parte, _busco para la información_

4. «No me importa si el detergente que compro está perfumado o no. Me gustan los aromas.»

   ☐ el verdadero ecologista   ☒ el desastre natural

   Por mi parte, _solamente compro detergente naturales_

5. «Sólo compro coches pequeños porque no consumen tanta gasolina.»

☒ el verdadero ecologista   ☐ el desastre natural

Por mi parte, ~~no o compro pe~~ me gusta coches pequeños no tengo un bebe

6. «No compro pañales (*diapers*) desechables porque no son biodegradables.»

☒ el verdadero ecologista   ☐ el desastre natural

Por mi parte, no compro pe no tengo un bebe

Procedimiento   Se puede hacer la actividad con la clase entera o en grupos. **¡Ojo!** Algunos miembros de la clase tendrán que utilizar el futuro para hablar de los números 5 y 6.

Actividad C ✢ Una encuesta sobre el medio ambiente

Tarea   Con la ayuda de los siguientes temas y verbos, prepara un cuestionario para los estudiantes de tu universidad.

TEMAS

los asuntos ambientales

la cantidad de periódicos no reciclados

las emisiones de los carros viejos

la preservación de las ballenas

la producción de productos desechables

los productos naturales de uso personal

los programas televisivos de ciencia

¿ ?

VERBOS

encantar	interesar	preocupar
fascinar	molestar	sorprender
gustar		

Modelo   ¿Te molesta a ti el humo de los cigarrillos?

Procedimiento   Los alumnos pueden trabajar en grupos y luego compartir los resultados con el resto de la clase. Luego, la clase puede hacer una selección de preguntas y elaborar un solo cuestionario.

Paso optativo   Cada estudiante puede utilizar el cuestionario para entrevistar a cinco personas. Luego puede compartir los resultados con el resto de la clase, para elaborar un perfil del «estudiante típico».

Gramática

«No hay libro tan malo que no tenga algo bueno.»*

Adjective Clauses with Present Subjunctive

A. Forms

Review the forms of the subjunctive in **Lección 4** (page 89). Adjectives modify nouns by adding information about them. Adjectives describe the characteristics of a person or thing. For example, **perfumado** is an adjective that tells us something about the detergent.

Es un detergente **perfumado.**   *It's a scented detergent.*

Adjective clauses are entire clauses that function like adjectives by adding information about a noun.

Es un detergente **que contiene**   *It's a detergent that contains*
   perfumes.   *perfumes.*

Adjective clauses are linked to a noun with the relative pronoun **que.** The subjunctive is used in the adjective clause when the person or thing described is not real, or is unknown to the speaker.

B. Functions

The subjunctive is used in adjective clauses to describe something with which the speaker has no experience or that may not exist.

Busco un champú que **tenga** envase reciclable.

I'm looking for a shampoo that has a recyclable container.

No conozco a nadie que **pueda** evitar el uso de todas las sustancias químicas.

I don't know anybody who can avoid all chemicals.

El gobierno investiga un sistema de transporte público que no **emita** vapores tóxicos.

The government is investigating a system of public transportation that doesn't emit toxic gases.

Necesitamos más productos para la limpieza que no **contaminen** el agua y el aire.

We need more cleaning products that don't contaminate the water and air.

---

*"There's good in all things." (Lit.: There is no book that's so bad that it doesn't have something good in it.)

Actividad A ✦ Buscando amigos

Tarea   Conjuga el verbo en la forma apropiada. Luego, indica si la oración es verdadera para ti.

Busco amigos y amigas que...

1. Cocine (cocinar) bien. Sí
2. practique (practicar) deportes. no
3. tenga (tener) de ¿ ? a ¿ ? años de edad. Sí
4. ponga (poner) la basura en su lugar. no
5. sea (ser) «desastres naturales». no
6. piense (pensar) como verdaderos ecologistas. sí
7. vaya (ir) al cine con frecuencia. sí
8. use (usar) drogas ilegales. no
9. recicle (reciclar) para que yo no tenga que hacerlo. sí
10. utilice (utilizar) productos sin perfume. Sí
11. limpie (limpiar) el apartamento. Sí

Procedimiento   Los alumnos pueden trabajar individualmente o en parejas para responder a las preguntas y, luego, con la clase entera, pueden verificar las formas verbales. Se puede explorar cuáles son las características más importantes en los amigos y amigas.

Paso optativo   Contesta las siguientes preguntas. ¿Cuáles de las cualidades anteriores buscas en un compañero (una compañera) de cuarto? ¿Y en una pareja ideal?

Así se dice

When we describe something, we often give several characteristics, not just one.

Carlos es **alto, moreno** y **guapo.**

Here's an example that requires the two conjugated verbs to be in the subjunctive:

Busco un fertilizante que **sea** orgánico y que no **cueste** más que los fertilizantes químicos.

Actividad B ✦ El verdadero ecologista frente al «desastre natural»

Tarea   Conjuga el verbo entre paréntesis en el indicativo o el subjuntivo, según el contexto. Luego indica si la oración corresponde a lo que diría un verdadero ecologista o un «desastre natural».

1. Cuando voy de compras, busco una bolsa de plástico que (llevar) _____ el símbolo de reciclaje.

    ☐ ecologista   ☐ «desastre natural»

2. Quiero comprar comida que (ser) _____ lo más conveniente posible.

    ☐ ecologista   ☐ «desastre natural»

3. Los niños deben usar un pegamento que no (emitir) _____ vapores tóxicos.

    ☐ ecologista   ☐ «desastre natural»

4. Hay muchos productos para la limpieza que (contaminar) _____ el medio ambiente. No debemos usarlos.

    ☐ ecologista   ☐ «desastre natural»

5. Me gusta el champú Braso Plus. Es un champú muy fuerte que (limpiar) _____ el pelo y la tubería a la vez.

    ☐ ecologista   ☐ «desastre natural»

6. Quiero un detergente que (tener) _____ un perfume agradable.

    ☐ ecologista   ☐ «desastre natural»

7. Para mis hijos, quiero pañales que no (costar) _____ mucho y que (ser) _____ desechables.

    ☐ ecologista   ☐ «desastre natural»

8. Conduzco un coche pequeño que no (consumir) _____ mucha gasolina.

    ☐ ecologista   ☐ «desastre natural»

Procedimiento   Los alumnos pueden trabajar en parejas y luego verificar las respuestas y las formas verbales con el resto de la clase.

Actividad C ✦ En un futuro cercano, en un futuro lejano

Tarea   Describe qué características tendrían que tener *idealmente* los siguientes productos de uso común. Estas características pueden referirse a su efecto ecológico, a su conveniencia o a ambos factores. Luego, comenta si las características son probables o improbables de realizar.

una bicicleta	un horno
un bolígrafo (una pluma)	un jabón
una cera para los muebles	un pegamento
un champú	una pila
una computadora	un refrigerador
una crema de afeitar	un suavizante de ropa
un desodorante	un televisor
un detergente	¿ ?

Modelos   Quiero un tostador que automáticamente le ponga mantequilla al pan tostado.

Comentario: Es improbable realizar una tostadora que le ponga automáticamente mantequilla al pan tostado.

Quiero un coche que funcione con basura como combustible.

Comentario: Es probable (en un futuro cercano) realizar un coche que funcione con los gases que se escapan de la basura.

Procedimiento   Los alumnos pueden trabajar en grupos y luego compartir los resultados con el resto de la clase. Después de verificar que las formas verbales sean las correctas, la clase entera puede comentar qué tan probables o improbables son las características ideales de cada uno de los objetos de uso común.

El mundo en que vivimos

¿Es éste el costo que pagamos por los productos que nos hacen la vida más agradable?

Ideas para explorar *Problemas ecológicos mundiales*

Vocabulario

Vocabulario del tema	Definición	Contexto	Otras formas de la palabra
VERBOS			
acumular	reunir o juntar en cantidad; agregar	La felicidad no consiste en acumular dinero.	acumulación (*f.*) acumulado/a acumulativo/a
atrapar	coger algo que se escapa o que se puede escapar	Desafortunadamente, la capa de ozono atrapa los gases que contienen clorofluoro-carbonos.	trampa atrapado/a
calentar	poner caliente; elevar la temperatura	El agujero en la capa de ozono calienta la atmósfera, lo que ocasiona la reducción de hielo de los polos.	calentador calentamiento calentado/a
crecer	aumentar; hacerse más grande, más intenso, etcétera	Si el número de población sigue creciendo, pronto tendremos problemas aún más graves.	crecimiento crecido/a creciente (*adj.*)
extinguirse	agotarse; desaparecer; acabarse	Muchas plantas están por extinguirse por causa de la contami-nación de la tierra y el aire.	extinción (*f.*) extinguible (*adj.*) extinguido/a
ocasionar	ser causa de algo	Talar las selvas ocasiona la erosión.	ocasión (*f.*) ocasionado/a
talar	cortar los árboles de un bosque, dejándolo despoblado	Las compañías que trabajan con madera talan las selvas sin considerar que ponen en grave peligro a la flora y la fauna.	tala talado/a

Vocabulario del tema	Definición	Contexto	Otras formas de la palabra
SUSTANTIVOS			
el agujero en la capa de ozono	orificio (hueco) que, como consecuencia de la contaminación, existe en la capa de ozono que hay en la atmósfera	NASA ha detectado una ampliación notable del agujero en la capa ozono sobre Antártida.	agujerar ozonizar ozonización (f.) ozonosfera ozonizado/a
los clorofluoro-carbonos	sustancias químicas que contienen cloro, flúor y carbono, comúnmente encontradas en los aerosoles	Los gases empleados en la fabricación de aerosoles, refrigeradores y acondicionadores producen clorofluoro-carbonos.	carbón (m.) cloro flúor (m.)
el combustible fósil	una de varias clases de combustibles (sustancias capaces de arder) derivados del petróleo	Los combustibles fósiles dañan los bosques irreparablemente.	combustibilidad (f.) combustión (f.)
la deforestación	acción de deforestar; dejar un terreno sin árboles ni vegetación	La deforestación produce una grave escasez de árboles en los bosques y las selvas del mundo.	deforestar deforestado/a
el efecto invernadero	calentamiento global que se produce como resultado de los gases que se acumulan en la atmósfera y que atrapan el calor	El efecto invernadero es una causa del calentamiento global.	efectuar invernar invierno
el/la habitante	persona que reside en un área; residente	Muchos habitantes del sur de Chile sufren los efectos de la irradiación porque viven cerca del agujero en la capa de ozono sobre Antártida.	habitar habitado/a
la lluvia ácida	lluvia que contiene sustancias químicas nocivas para la vida humana, animal y vegetal	No podemos evitar la lluvia ácida si no controlamos la contaminación del medio ambiente.	llover acidez (f.)

Vocabulario del tema	Definición	Contexto	Otras formas de la palabra
la sobrepoblación	exceso de población de un país o región geográfica, respecto a los recursos naturales económicos disponibles	Otra causa de los problemas ecológicos del mundo se deriva de la sobrepoblación.	poblar población (*f.*) sobrepoblado/a

Actividad A ✛ Asociaciones

Tarea   Escoge la palabra que *no* se asocia lógicamente con la palabra o frase enumerada.

1. __C__ el agujero en la capa de ozono
   - a. la atmósfera
   - b. el sol
   - (c.) la tierra

2. __C__ el combustible fósil
   - a. el petróleo
   - b. la gasolina
   - (c.) la energía nuclear

3. __A__ el efecto invernadero
   - (a.) las flores
   - b. las capas de hielo polar
   - c. el combustible fósil

4. __C__ la sobrepoblación
   - a. los recursos económicos
   - b. el exceso
   - (c.) los desiertos

5. __C__ la deforestación
   - a. los bosques tropicales
   - b. talar
   - (c.) la lluvia ácida

6. __A__ la lluvia ácida
   - (a.) el agujero en la capa de ozono
   - b. la industria
   - c. las sustancias químicas nocivas

Procedimiento   Los alumnos pueden trabajar individualmente o en parejas. Luego, pueden verificar que las respuestas estén correctas con el resto de la clase. Se puede enfatizar la pronunciación correcta de las palabras del vocabulario.

Actividad B ✦ ¿A qué se refiere?

Tarea   Indica el problema al que se refieren las siguientes ideas. También subraya las palabras del vocabulario utilizadas en las oraciones. Algunos problemas corresponden a más de una idea.

Polución por emisiones industriales

a. la sobrepoblación   **d.** el efecto invernadero
b. la deforestación   **e.** el agujero en la capa de ozono
c. la lluvia ácida

1. _A_ Para el año 2025, crecerá el número de habitantes de nuestro planeta a 8.000 millones.

2. _D_ El dióxido de carbono y otros gases que se acumulan en la atmósfera permiten la entrada de los rayos del sol y luego atrapan el calor excedente.

3. _E_ Este fenómeno fue descubierto en 1985 sobre la Antártida. Se refiere a la única protección contra la dañina radiación ultravioleta.

4. _D_ El calentamiento de la atmósfera ocasionará un brusco cambio climático.

5. _C_ La contaminación ácida se convierte en viento, nieve y nubes tóxicas que reparten la acidez por toda la naturaleza.

6. _E_ Este fenómeno ocasiona cáncer de la piel y lesiones en los ojos.

7. _B_ Este fenómeno se refiere a la desaparición y devastación de los bosques y las selvas.

8. _E_ Las emisiones industriales producen una polución corrosiva.

9. _D_ La presencia de altos niveles de dióxido de carbono en la atmósfera se debe a combustibles fósiles como el petróleo.

10. _B_ Esto contribuye al aumento en la temperatura del planeta. Entre menos árboles haya, se produce menos oxígeno y hay menos dióxido de carbono utilizado por los árboles durante la fotosíntesis.

11. _C_ Este fenómeno amenaza no sólo la vegetación, sino también los edificios y monumentos.

Procedimiento   Se puede hacer como clase entera. Si se hace en grupos, los alumnos pueden verificar las respuestas correctas con la clase entera e indicar las palabras del vocabulario utilizadas en las oraciones.

Actividad C ✤ En forma visual

Tarea   Utiliza las palabras del vocabulario para interpretar el significado de los dos siguientes dibujos.

IDEAS PARA CONSIDERAR

❖ ¿Cómo se representa el mundo?
❖ ¿Cuáles son los problemas ecológicos enfatizados?
❖ ¿Qué no quieren los dibujantes que pase en el futuro?

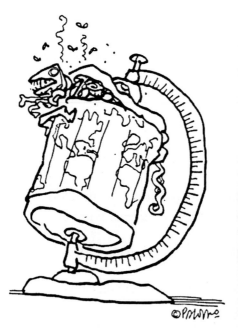 

Procedimiento   Los alumnos pueden trabajar individualmente o en grupos para escribir cinco oraciones para cada dibujo. Luego, pueden presentar sus interpretaciones al resto de la clase.

Paso optativo   Busca en periódicos o revistas un dibujo cuyo tema sea un problema ecológico. Presenta el dibujo en clase.

Así se dice

Instead of repeating words, use relative pronouns to make more complex and interesting sentences.

Compro detergentes. Los detergentes no tienen perfumes.
Compro los detergentes **que** no tienen perfumes.

Use the relative pronoun **lo cual** to form a complex sentence when referring back to an idea rather than to a specific word.

Las fábricas emiten muchos contaminantes y gases tóxicos, **lo cual** da como resultado la lluvia ácida.

Gramática

«¡Que digan misa, si hay quien la oiga!»*

Present Subjunctive in Noun Clauses

A. Forms

Review the forms of the present subjunctive in **Lección 4** (page 89).

B. Functions

Just as a noun or noun phrase can be the object of a verb, an entire clause can also function as a noun in English. Compare the following examples.

I recommend *that book*.	(*That book* is a noun phrase and is the object of *recommend*. It answers the question, "What do you recommend?")
I recommend *that you study more*.	(*That you study more* is an entire clause that functions as a noun and is the object of *recommend*. It also answers the question, "What do you recommend?")

In Spanish, nouns, noun phrases, and noun clauses can also be objects of verbs. Noun clauses that function as verb objects are introduced by **que,** as shown in the following examples.

El periódico dice **que la tasa de deforestación aumenta cada año.**	*The newspaper says that the rate of deforestation is increasing every year.*
Los reportajes afirman **que el clima cambia en las zonas deforestadas.**	*Reports affirm that the climate changes in deforested areas.*

In the above examples, the indicative **(aumenta, cambia)** is used in the noun clauses. The subjunctive is used in noun clauses only when certain conditions are met. The noun clause must be a subordinate clause, the second part of a sentence that is introduced by the relative pronoun **que.** The main clause, or first part of a sentence, must "trigger" the subjunctive. The subject of the main clause will generally be different from the subject of the subordinate clause. This structure will look like the following.

Indicative "trigger" verb + **que** + (*change of subject*) *subjunctive verb*

---

*"Let them say mass if there is anyone who will listen to it!" (This is an expression that indicates that the speaker doesn't care what others are saying about him or her.)

All verbs and verb phrases that trigger the subjunctive have one thing in common: they express ideas that are not factual from the speaker's point of view. For example, the sentence, **Todos queremos *que el agua no se contamine más,*** does not describe what the condition of the water is but rather what the speaker wants the condition of the water to be. In this sentence, the verb **querer** triggers the subjunctive **(contamine)** in the subordinate noun clause.

The <u>present</u> subjunctive is used in a subordinate noun clause when the idea expressed is in the <u>present or in the future</u>.

For nonfactual ideas from the speaker's perspective, the subjunctive is used:

1. to express doubt or uncertainty

Verbs and expressions that trigger the subjunctive: **dudar, no creer, (no) es posible, (no) es probable, es dudable, es increíble, no es cierto, no es verdad**

Dudo que las fábricas **quieran** gastar más dinero para reducir la contaminación.	*I doubt that the factories want to spend more money to reduce pollution.*

2. to express an indirect command

Verbs and expressions that trigger the subjunctive: **decir, exigir, mandar, necesitar, ordenar, pedir, es necesario, es preciso**

Los ecologistas **piden** que el gobierno **reduzca** la tasa de deforestación.	*The ecologists are asking the government to reduce the rate of deforestation.*

3. to express wishes, hopes, or desires

Verbs and expressions that trigger the subjunctive: **desear, esperar, preferir, querer, ojalá**

Muchos padres **esperan** que sus hijos **puedan** disfrutar de los bosques y otros recursos naturales de hoy.	*Many parents hope that their children will be able to enjoy the forests and other natural resources of today.*

4. to express suggestions, recommendations, or pleas

Verbs and expressions that trigger the subjunctive: **aconsejar, recomendar, rogar, sugerir, suplicar**

Yo **recomiendo** que no **inviertas** dinero en fábricas de productos de madera.	*I recommend that you not invest money in factories (manufacturers) of wood products.*

5. to express permission or prohibition

Verbs and expressions that trigger the subjunctive: **aprobar, impedir, oponerse a, permitir, prohibir**

Muchas ciudades **prohíben** que la gente **queme** basura dentro de las zonas urbanas.	*Many cities forbid people to burn trash within urban areas.*

6. to express emotions or opinions

Verbs and expressions that trigger the subjunctive: **alegrarse de, gustar, importar, lamentar, molestar, sentir, temer, es bueno, es (una) lástima, es malo, es mejor, está bien**

Muchos expertos **temen** que la selva tropical de Brasil **desaparezca** dentro de cincuenta años.	*Many experts fear that the rain forest in Brazil will disappear within fifty years.*

IDENTIFYING NOUN CLAUSES

It is quite easy to identify noun clauses in a sentence. A noun clause always answers the question *what?* First, find the subject and verb in the main clause. Then form a *what?* question with those words. The answer will be the noun clause. Let's use the following sentence as an example: *I want you to leave.* The subject and verb in the main clause are *I want.* Next, we form a *what?* question: *I want what?* The answer is *you to leave,* which is the noun clause. Now, try it in Spanish. **Espero que mis amigos vengan.** What are the subject and verb in the main clause? You should have said **yo espero.** Now form a *what?* question with these elements. Did you come up with **¿Qué espero?** Finally, what is the answer to this question? Your response should be **que mis amigos vengan.** You have now successfully identified the noun clause.

 ¡Ojo!

If the answer to a *what?* question in Spanish does not begin with **que,** then you know you are *not* dealing with a subordinate noun clause and the subjunctive will *not* be used. For example, try our simple test with the following statement: **Quiero una casa grande.** Using the main verb to pose our *what?* question, we get **¿Qué quiero?** The answer is **una casa grande.** Since the answer doesn't start with **que,** we know that there is no subordinate noun clause and the subjunctive is not used—there is no second verb to put into the subjunctive!

CONTRAST WITH INDICATIVE

The verb **decir** can have two meanings when followed by a noun clause: to tell someone something (to share information) or to tell someone to do something (a synonym of *to order*). When the meaning is to share information, the indicative mood is used in the noun clause. When the meaning is to order someone to do something, the subjunctive mood is used in the noun clause. Compare the following sentences.

Mi padre siempre me **dice** que **hay** cosas más importantes en el mundo que el dinero.
(*The father is simply sharing information, so the indicative mood is used.*)

My father always tells me that there are more important things in the world than money.

Mi padre siempre me **dice** que **estudie** más.
(*The father is indirectly ordering the speaker to study more, so the subjunctive mood is used.*)

My father always tells me to study more.

Actividad A ✦ Es mejor que...

Tarea   Cambia las siguientes generalizaciones por afirmaciones dirigidas a un grupo específico. Luego, indica con cuáles de las afirmaciones estás de acuerdo.

Modelo   Es mejor no depender de la energía atómica. (los países) →
Es mejor que los países no dependan de la energía atómica.

1. Es necesario cambiar la manera de conservar los bosques. (el gobierno)
2. Es bueno reciclar el plástico y el papel. (mucha gente)
3. Es importante informarse sobre los abusos de los recursos naturales. (los estudiantes)
4. Es preciso plantar más árboles. (las compañías madereras)
5. Es malo usar tantos pesticidas en el cultivo de los comestibles. (los agricultores)
6. Es mejor comprar productos sin muchos envoltorios. (los consumidores)
7. Es necesario aprovechar más el transporte público. (los habitantes urbanos)
8. Es importante buscar productos reciclados. (nosotros)

Procedimiento   Los alumnos pueden trabajar individualmente o en parejas para escribir las oraciones. Al presentar los resultados se debe verificar que la forma verbal esté correcta e indicar qué tan de acuerdo están los estudiantes con las afirmaciones.

Actividad B ✢ ¿Cuál es tu opinión?

Tarea   Expresa tu opinión combinando una frase de la columna A con una frase de la columna B. Conjuga el verbo en la forma correcta del subjuntivo.

A	B
(No) Espero que…	(haber) más grupos dedicados a la preservación del medio ambiente
(No) Me gusta que…	las escuelas primarias (dar) cursos sobre la ecología
(No) Me molesta que…	muchas fábricas (trasladarse) a países menos desarrollados
(No) Prefiero que…	más ciudades (construir) calles especiales para las bicicletas
(No) Quiero que…	las industrias (buscar) formas alternativas de energía
(No) Recomiendo que…	los gobiernos (requerir) leyes para el reciclaje
(No) Siento que…	varias especies de animales (extinguirse) cada año

Procedimiento   Se puede hacer la actividad en parejas o en grupos. Al presentar los resultados, los estudiantes pueden indicar las opiniones que comparten y aquéllas en las que desacuerdan. Se debe verificar que la forma del verbo sea la correcta.

Actividad C ✢ ¿Qué quieren los dibujantes que hagamos?

Tarea   Responde a cada uno de los temas de la siguiente página con un mandato indirecto, una sugerencia o una frase que exprese las emociones de los dibujantes. Escoge un verbo de la lista para empezar cada oración y utiliza una cláusula nominal en cada oración.

Estos dibujantes tienen opiniones muy fuertes sobre los problemas ecológicos mundiales. ¿Cuáles son?

(No) Es bueno/malo que...	(No) Es una lástima que...	(No) Prefiero que...
(No) Es increíble que...	(No) Espero que...	(No) Quiero que...
(No) Es mejor que...	(No) Me gusta que...	(No) Recomiendo que...
(No) Es necesario que...	(No) Me molesta que...	(No) Sugiero que...

Modelo   la exploración en busca de petróleo en zonas protegidas de Alaska → Me molesta que el gobierno permita la exploración de zonas protegidas.

1. la tala de bosques vírgenes en el noroeste de los Estados Unidos
2. las protestas contra la pesca de las ballenas (*whales*)
3. los programas de reciclaje en tu ciudad
4. la pérdida de terrenos tradicionalmente ocupados por tribus indígenas de la selva del Amazonas
5. el uso de coches eléctricos
6. la sobrepoblación del planeta
7. la reducción de emisiones tóxicas en las fábricas
8. el uso de pesticidas en la agricultura

Procedimiento   Los alumnos pueden trabajar en parejas o en grupos para expresar las opiniones de los dibujantes, y luego compartir los resultados. Unos voluntarios pueden escribir las opiniones en la pizarra. Se debe verificar que las formas verbales sean las correctas.

Así se dice

You know that, in Spanish, the verb form must agree with the subject. What do you think the first-person plural verb indicates in each of the following sentences?

Los canadienses **somos** orgullosos.
Los profesores **trabajamos** más de lo que se piensa.
Los estudiantes universitarios **sufrimos** presiones.

It indicates that the speaker includes himself or herself in the group mentioned as the subject of the sentence. So, the first speaker is a Canadian, the second a professor, and the third a student.

Estrategia para la comunicación

To emphasize a point or express a degree of involvement, you can use one of the following.

muchísimo   *a lot*   un poco   *a little*   para nada   *not at all*

Ideas para explorar *El urbanismo*

Vocabulario

Vocabulario del tema	Definición	Contexto	Otras formas de la palabra
VERBOS			
aumentar	ampliar; incrementar; expandir	El tráfico aumenta el nivel de polución en la ciudad.	aumento aumentado/a
circular	transitar o desplazarse por una vía pública; moverse	Los autobuses circulan por toda la ciudad. Los trenes circulan sólo en el centro.	circulación (*f.*) circulado/a
construir	fabricar un edificio o casa	Para acomodar la población creciente, se construyen más casas y apartamentos.	construcción (*f.*) construido/a
demoler	destruir	Demuelen los edificios viejos para construir edificios nuevos.	demolición (*f.*) demoledor(a) demolido/a
disminuir	reducir	Los carros eléctricos del futuro disminuirán el nivel de polución en la ciudad.	disminución (*f.*) disminuido/a
emitir vapores tóxicos	producir y difundir gases dañinos y nocivos	Las fábricas emiten vapores tóxicos que contaminan el aire de la ciudad.	emisión (*f.*) emitido/a
estacionar	dejar un vehículo parado o inmóvil	No encuentro nunca un lugar para estacionar mi coche en esta calle.	estacionamiento estacionado/a
transitar	ir o pasar de un lugar a otro	Para transitar en esta ciudad es recomendable usar las vías dedicadas al transporte público y los taxis.	tránsito transitado/a

Vocabulario del tema	Definición	Contexto	Otras formas de la palabra
SUSTANTIVOS			
la circulación	paso continuo de tráfico; movimiento del tráfico	Los coches estacionados ilegalmente impiden la circulación.	circular circulado/a
el embotellamiento	estado que corresponde al momento en que las vías alcanzan su capacidad máxima y los vehículos dejan de avanzar o avanzan lentamente; congestión de tráfico	Los embotellamientos son más frecuentes durante las horas pico.	embotellar embotellado/a
las horas pico	horas en que el número más alto de vehículos está en tránsito	Las horas pico empiezan cuando los negocios se cierran y los trabajadores suben a los coches para volver a casa.	horario
el tráfico	circulación de vehículos; movimiento de transportes	El volumen del tráfico aumenta cada día más en todas las ciudades.	traficar
el transporte público	servicio público para transportar a la gente por un centro urbano	El transporte público es una buena opción para la disminución del volumen del tráfico.	transportar transportado/a transportador(a)
el urbanismo	forma de vida adaptada a las ciudades y centros urbanos	Por causa del urbanismo hay más tráfico, contaminación y lluvia ácida en esta ciudad.	urbanización (f.) urbe urbano/a urbanístico/a

Actividad A ✤ ¿De qué habla la gente?

Tarea   Utilizando las palabras del vocabulario, comenta los siguientes temas desde la perspectiva de la gente que vive donde vives tú.

1. el crecimiento de la población donde vives
   - ✤ posible aumento de tráfico
   - ✤ más casas y apartamentos en construcción

2. el uso de transporte público frente al uso de coches personales
   - ✤ problemas de suficiente estacionamiento
   - ✤ problemas de circulación y embotellamientos

3. los cambios climáticos
   - ✤ inviernos más calientes

4. los rayos ultravioleta
   ✥ protección para los ojos (las gafas de sol)
   ✥ protección para la piel (cremas con filtros solares)

Procedimiento   La actividad puede hacerse en grupos; luego, los grupos pueden compartir los resultados con el resto de la clase. ¿Cuál es el problema más comentado entre los alumnos?

Actividad B ✥ Delirio febril urbanístico

Tarea   Utiliza palabras del vocabulario para interpretar la obra *Delirio febril urbanístico* (página 101). ¿A qué delirio se refiere?

Procedimiento   El profesor (La profesora) puede decir una de las palabras del vocabulario y los alumnos tienen que expresar y describir asociaciones entre dicha palabra y la obra de arte.

Así se dice

Use these phrases to compare ideas.

   más/menos + *adjective/adverb/noun* + **que**

   Preparar tierras para la agricultura es **más importante que** conservar los bosques.

To set a general idea or an action apart from the others as the best, the worst, the biggest, the smallest, and so on, add **lo** to the comparative form.

   Lo más importante es explotar los recursos naturales.

Actividad C ✥ Desde el mundo hispano

Tarea   Comenta las siguientes fotos (paginas 133–134) de varios lugares en el mundo hispano y asócialas con tus propias experiencias.

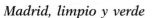

Madrid, limpio y verde   *El tráfico durante la hora pico en San José, Costa Rica*

Tren español de alta velocidad

El transporte público en la ciudad de México

Procedimiento   Los estudiantes pueden trabajar en parejas o en grupos para discutir sus experiencias y luego compararlas con el resto de la clase. ¿Qué experiencias han tenido los estudiantes con el tráfico y la contaminación del aire? ¿con los sistemas de transporte público? ¿con los programas de reciclaje? ¿con el campo y el aire limpio?

Gramática

> *«No **creas** todo lo que veas ni la mitad de lo que oigas.»**

Informal Commands

A. Forms

1. Affirmative commands

Affirmative, singular, informal commands **(tú)** use the third-person singular form of the present indicative. Affirmative, plural, informal commands **(vosotros)** replace the **r** of the infinitive with **d.** Affirmative **vosotros** commands are stressed on the last syllable.

	-ar VERBS	**-er** VERBS	**-ir** VERBS
	reciclar	**proteger**	**reducir**
(*tú*)	recicl**a**	proteg**e**	reduc**e**
(*vosotros/as*)	recicl**ad**	proteg**ed**	reduc**id**

---

*"Don't believe everything you see nor half of what you hear."

Several common verbs have irregular forms for **tú** commands.

decir	→ **di**	ir	→ **ve**	salir → **sal**	tener → **ten**
hacer	→ **haz**	poner	→ **pon**	ser → **sé**	venir → **ven**

Object pronouns are always attached to the end of the verb in affirmative commands. A written accent is added to **tú** commands to maintain the original stress pattern. **Vosotros** commands drop the **d** before adding a reflexive pronoun.*

(*tú*)	levántate
(*vosotros/as*)	levantaos

2. Negative commands

Negative, informal commands use the corresponding **tú** and **vosotros** forms of the present subjunctive.

	-ar VERBS	**-er** VERBS	**-ir** VERBS
	contaminar	**comer**	**consumir**
(*tú*)	no contamin**es**	no com**as**	no consum**as**
(*vosotros/as*)	no contamin**éis**	no com**áis**	no consum**áis**

Object pronouns always precede the verb in negative commands.

(*tú*)	no te quejes
(*vosotros/as*)	no os quejéis

3. Formal and informal commands compared

SINGULAR			
	-ar VERBS	**-er** VERBS	**-ir** VERBS
	recicla	**protege**	**reduce**
(*tú*)	no recicles	no protejas	no reduzcas
(*Ud.*)	(no) recicl**e**	(no) protej**a**	(no) reduzc**a**

PLURAL			
	-ar VERBS	**-er** VERBS	**-ir** VERBS
	reciclad	**proteged**	**reducid**
(*vosotros/as*)	no recicléis	no protejáis	no reduzcáis
(*Uds.*)	(no) recicl**en**	(no) protej**an**	(no) reduzc**an**

*The verb **ir** is an exception to the rule. It doesn't drop the **d** (**idos**).

B. Functions

1. To tell a person or persons with whom you have a familiar relationship (that is, whom you address as **tú** or **vosotros**) what to do or what not to do

¡**Presta/Prestad** atención a lo que compras/compráis!	*Pay attention to what you buy!*
¡**Haz/Haced** todo lo posible para preservar nuestros recursos!	*Do everything possible to preserve our resources!*
¡**Recicla/Reciclad** los envases de aluminio!	*Recycle aluminum cans!*
¡**Levántate/Levantaos** temprano y **haz/haced** ejercicio todos los días!	*Get up early and exercise every day!*
¿Ves/Veis las latas allí? ¡**Dámelas/Dádmelas**!	*Do you see the cans there? Give them to me!*
¡No **uses/uséis** la espuma plástica!	*Don't use styrofoam!*
¡No **te duches / os duchéis** con jabón perfumado!	*Don't shower with scented soap!*
¡No **apliques/apliquéis** pesticidas a las plantas del jardín!	*Don't apply pesticides on the plants in the garden!*
¡No me lo **digas/digáis**!	*You don't say!*

2. The choice of a formal or informal command is easy when you are speaking directly to someone. Whereas there are obvious differences in form between formal and informal commands, the choice is not so much grammatical, but emotional. What impact does the writer or speaker hope to achieve? Informal commands might convey closeness or intimacy between the message and those to whom the message is directed. Formal commands might convey the seriousness of the topic to those to whom the message is directed.

Así se dice

You can strengthen a command by using the subject pronoun, something that is normally unnecessary in Spanish. When the subject of a command is stated, it follows the verb.

Recicla tú.
Reciclad vosotros.
No te atrevas tú.
No os atreváis vosotros.

Actividad A ✦ La protección del medio ambiente

Tarea Observa las siguientes fotos y escribe dos mandatos ecológicos
formales para cada una de las imágenes.

Modelo No cause incendios forestales.
Recicle los envases de vidrio.

1.

2.

3.

4.

Procedimiento Los estudiantes pueden trabajar individualmente, en
parejas o en grupos y luego presentar los resultados al resto de la clase.

Actividad B ✛ Nuevos mandatos ecológicos

Tarea   Usa las palabras del vocabulario y otras palabras de tu vocabulario personal para escribir por lo menos ocho oraciones.

Modelo   No conduzcas tu automóvil durante las horas pico para evitar la contaminación excesiva del aire.

Procedimiento   Los alumnos pueden trabajar individualmente o en parejas y luego presentar los resultados al resto de la clase.

Actividad C ✛ Agonizan los bosques tropicales

Tarea   Expresa las siguientes ideas en forma de mandatos dirigidos al gobierno federal y luego a los ciudadanos en general.

Agonizan los bosques tropicales

El 60 por ciento de las selvas ha sido arrasado

Cómo podemos evitarlo:

- Introducir técnicas agrícolas *blandas*, con cultivos mixtos capaces de compaginar[1] la obtención de cosechas con la regeneración del bosque.
- Plantar masivamente árboles en todo el mundo.
- Racionalizar la explotación forestal, con entresacas[2] nunca superiores al treinta por ciento y/o repoblando las áreas taladas.
- No comprar muebles de madera tropical.

---

[1]*reconciling* [2]*thinning*

Procedimiento   Se puede hacer la actividad en parejas o grupos pequeños. Al presentar los mandatos a la clase entera, se debe verificar que las formas verbales sean las correctas. ¿Han captado los alumnos las diferencias de significado entre los mandatos formales y los informales?

Actividad A ✥ *El violinista de Chernobyl*

Tarea   Escribe un ensayo de dos párrafos sobre los efectos en el
medio ambiente del accidente nuclear que tomó lugar en el año 1986
en Chernobyl (en aquel entonces Chernobyl era una ciudad en la Unión
Soviética). Utiliza la información que encuentres para interpretar la
obra *El violinista de Chernobyl* (página 100).

Actividad B ✥ Mis madres

Tarea   Observa la siguiente obra de Éster Hernández, una artista
estadounidense. La obra se titula *Mis madres*. Escribe un ensayo de
tres párrafos interpretando su significado.

Actividad C ✥ Un poco de humor

Tarea   Escribe una sátira de los diez mandamientos verdes (página 109)
y llámala «Los diez mandamientos marrones». Los diez mandamientos
marrones son recomendaciones para contaminar y ser un verdadero
«desastre natural».

Actividad D ✦ El ecoturismo

Tarea Investiga y presenta información sobre el ecoturismo en tres países de habla española, con el fin de recomendar estos lugares para unas vacaciones. Unas posibles áreas para la investigación son las Islas Galápagos (Ecuador), Patagonia (Argentina), Tierra del Fuego (Chile), la Guinea Ecuatorial (África) y las selvas tropicales.

Torres del Paine, Chile: destino ecoturístico

Actividad E ✦ Cubo atmósfera

Tarea Investiga la obra *Cubo atmósfera* (página 101) para explicar lo que quiere expresar y comunicar la pintora. Luego, comenta cómo te afecta la obra. ¿Has pensado antes en la atmósfera como un cubo? Busca información en la red acerca de Grace Solís, la artista.

Composición

Tarea   Escribe una composición de 300 palabras sobre el siguiente tema.

Tema   ¿Cuál es el papel del individuo en cuestiones del medio ambiente?

IDEAS PARA CONSIDERAR

❖ ¿Qué significa «Piensa globalmente, actúa localmente»?
❖ ¿Es más importante lo que hace cada individuo que lo que hacen el gobierno y la industria?
❖ ¿Qué impacto puede tener un individuo en su sociedad cuando ésta tiene una mentalidad derrochadora?
❖ ¿De qué aspectos de los problemas ecológicos tienen la culpa los individuos, el gobierno, la industria y la sociedad?
❖ ¿Cómo contamina el individuo el aire, el agua, el suelo?
❖ ¿Puede el individuo limpiar el aire, el agua, el suelo?
❖ ¿Qué significa «Reducir, reutilizar, reciclar»?

Procedimiento

1. Repasa el contenido de las actividades de la Unidad 3.
2. Haz una lista de ideas potenciales para tu composición.
3. Organiza las ideas utilizando un bosquejo.
4. Escribe un borrador y, dos días después, repásalo.
5. Verifica en tu borrador que el uso de la gramática presentada en la Unidad 3 sea el correcto.
   ❖ los mandatos formales
   ❖ los mandatos informales
   ❖ el uso del presente de subjuntivo en cláusulas adjetivales
   ❖ el uso del presente de subjuntivo en cláusulas nominales

Tarea Prepara una presentación gráfica, visual e informativa sobre la deforestación en la América Central. Puedes basarte en el mapa de abajo. Combina la parte visual con datos fehacientes (*reliable*).

Procedimiento Navega la red para encontrar varios datos sobre la deforestación. Busca imágenes para representar ideas y resume los datos.

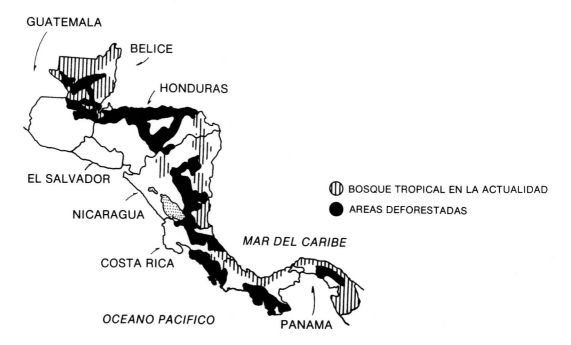

GUATEMALA
BELICE
HONDURAS
EL SALVADOR
NICARAGUA
COSTA RICA
MAR DEL CARIBE
OCEANO PACIFICO
PANAMA

🄗 BOSQUE TROPICAL EN LA ACTUALIDAD
● AREAS DEFORESTADAS

RED DE ACCION PARA LOS BOSQUES TROPICALES

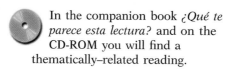 In the companion book *¿Qué te parece esta lectura?* and on the CD-ROM you will find a thematically–related reading.

UNIDAD **4**

Los medios de comunicación y la globalización

GALERÍA DE ARTE

The *¿Qué te parece?* CD-ROM offers additional activities related to the **Galería de arte** in this unit.

Dimensión temática

¿Qué revelan las imágenes que produce un artista? ¿Qué ideas le sugieren al observador esas imágenes? Por ejemplo, ¿cómo sugiere el artista el tema de la delincuencia? ¿el tema del aburrimiento? ¿el tema de la importancia de la familia? Estas preguntas tienen que ver con la dimensión temática de una obra de arte. Los temas se revelan en las imágenes, en el uso del color y el espacio, y en los símbolos que escoge el artista al crear la obra.

1 Amado M. Peña, Jr.
(estadounidense, 1943–)
Los cuentos

2 Ángeles Santos
(español, 1929–)
La tertulia

144

3 Daniel Quintero (español, 1949–   )
Sobre la mesa roja I

4 Félix Rodríguez Báez
(puertorriqueño, 1929–   )
Delincuencia juvenil

Los medios de comunicación

En tu opinión, ¿tiene la gente teléfonos celulares por gusto, por necesidad o por conveniencia?

Ideas para explorar *Los recursos disponibles*

Vocabulario

Vocabulario del tema	Definición	Contexto	Otras formas de la palabra
VERBOS			
enterarse	darse cuenta; adquirir conocimiento de algo que ocurre	Yo tenía 7 años cuando me enteré de que no existía Santa Claus.	enterado/a
entretenerse	distraer a alguien; divertir; ocupar la atención de alguien	Muchas películas nos entretienen y también nos inspiran.	entretenimiento entretenido/a
mandar	enviar; remitir; ordenar; hacer lo necesario para que una cosa llegue a otro lugar	En los Estados Unidos hay que mandar los impuestos al gobierno antes del 15 de abril.	mando mandado/a
meter	introducir, poner una cosa dentro de otra o en el interior de algún sitio	Se mete el DVD en la computadora para ver una película o escuchar música.	metido/a
navegar	conducir; moverse de un lado a otro	Frecuentemente, los niños aprenden a navegar la red antes que muchos adultos.	navegación (*f.*) navegado/a
recibir	ser objeto indirecto de la acción de dar	¿Cuántos mensajes electrónicos recibes tú diariamente?	recibo recibido/a
sonar	producir un sonido; resonar	¿Cómo suena tu computadora para anunciar que has recibido un mensaje electrónico nuevo?	sonido sonado/a sonador(a) (*adj.*)
transmitir	hacer llegar a alguien noticias o mensajes; comunicar; radiar; traspasar; emitir	Se puede transmitir documentos por fax o por correo.	transmisión (*f.*) transmitido/a

Vocabulario del tema	Definición	Contexto	Otras formas de la palabra
SUSTANTIVOS			
la agenda electrónica	cuaderno electrónico con calendario, una calculadora y un archivo para números de teléfono en que se puede anotar fechas, citas, apuntes o cualquier cosa que hay que hacer	La agenda electrónica es una versión moderna del calendario. Muchos profesionales ya tienen una.	electricidad (*f.*) eléctrico/a
el cajero automático	aparato electrónico que funciona como banco móvil en que se puede retirar instantáneamente dinero en efectivo de las cuentas bancarias personales	El cajero automático recibe la tarjeta ATM y devuelve el dinero en efectivo que la persona pide.	automatizar caja
el celular (el móvil)	teléfono pequeño sin cables y móvil que se puede llevar consigo a cualquier lugar	La nueva tendencia es usar solamente un celular y no tener otro teléfono en casa.	célula
la computadora (el ordenador)	máquina con una pantalla y teclas que funciona como máquina de escribir y que se conecta a la red de comunicación	Las computadoras han remplazado por completo a las antiguas máquinas de escribir.	computar computación (*f.*) computado/a
el contestador automático	máquina que graba recados telefónicos cuando la persona que recibe la llamada no está en casa	Los contestadores automáticos son útiles cuando la persona no quiere perder el tiempo hablando por teléfono.	contestar contestación (*f.*) contestado/a
el correo electrónico	servicio de envío de mensajes a través de la computadora	Recibimos y enviamos mensajes a través del correo electrónico más rápidamente que por el correo tradicional.	
el fax (el facsímil)	aparato que transmite y reproduce documentos telefónicamente	Cuando se manda una carta por fax tarda sólo unos minutos en llegar a su destino.	facsimilar

Vocabulario del tema	Definición	Contexto	Otras formas de la palabra
Internet (la red)	conjunto de elementos de conducción o comunicación que actúan en diversos sitios	La utilidad de Internet es indudable para la investigación de cualquier tema.	enredar enredamiento
el mensaje	el contenido de una comunicación enviada a otra persona	A todos nos gusta recibir mensajes de nuestros amigos y parientes.	mensajero/a (*m., f.*) mensajería
las noticias	información sobre un suceso reciente	Las noticias se dan por la mañana, por la tarde y por la noche en la televisión, e instantáneamente en Internet.	noticiero noticiario noticiero/a
la pantalla	superficie sobre la que se proyectan imágenes televisivas o de un aparato electrónico	En la pantalla vemos las imágenes de la televisión o de la computadora. Prefiero una pantalla lisa.	apantallar
la red de comunicación	conjunto de cables de conducción (o líneas telefónicas) que se entrecruzan y que sirven para organizar servicios de comunicación	Internet es parte de la red de comunicación global.	comunicarse comunicado/a
la señal	cualquier cosa que indica algo o la existencia de algo	Muchos contestadores automáticos tienen alguna señal para indicar que contienen mensajes nuevos.	señalar señalamiento señalado/a señalador(a) (*adj.*)
el teléfono inalámbrico	teléfono casero (de la casa) sin cables	Dada su versatilidad, el teléfono inalámbrico es el modelo más popular para el hogar.	telefonear alambre (*m.*) telefónico/a
ADJETIVOS eficaz	que produce el efecto propio o esperado; eficiente	Hoy en día pensamos que la manera más eficaz de realizar algo es la manera más rápida de hacerlo.	eficacia eficazmente (*adv.*)

Vocabulario del tema	Definición	Contexto	Otras formas de la palabra
portátil	que se puede llevar de un sitio a otro con facilidad	Para que algo sea portátil es necesario que sea ligero y pequeño, como el celular o el DVD portátil.	portar portado/a (*adj.*)

Actividad A ✤ Definiciones

Tarea   Identifica la palabra o frase del vocabulario de acuerdo con las siguientes descripciones. Las descripciones corresponden a la lista de sustantivos solamente.

1. otra palabra para el celular
2. colección de información a la que se puede ingresar por una computadora con módem o conección *Ethernet*
3. medio de comunicación en forma escrita que se hace por la red
4. otra palabra para la computadora
5. aparato que recibe una tarjeta de banco y devuelve dinero en efectivo instantáneamente
6. información del día sobre el mundo, la política, los deportes, la economía, etcétera
7. teléfono móvil casero
8. aparato pequeño con la habilidad de ser calculadora, calendario, cuaderno y libreta de direcciones
9. parte del televisor o la computadora en donde se ven las imágenes
10. aparato que envía y/o recibe copias de documentos impresos (*printed*)

Procedimiento   Se puede trabajar en parejas o en grupos y luego verificar las respuestas oralmente con la clase. Optativamente, se puede practicar la pronunciación de las palabras del vocabulario.

Paso optativo   Los alumnos pueden sugerir sinónimos y/o antónimos para las palabras del vocabulario de la lista de verbos.

Actividad B ✤ ¡A contar los minutos y las horas!

Tarea   En un semana típica, ¿cuánto tiempo pasas haciendo lo siguiente? Cuenta los minutos o las horas que inviertes en las siguientes actividades.

	MINUTOS	HORAS
1. haciendo búsquedas por la red	_____	_____
2. mirando la televisión	_____	_____
3. entreteniéndote con la computadora	_____	_____
4. mandando algo por fax	_____	_____
5. hablando por el celular	_____	_____
6. hablando por teléfono inalámbrico	_____	_____
7. haciendo llamadas de larga distancia	_____	_____
8. metiendo información en la agenda electrónica	_____	_____
9. sacando dinero del cajero automático	_____	_____
10. escuchando mensajes dejados en el contestador autómatico	_____	_____

Procedimiento Se puede hacer la actividad individualmente y luego comparar y contrastar las respuestas en grupos de tres. En general, ¿cuál es la actividad que ocupa mayor tiempo?

Paso optativo Los alumnos pueden intentar adivinar el número de minutos o de horas que el profesor (la profesora) invierte en las actividades de la lista.

Actividad C ✦ Preferencias

Tarea Termina las siguientes oraciones con información que sea verdadera para ti.

Modelo Para aprender algo sobre los artistas famosos, prefiero... →
mirar un programa de entrevistas por la televisión.

En cuanto a los medios de comunicación,

1. para comunicarme con mi familia, prefiero...
2. para escribir los trabajos de clase, prefiero...
3. para ver una película, prefiero...
4. para investigar el precio de algo que quiero comprar, prefiero...
5. para obtener dinero, prefiero...
6. para informarme de las noticias del día, prefiero...
7. para mandar un documento importante a un lugar distante, prefiero...
8. para escribir una carta a mi familia, prefiero...
9. para documentar mis citas, prefiero...
10. para dejar mensajes, prefiero...

Procedimiento Se puede hacer la actividad individualmente o en grupos y luego compartir los resultados con la clase entera. ¿Hay algún medio de comunicación en particular que utilice la mayoría de los miembros de la clase?

Gramática

«El que de su casa se aleja, no la halla como la deja.»*

Object Pronouns (Part 1)

I. Direct Object Pronouns

A. Forms

me	*me*
te	*you (s. fam.)*
lo	*him / it (m.) / you (s. pol. m.)*
la	*her / it (f.) / you (s. pol. f.)*
nos	*us*
os	*you (pl. fam.)*
los	*them (m. or m. and f.) / you (pl. pol. m. or m. and f.)*
las	*them (f.) / you (pl. pol. f.)*

Direct object pronouns agree in gender, number, and person with the direct object nouns they replace. Direct object pronouns usually come before a conjugated verb.

Lo veo.	*I see it.*
La conozco.	*I know her.*

When direct object pronouns appear in a clause with a conjugated verb followed by an infinitive, they may be placed either before the conjugated verb or attached to the end of the infinitive.

Lo quiero ver. (Quiero ver**lo**.)	*I want to see it.*

Similarly, when a direct object pronoun is used in a clause with **estar** and a present participle, it may come before **estar** or it may be attached to the end of the present participle. When the object pronoun is attached to the participle, note that an accent must be added to the participle to maintain the original stress.

Lo está preparando. (Está preparándo**lo**.)	*He is preparing it.*

B. Functions

1. Direct objects indicate who or what receives the action of a verb. Direct object pronouns replace a direct object noun that has already been referred to. They may also serve as the only reference to an object, especially when referring to people if the reference is clear from context (for example, with **me, te,** and **nos**).

---

*"You can't go home again." (Lit.: Once one leaves home, it's never again as one left it.)

—¿Ves **el coche rojo** allá?	— *Do you see the red car over there?*
—Sí, **lo** veo.	—*Yes, I see it.*
Las cartas ya están listas. ¿Dónde **las** pongo?	*The letters are ready. Where shall I put them?*
¿**Me** puedes llevar a la tienda? (¿Puedes llevar**me** a la tienda?)	*Can you take me to the store?*
Roberto **nos** invitó a cenar mañana en su casa.	*Roberto invited us to dinner at his house tomorrow.*
—¿Vas a arreglar **mi bicicleta** hoy?	—*Are you going to fix my bicycle today?*
—Sí, **la** estoy arreglando ahora. (Sí, estoy arreglándo**la** ahora.)	—*Yes, I'm fixing it now.*

2. The direct object pronoun **lo** may be used to replace an entire phrase. The English equivalent would be *it* used as a direct object.

No sé **cuándo empieza el partido de fútbol,** pero Juan **lo** sabe.	*I don't know when the soccer game starts, but Juan knows (it).*
—**El Museo del Prado está en Madrid.**	—*The Prado museum is in Madrid.*
—Sí, **lo** sé.	—*Yes, I know (it).*
—Creo que **es importante estudiar otra lengua.**	—*I think that it's important to study another language.*
—Sí, yo también **lo** creo.	—*Yes, I believe it too.*

¡Ojo!

It as a subject in English does not have a Spanish equivalent. **Lo** is the equivalent of *it* only as a direct object.

It's raining.	Llueve.
It's an excellent movie.	Es una película excelente.

Actividad A ✦ ¿Reconoces el complemento directo (object pronoun)?

Tarea   Indica la palabra o frase a la que se refiere el complemento directo subrayado en las siguientes oraciones.

Modelo   No visito a mi tía mucho porque habla constantemente. <u>La</u> visito sólo cuando tengo bastante tiempo. → La = mi tía

1. El noticiero de CNN anuncia las noticias del mundo. <u>Las</u> escucho para enterarme de lo que ocurre cada día.

2. Los profesores reciben muchos mensajes de sus estudiantes por correo electrónico. <u>Los</u> leen y luego <u>los</u> contestan tan pronto como pueden.

3. La televisión emite mensajes subliminales en los programas. <u>Los</u> descubro cada vez que miro la televisión.

4. Cuando quiero saber el precio más bajo de un aparato, <u>lo</u> busco en la red.

5. El estudiante universitario necesita tener una computadora porque <u>la</u> va a usar frecuentemente para escribir sus trabajos, comunicarse con sus profesores y encontrar información en la red.

6. Mucha gente piensa que las series de acción contienen demasiada violencia. Yo <u>las</u> veo porque me gustan los artistas.

Procedimiento   Se puede hacer la actividad en grupos o con la clase entera. Al verificar las respuestas correctas se pueden comentar la concordancia y la repetición innecesaria.

Actividad B ✦ ¿Cuál es tu reacción?

Tarea   Escoge la respuesta que sea más apropiada para ti o sugiere otra opción.

1. Tu madre te llama cada semana para enterarse de tus notas.
   a. La escucho atentamente.   c. _____
   b. La dejo hablar sin interés.

2. Recibes dinero de un pariente.
   a. Lo deposito en el banco.   c. _____
   b. Lo gasto inmediatamente.

3. Tu profesor(a) no quiere publicar su dirección electrónica. Por pura casualidad encuentras su dirección.
   a. No la uso.   c. _____
   b. La uso para hacerle una pregunta.

4. Encuentras un celular en un baño público.
   a. Lo dejo con la recepcionista.   c. _____
   b. Lo uso para hablar con mi familia.

5. Tus padres te dan de cumpleaños un aparato electrónico que no funciona.
   a. Lo devuelvo a la tienda.   c. _____
   b. Lo guardo en el clóset.

6. Tienes unos libros de texto que ya no usas.
   a. Los llevo al Salvation Army.   c. _____
   b. Los vendo en la librería.

7. No sabes dónde está tu celular.
   a. Lo busco por toda la casa.   c. _____
   b. Lo llamo con otro teléfono.

Procedimiento Se puede hacer la actividad con la clase entera o en parejas. Luego se puede comparar y contrastar las respuestas de todos. ¿Qué respuestas alternativas proponen los miembros de la clase?

Actividad C ✢ Los medios de comunicación: ¿una bendición o una maldición?

Tarea Usando los pronombres de complemento directo para evitar la repetición, contesta las siguientes preguntas según la información de las siguientes tiras cómicas. Comenta también las ideas expresadas en cada tira cómica.

1. En el dibujo número 1, ¿pudo la muchacha contestar el teléfono a tiempo?
2. En el dibujo número 2, ¿por qué borra la madre los mensajes?
3. En el dibujo número 3, ¿por qué menciona la mujer la videocasetera?
4. En el dibujo número 4, ¿para qué quiere la abuela el aparato?
5. En el dibujo número 5, ¿a qué se debe la confusión del joven?

Procedimiento Se puede trabajar en grupos de tres para contestar las preguntas. Luego, se pueden verificar las respuestas con el resto de la clase. El profesor (la profesora) puede aclarar cualquier duda que surja. Por último, los estudiantes pueden comentar con la clase entera las ideas expresadas en las tiras cómicas. ¿Qué comentario hacen las tiras cómicas sobre los avances tecnológicos?

1.

2.

3.

4.

5.

Ideas para explorar *La sociedad y los medios de comunicación*

Vocabulario

Vocabulario del tema	Definición	Contexto	Otras formas de la palabra
VERBOS			
adelgazar	hacerse o ponerse más delgado; bajar de peso	Para adelgazar, es necesario comer menos y hacer más ejercicio.	delgadez (*f.*) delgado/a
animar	darle a alguien energía moral; impulsar	Ver las Olimpiadas en la tele me anima a hacer ejercicio.	ánimo animado/a
apagar	hacer que un aparato deje de funcionar desconectándolo de su fuente de energía	Apagar las luces ahorra dinero y también energía.	apagón (*m.*) apagado/a
dañar	herir; causar malos efectos	Se dice que ver la televisión a corta distancia daña la vista.	daño dañado/a dañino/a
distraer	desviar la atención; divertir	Invento cosas que hacer para distraerme del trabajo que tengo que hacer.	distracción (*f.*) distraído/a distraídamente (*adv.*)
educar	instruir; enseñar	Los padres deben educar a sus hijos y ser modelo de comportamiento.	educación (*f.*) educado/a
encender	hacer que un aparato funcione conectándolo a su fuente de energía	Con el mismo mando de distancia puedo encender la televisión, el estéreo y la videocasetera.	encendedor (*m.*) encendido/a
estimular	activar; incitar a hacer algo	La cafeína estimula el sistema neurológico.	estímulo estimulado/a
impedir	dificultar; poner obstáculos	El uso de contraseñas ayuda a impedir los delitos que se cometen a través de la tecnología.	impedimento impedido/a

Vocabulario del tema	Definición	Contexto	Otras formas de la palabra
influir (en)	producir una cosa cambios sobre otra; afectar	¿Hasta qué edad deben los padres influir en las decisiones que toman sus hijos?	influencia influido/a influyente
inspirar	inculcar; hacer nacer en la mente ideas, afectos, etcétera	¿Te inspiran los profesores a aprender la materia?	inspiración (*f.*) inspirado/a
relajar	hacer que alguien deje de estar tenso física y psíquicamente	La meditación relaja el cuerpo y la mente.	relajación (*f.*) relajado/a
SUSTANTIVOS			
los anuncios publicitarios	avisos en que se promueven servicios o productos comerciales	Hay quien considera que los anuncios publicitarios de ropa interior son una forma de pornografía.	anunciar publicista (*m., f.*) público anunciado/a
el avance tecnológico	progreso o evolución de la tecnología	Los avances tecnológicos han cambiado la vida, pero ¿la han hecho más fácil?	avanzar avanzado/a
la avaricia	deseo de adquirir cosas sólo por el placer de poseerlas	La avaricia es la madre de todos los vicios.	avaro/a
los concursos televisivos	programas de televisión en que los participantes compiten para ganar dinero, viajes o productos	El concurso televisivo «Jeopardy» requiere cierta inteligencia por la parte de los concursantes.	concursar concursante (*m., f.*) televisión (*f.*)
los dibujos animados	programas en que los personajes son dibujos de personas o animales	En los Estados Unidos hay un canal dedicado exclusivamente a los dibujos animados.	animar dibujar dibujado/a
el mando a distancia	aparato automático con que se dirige, a distancia, la conexión, la interrupción, el volumen y otras funciones de los aparatos	Gracias al mando a distancia, la actividad más popular es navegar canales en la televisión.	distanciar mandar distante (*adj.*)

Vocabulario del tema	Definición	Contexto	Otras formas de la palabra
los programas de entrevistas	programas en que un anfitrión (una anfitriona) habla con una persona invitada y le hace preguntas seguidas de comentarios	Un programa de entrevistas como «60 minutos» nos informa, mientras que uno como «Ellen Degeneres Show» nos entretiene.	entrevistar programar entrevistador(a) entrevistado/a programado/a
las telenovelas	programas cuyas tramas incluyen una gran cantidad de melodrama	En algunos países hispanos, las telenovelas suelen durar entre 10 y 15 semanas, mientras que en los Estados Unidos duran más de 15 años.	novelar novelizar novela televisión (*f.*) novelesco/a
el vicio	afición o deseo vehemente de una cosa que incita a usarla con exceso; mal hábito	El vicio del cigarro es uno de los vicios más letales en la actualidad.	viciar vicioso/a
la videocasetera	aparato que reproduce vídeos	Poco a poco, las videocaseteras van a ser suplantadas por el DVD.	casete (*m.*) videocámara videocasete (*m.*)
el videojuego	juegos principalmente para niños que se practican a través de la televisión o la computadora	¿Cuál es el videojuego más popular entre los estudiantes universitarios?	jugar jugador(a) jugado/a
la vista	sentido corporal con que se ven los colores y formas de las cosas; visión	Trabajar muchas horas frente a la computadora daña la vista.	ver vidente (*m., f.*) visión (*f.*)

Actividad A ✤ Lo que nos conmueve

Tarea   Usa las palabras del vocabulario para completar las siguientes oraciones, de manera que sean verdaderas para ti. Si las palabras del vocabulario son insuficientes, usa palabras de tu vocabulario personal.

Modelo   <u>Los comedias</u> me hacen reír.

1. _____ me anima(n).
2. _____ me distrae(n).

3. _____ me emociona(n).
4. _____ me hace(n) daño.
5. _____ me relaja(n).
6. _____ me informa(n).
7. _____ me da(n) la oportunidad de hablar con mis amigos y mi familia sin gastar mucho dinero.
8. _____ me salva(n) la vida.
9. _____ me causa(n) problemas.
10. _____ me estimula(n).
11. _____ me educa(n).
12. _____ me adelgaza(n).
13. _____ me inspira(n).

Procedimiento   Se puede hacer la actividad con la clase entera o en parejas.

Paso optativo   Los alumnos pueden nombrar un ejemplo concreto para cada oración.

Modelo   Las comedias me hacen reír. Por ejemplo, «Friends» y *Buscando a Nemo* me hacen reír.

Actividad B ✦ Correspondencias

Tarea   Explica las posibles correspondencias entre ambos términos de cada par. Da ejemplos personales cuando sea posible.

Modelo   los concursos y educar → Algunos concursos nos educan y otros son para entretenernos.

1. la televisión y las emociones
2. la red y los vicios
3. los avances tecnológicos y la educación
4. los programas televisivos y la teleadicción
5. las comedias y los dibujos animados
6. las noticias y los programas de entrevistas
7. los anuncios publicitarios y la avaricia
8. los medios de comunicación y la sociedad

Procedimiento   Se puede hacer la actividad en parejas o en grupos. Luego, los grupos pueden compartir los resultados con el resto de la clase.

Versión hispana de un programa de concursos estadounidense

Actividad C ✢ ¿Estás de acuerdo?

Tarea Completa las siguientes oraciones con las palabras de la lista. Luego, indica si estás de acuerdo o no con lo expresado.

Modelo Los anuncios publicitarios <u>influyen</u> en nuestra sociedad más de lo que imaginamos.

avances tecnológicos	impiden
avaricia	influyen
distrae	relajarnos
educarlos	vicios
estimule	vista

	DE ACUERDO	EN DESACUERDO
1. Los _____ hacen el mundo cada vez más pequeño.	☐	☐
2. Los nuevos medios de comunicación nos dan más tiempo para _____.	☐	☐
3. Los nuevos medios de comunicación facilitan la comunicación, pero también _____ la soledad y el descanso.	☐	☐
4. Las ofertas que hacen las empresas televisivas no son ofertas verdaderas; son productos de la _____.	☐	☐
5. La mayoría de los programas televisivos presentan imágenes estereotipadas de los miembros de varios grupos. Estas imágenes _____ en la cultura.	☐	☐
6. Hay poca programación que _____ la creatividad debido al poder financiero de las compañías que pagan los anuncios publicitarios.	☐	☐
7. La televisión y la computadora dañan la _____.	☐	☐
8. Los niños no interpretan los _____ negativamente. Por el contrario, los interpretan como modelos de comportamiento.	☐	☐
9. Nuestra cultura se _____ mucho con la televisión y los videojuegos. Por eso es inútil luchar contra su influencia.	☐	☐
10. Los productores crean programas televisivos para atraer el mayor número posible de televidentes y no para _____.	☐	☐

Procedimiento Se puede hacer en grupos o con la clase entera. Al comparar las respuestas, los miembros de la clase pueden opinar sobre lo expresado.

 **Gramática**

*«A quien le venga el guante, que se lo plante.»**

Object Pronouns (Part 2)

II. Indirect Object Pronouns

A. Forms

me	*to/for me*
te	*to/for you (s. fam.)*
le	*to/for him/her/it/you (s. pol.)*
nos	*to/for us*
os	*to/for you (pl. fam.)*
les	*to/for them/you (pl. pol.)*

Indirect object pronouns agree in number and person with the indirect object nouns they replace. Indirect object pronouns usually come before a conjugated verb.

Le dije la verdad. *I told him the truth.*

When indirect object pronouns appear in a clause with a conjugated verb followed by an infinitive, they may be placed either before the conjugated verb or attached to the end of the infinitive.

Les voy a escribir una carta. *I'm going to write them a letter.*
(Voy a escribir**les** una carta.)

Similarly, when an indirect object pronoun is used in a clause with **estar** in a progressive tense, it may come before **estar** or it may be attached to the end of the present participle. When the object pronoun is attached to the participle, note that an accent must be added to the participle to maintain the original stress.

Nos está mostrando la casa. *She is showing us the house.*
(Está mostrándo**nos** la casa.)

B. Functions

1. Indirect objects indicate to whom or for whom the action of the verb takes place. Unlike direct object pronouns, the use of indirect object pronouns is obligatory even when the object is specified in the same sentence.

Nos enseñó la camisa que compró. *He showed us the shirt that he bought.*

Julio **me** demostró su nuevo invento. *Julio demonstrated his new invention to me.*

---

*"If the shoe fits, wear it." (Lit.: Whom the glove fits, let him or her put it on.)

Les pregunté si eran chilenas.	*I asked them if they were Chilean.*
—¿**Te** interesa la historia?	*—Does history interest you?*
—Sí, **me** interesa mucho.	*—Yes, it interests me very much.*
Le debemos dar el cheque **a Esteban.** (Debemos dar**le** el cheque **a Esteban.**)	*We should give the check to Esteban.*

2. Indirect object pronouns can also express *on* or *from* (something or someone). In this case, the indirect object can be either a thing or a person.

Javier siempre **les** pone mucho azúcar **a los cereales.**	*Javier always puts a lot of sugar on his cereal.*
Fidel **le** sacó las nueces **al postre.**	*Fidel took the nuts off the dessert.*
Le compré el estéreo **a María.**	*I bought the stereo from María.*

DIRECT AND INDIRECT OBJECT PRONOUNS USED TOGETHER

Direct and indirect object pronouns are frequently used together with verbs like *to give, to bring,* and *to tell.* In English, for example, you commonly hear sentences like *He brought it to them.* In this sentence, *it* is a direct object pronoun (answering *what?*) and *them* is an indirect object pronoun (answering *to whom?*). In Spanish, there are structural differences from English when these pronouns are used. First, direct and indirect object pronouns precede a conjugated verb, indirect object pronoun first and direct object pronoun second. Secondly, the indirect object pronouns **le** and **les** always change to **se** when used together with a third-person direct object pronoun **(lo/la/los/las).** (One way to learn this rule is to remember that you can never have two object pronouns that start with the letter **l** next to each other.) Read the following examples and notice the order and form of the object pronouns.

—¿Les llevó el libro?	*—Did he take them the book?*
—Sí, **se lo** llevó.	*—Yes, he took it to them.*
¿El chiste? ¡Ya **te lo** conté!	*The joke? I already told it to you!*
—¿Le diste las flores a María?	*—Did you give the flowers to María?*
—No, no **se las** di.	*—No, I didn't give them to her.*

As you have seen before, object pronouns can be attached to the end of infinitives that follow conjugated verbs and to the end of present participles. When both direct and indirect object pronouns are used in these cases, they can be attached together to the end of the infinitive or participle with the addition of an accent to maintain the original stress.

—¿Cuándo **le** vas a decir la verdad a Ignacio?

—Voy a decír**sela** esta noche. (**Se la** voy a decir esta noche.)

—¿Sabe Rocío dónde está el restaurante?

—Estoy preguntándo**selo** ahora mismo. (**Se lo** estoy preguntando ahora mismo.)

—*When are you going to tell Ignacio the truth?*

—*I'm going to tell it to him tonight.*

—*Does Rocío know where the restaurant is?*

—*I'm asking her (it) right now.*

¡Ojo!

In Spanish, the object marker **a** always comes before a direct object that refers to specific people or when the direct object is **alguien** or **nadie.** This is called the *personal* **a** and has no equivalent in English.

Busco **a** Florencia.
¿Conoces **a alguien** aquí?

I'm looking for Florencia.
Do you know anyone here?

When the direct object does not refer to specific people, the personal **a** is not used.

Busco un ayudante.

I'm looking for an assistant.

The **a** used before indirect objects is not the personal **a,** but rather functions as a preposition that can translate as *to, on,* or *from.* However, sometimes the **a** used before an indirect object does not have an English equivalent.

Le di la carta **a** Jorge.

I gave the letter to Jorge.

Actividad A ✦ Te dejo un beso

Tarea   Empareja el dibujo de la próxima página con la descripción que le corresponde.

1. _____ Alguien le llamó, pero no le dejó un mensaje.
2. _____ Alguien le dejó un mensaje muy largo que le aburrió escuchar.
3. _____ Le pregunta si su celular está sonando.
4. _____ Le dice «shht» porque no lo deja concentrarse en el juego.
5. _____ Le lleva comida pero está demasiado ocupado para comérsela.
6. _____ Le cuenta lo que ven los chicos en la televisión.
7. _____ Le preocupa que su celular no tenga señal.
8. _____ No sabe quién le invitó a una fiesta en un barco.

Procedimiento Se puede trabajar en parejas o en grupos y luego verificar con toda la clase que las respuestas estén correctas.

Paso optativo Examina más a fondo los complementos de objeto indirecto en el dibujo **d:** «Si te apetece, avísame. ¡Te dejo un beso!»

Actividad B ✤ A reconocer los complementos indirectos

Tarea   Identifica a quién se refiere el complemento de objeto indirecto que aparece subrayado en cada una de las siguientes oraciones. Luego, contesta la pregunta.

1. ¿Cuál es el programa televisivo que <u>les</u> agrada más a los televidentes entre los 17 y 25 años de edad?

2. ¿<u>Le</u> entregas al profesor (a la profesora) la tarea de tu compañero/a de cuarto que se quedó en cama durmiendo?

3. ¿<u>Le</u> informas al profesor (a la profesora) que un miembro de la clase está ausente porque está estudiando para un examen en otra clase?

4. ¿<u>Le</u> devuelves al cajero la cantidad extra de dinero que <u>te</u> ha dado?

5. ¿<u>Les</u> dices la verdad a tus padres/hijos o simplemente no <u>les</u> cuentas todo lo que haces?

6. ¿Cuál es la marca de celular que <u>les</u> gusta más a los miembros de la clase?

7. ¿Qué película <u>le</u> recomiendas al profesor (a la profesora) para que la vea tan pronto como sea posible?

Procedimiento   Se puede trabajar individualmente o en parejas. Luego, al verificar que las respuestas estén correctas, se puede examinar más a fondo cada uso de los complementos de objeto indirecto.

Actividad C ✤ ¿Por qué?

Tarea   Contesta las siguientes oraciones usando pronombres de complemento directo e indirecto.

Modelo   ¿Por qué *le* regala la esposa **un mando a distancia** *a su esposo* para su cumpleaños? → Se lo regala porque está cansada de cambiarle el canal. (se = su esposo; lo = un mando a distancia)

1. ¿Por qué *les* compramos **videojuegos** *a nuestros hijos* cuando sabemos lo violentos que son?

2. ¿Por qué *le* damos **tanta importancia** *a los bienes materiales*?

3. ¿Por qué *le* damos tanto **poder sobre nuestras vidas** *a la televisión*?

4. ¿Por qué no *le* escribimos *al gobierno* **cartas pidiéndole que haga leyes contra la violencia en la tele y los videojuegos**?

5. ¿Por qué *les* permitimos *a las empresas de telecomunicaciones* **cobrarnos tanto dinero por los servicios que ofrecen**?

Procedimiento   Se puede hacer la actividad en grupos. Luego, al verificar con el resto de la clase que el uso de los pronombres sea el correcto, los grupos pueden comparar sus respuestas. ¿Se expresaron varios puntos de vista o hubo homogeneidad en las respuestas?

Así se dice

If you need to emphasize or clarify the indirect object pronoun in a sentence, you can do so by adding a prepositional phrase with **a** and the appropriate pronoun. This is usually accomplished in English by raising the tone of voice.

Me horrorizó. → **A mí** me horrorizó.
It horrified me. → *It horrified **me**. (I was the one who was horrified.)*

Me lo dio **a mí,** no **a Ud.**
*She gave it **to me,** not **to you.***

Here are the pronouns that follow prepositions.

a **mi**	a **nosotros/as**
a **ti**	a **vosotros/as**
a **él**	a **ellos**
a **ella**	a **ellas**
a **Ud.**	a **Uds.**

8

La globalización

¿Cómo se manifiesta la globalización a nivel personal e individual?

Ideas para explorar *¿Se fomenta una cultura homogénea?*

Vocabulario

Vocabulario del tema	Definición	Contexto	Otras formas de la palabra
VERBOS			
dirigir	guiar; instruir; hacer que alguien siga cierta conducta	Los anuncios publicitarios que se ven durante las telenovelas están con frecuencia dirigidos a las mujeres.	dirección (*f.*) dirigente (*m., f.*) dirigente (*adj.*) dirigido/a
favorecer	apoyar; privilegiar; beneficiar	Los anuncios publicitarios y los vídeos musicales favorecen a las mujeres delgadas.	favor (*m.*) favorecido/a
fomentar	aumentar la actividad o intensidad de una cosa; promover	Para fomentar cambios sociales, es necesario tener una mentalidad abierta.	fomento fomentado/a
premiar	honrar; compensar; darle valor o mérito a algo o alguien	¿Se debe premiar la inteligencia más que la apariencia física?	premiación (*f.*) premio premiado/a
ridiculizar	burlarse; hacer a algo o alguien víctima de la risa despectiva	Muchos comediantes ridiculizan a los políticos.	ridiculez (*f.*) ridiculizado/a ridículo/a
satirizar	acción de ridiculizar a algo o alguien, sobre todo con una obra artística o comentario escrito	Muchas tiras cómicas satirizan a los políticos.	sátira satírico/a satirizado/a
SUSTANTIVOS			
la actitud	disposición; manera de portarse; postura corporal que denota estado de ánimo	Se dice que la actitud positiva influye en la buena salud.	actitudinal (*adj.*)

Vocabulario del tema	Definición	Contexto	Otras formas de la palabra
la apariencia física	aspecto físico de la persona; lo que se puede ver	¿Se basa la atracción en la apariencia física o en otros factores?	parecer parecido parecido/a físicamente (*adv.*)
el nivel económico	grado de capacidad monetaria alcanzado por una persona o grupo	¿Es verdad que el nivel económico de una persona también afecta su posición social?	nivelar economía (*f.*)
el nivel social	categoría o situación de una persona con respecto a la escala social	En algunas sociedades, el nivel social de una persona limita los trabajos que ésta puede conseguir.	sociedad (*f.*)
el producto	resultado de un trabajo; cosa producida con valor económico	¿Tienes más productos de limpieza o de belleza?	producir producción (*f.*)
el servicio	lo que se hace para satisfacer las necesidades públicas	Internet (la red) provee muchos servicios.	servir servicial (*adj.*)
ADJETIVOS			
desagradable	no deseado; que causa una sensación negativa	Es desagradable escuchar a una persona arrogante.	desagradar desagrado desagradablemente (*adv.*)
realista	que no idealiza; que ve y evalúa las cosas como son en realidad o que valora las cosas por su capacidad práctica	Una persona realista nunca está «en las nubes».	realidad (*f.*) real (*adj.*)
sexista	que discrimina a las personas de un sexo por considerarlo inferior al otro	El programa televisivo de Howard Stern es bastante sexista hacia las mujeres.	sexismo sexo sexuado/a sexual (*adj.*)

Actividad A ✢ Asociaciones

Tarea Indica qué palabra o frase del vocabulario se asocia lógicamente con cada uno de los siguientes grupos de palabras. **¡Ojo!** Los primeros seis grupos de palabras (1–6) se refieren a sustantivos; los últimos cinco (7–11) se refieren a verbos o adjetivos.

1. alto, bajo; moreno, rubio
2. la clase baja, la clase media, la clase alta
3. los ricos, los pobres, los mercaderes
4. Dove, Tide, Lysol, Bounce
5. seria, abierta, negativa, positiva, elitista
6. instalación de cable, revelado de fotos, traducción de documentos
7. una enfermedad, un conflicto personal, un asunto difícil
8. reconocer, honrar, gratificar
9. un drama, un programa de investigación
10. impulsar, estimular, promover
11. burlar, mortificar, ironizar

Procedimiento Se puede hacer la actividad con la clase entera, en parejas o individualmente. Luego, al verificar con la clase entera que las respuestas estén correctas, se puede hacer énfasis en la pronunciación correcta de las palabras del vocabulario.

Actividad B ✢ Un anuncio publicitario

Tarea Interpreta el siguiente anuncio publicitario, indicando cuáles de las siguientes ideas aplican.

El anuncio publicitario...

1. a. es para un producto
   b. es para un servicio
2. a. se dirige a un público de nivel económico bajo
   b. se dirige a un público de nivel económico alto
3. a. se dirige a un público de nivel social medio
   b. se dirige a un público de nivel social alto
   c. se dirige a un público de nivel social bajo
4. a. es sexista, porque se basa en la apariencia física
   b. es realista, porque todos buscamos la comodidad
5. fomenta un estereotipo
6. promueve la salud
7. a. favorece a la gente delgada
   b. premia a la gente con sobrepeso
8. satiriza los trastornos alimenticios

Procedimiento   Se puede hacer la actividad en grupos o con toda la clase. Al verificar con la clase entera que las respuestas estén correctas, los miembros de la clase pueden comentar sus opiniones con respecto al anuncio publicitario.

 Líneas Aéreas Intercontinentales

Viaje cómodamente con Líneas Aéreas Intercontinentales, la única línea de transporte aéreo con asientos de espacio generoso en Clase Turista.

Lame al 1-800-555-0205 o consulte a su agente de viajes.

Actividad C ✤ ¿Estás de acuerdo?

Tarea   Indica si estás de acuerdo o no con lo expresado en las siguientes oraciones.

1. En la mayoría de los anuncios publicitarios, las imágenes del cuerpo femenino promueven la violencia sexual.
2. La mayoría de los anuncios publicitarios son realistas porque nos presentan las imágenes humanas tales como son.
3. Más que cualquier otro medio de comunicación, las tiras cómicas satirizan a las diversas sociedades.
4. Si los anuncios publicitarios quieren ser más realistas, deben tener más imágenes de gente diversa.
5. Los anuncios publicitarios crean la cultura de una sociedad, no sólo la reflejan.
6. Las mujeres delgadas con apariencias físicas perfectas que aparecen en los medios de comunicación nos hacen querer adelgazar.

Procedimiento   Se puede hacer la actividad en grupos y luego presentar los resultados al resto de la clase. ¿Se pueden sacar conclusiones generales acerca de las opiniones de los miembros de la clase? ¿Hay mucha variedad de opiniones?

Paso optativo   Los miembros de la clase pueden comentar qué impresión de los Estados Unidos le darán los anuncios publicitarios a la gente de otros países.

Estrategia para la comunicación

When stating both the positive and negative consequences of an action, you are, in essence, examining both sides of an issue. The following expressions will help you indicate that.

En cierto sentido... / Sin embargo...

Por un lado... / Por otro lado...

Un buen argumento es... / No obstante...

Gramática

«Errando **se** *aprende a acertar.»* *

The Pronoun se

I. The Reflexive se

A. Forms

The reflexive **se** expresses the English *himself, herself, itself,* or *themselves.* The verb is either in the third-person singular or plural to agree with the subject. As with other pronouns, the reflexive **se** precedes the conjugated verb or is attached to an infinitive or participle that follows the conjugated verb.

$$\textbf{se} + \text{third-person} \begin{Bmatrix} \text{singular} \\ \text{plural} \end{Bmatrix} \text{verb}$$

If the verb is not third person, a reflexive pronoun other than **se** is used. The reflexive pronouns have the same forms as object pronouns except for the third-person **se.**

OTHER REFLEXIVE PRONOUNS	
me	*myself*
te	*yourself (s. fam.)*
nos	*ourselves*
os	*yourselves (pl. fam. Sp.)*

B. Functions

The reflexive **se** expresses the idea of a subject performing an action on itself.

Pedro **se critica** demasiado.	*Pedro criticizes himself too much.*
Inés **se dañó** jugando al tenis.	*Inés hurt herself playing tennis.*
La profesora **se dedica** a la enseñanza.	*The instructor dedicates herself to teaching.*
Tía Nuria **está preparándose** para el examen de química.	*Aunt Nuria is getting ready for the chemistry exam.*
Pablo siempre **se mete** en los asuntos de los demás sin pensar en las consecuencias.	*Pablo always sticks his nose in other people's business without thinking of the consequences.*

---

*"One learns by making mistakes."

Así se dice

A common use of the reflexive in Spanish is to check someone's under-standing of what you are saying with the expression **¿Me explico?** Use it to ask whether or not you are explaining yourself clearly. For example, as you explain how to tape a program on the VCR, you stop and ask if your explanation is clear.

—Se pone el televisor en el canal 3. Luego, se mete la cinta y se prende la grabadora. ¿Me explico?

—You put the TV on channel 3. Then you put in the tape and turn on the recorder. Got it?

—Sí, te comprendo. Sigue por favor.

—Yes, I understand. Continue, please.

 ¡Ojo!

Any transitive verb (a verb that can occur with a direct object) in Spanish can occur with or without the reflexive pronoun, depending on the specific meaning being conveyed. For example, the verb **lavar** is used to refer to washing something or someone other than oneself, whereas **lavarse** is used to refer to washing oneself. Notice the difference between the follo-wing pairs of sentences.

Manuel **lava** al bebé.
Manuel **se lava.**

Manuel washes the baby.
Manuel washes himself.

Roberto **pone** la camisa en la mesa.
Roberto **se pone** la camisa.

Roberto puts the shirt on the table.
Roberto puts on the shirt.

El peluquero **peina** a la señora.
El peluquero **se peina.**

The barber combs the woman's hair.
The barber combs his hair.

II. The Impersonal se

The impersonal **se** expresses subjects that English would express with *one, you, people* (in general), or *they*. It indicates that people are involved in the action of the verb, but no specific individual is identified as performing the action. The verb is always in the third-person singular.

Se vive bien en los Estados Unidos.

You live well in the United States.

No **se necesita** mucho.

One doesn't need much.

¿Cómo **se dice** *fun* en español?

How do you say fun *in Spanish?*

Se ve mucho la televisión en los Estados Unidos.

People watch a lot of TV in the United States.

III. The Passive se

The passive **se** is similar to the impersonal **se** in that the agent of the action is either unknown or unimportant to the message of the sentence. In contrast with the impersonal **se** the speaker using the passive **se** simply wishes to communicate that an action is being done to something. The verb is in the third-person singular or plural, depending on whether the thing acted upon is singular or plural. Although the **se** always immediately precedes the verb, word order is flexible.

$$\textbf{se} + \text{third-person} \begin{Bmatrix} \text{singular} \\ \text{plural} \end{Bmatrix} \text{verb} + \text{noun}$$

$$\text{noun} + \textbf{se} + \text{third-person} \begin{Bmatrix} \text{singular} \\ \text{plural} \end{Bmatrix} \text{verb}$$

Se refleja la identidad cultural en la lengua y en las costumbres. (La identidad cultural **se refleja** en la lengua y en las costumbres.)	*Cultural identity is reflected in language and customs.*
Se ven las actitudes en las acciones. (Las actitudes **se ven** en las acciones.)	*Attitudes are seen in actions.*

However, if a person or persons is acted upon and is preceded by **a,** the verb remains in the singular.

En las películas, casi siempre **se presenta** a los indios como los villanos.	*In the movies, the Indians are almost always presented as the bad guys.*
Se denunció al nuevo jefe.	*The new boss was denounced.*

 ¡Ojo!

The true passive voice is used much more often in English than in Spanish. For example, *The window was broken* is passive, whereas *John broke the window* is active. In Spanish, the passive is more frequently expressed with the passive **se** rather than the true passive voice when the agent is not expressed. For example, to express that *the wall is being painted,* it is possible to say in Spanish **la pared está siendo pintada,** which is the true passive. However, it is much more common to express this with the passive **se: se pinta la pared.**

Actividad A ❖ ¿Qué se ofrece? ¿Qué se vende?

Tarea Observa las siguientes fotos y escribe dos oraciones para cada una de las imágenes diciendo qué servicios se ofrecen o qué productos se venden.

Modelo Se venden relojes y joyería.

1.

2.

3.

4.

Procedimiento Se puede hacer la actividad individualmente o en parejas. Después de escribir las oraciones, los alumnos pueden discutir si las fotos presentan imágenes de globalización o biculturalismo.

Actividad B ✣ ¿Qué (no) se hace?

Tarea   Completa las siguientes oraciones con información verdadera para ti, utilizando el **se** impersonal.

Modelo   Al entrar a la clase de actuación, generalmente se adopta una personalidad diferente.

1. Al entrar en el salón de la clase de español...
   a. generalmente...
   b. raras veces...
   c. de vez en cuando...
   d. nunca...

2. Al salir de la clase de español...
   a. generalmente...
   b. raras veces...
   c. de vez en cuando...
   d. nunca...

3. Para leer el correo electrónico en una computadora en un laboratorio...
   a. generalmente...
   b. raras veces...
   c. de vez en cuando...
   d. nunca...

Procedimiento   Los alumnos pueden trabajar en grupos. Se puede verificar el uso correcto del «se» impersonal al compartir los resultados con el resto de la clase.

Paso optativo   Describe el procedimiento que se necesita seguir para matricularse en cursos para el semestre que viene. Usa el **se** impersonal.

Actividad C ✣ Interpreta una obra de arte

Tarea   Contesta las siguientes preguntas para interpretar las imágenes representadas en la obra *Delincuencia juvenil* (página 145).

1. ¿Se miran los dos niños o no?
2. ¿Se atacaron los jóvenes mayores o no?
3. ¿Se preocupan las personas en los balcones por su propia seguridad?
4. ¿Se siente bien la mujer embarazada?
5. ¿Se emborrachan los clientes del bar?

Procedimiento   Los alumnos pueden trabajar en grupos para contestar las preguntas y elaborar una interpretación de la obra. Al compartir los resultados con el resto de la clase, se debe verificar el uso correcto de los pronombres.

Ideas para explorar *¿Hacia la globalización?*

Vocabulario

Vocabulario del tema	Definición	Contexto	Otras formas de la palabra
VERBOS			
colocar	poner; asignarle a algo o alguien un lugar adecuado y luego ponerlo en ese lugar	En los países hispanos se coloca el apellido del padre antes del apellido de la madre.	colocación (*f.*) colocado/a
crear	hacer existir; producir una obra artística; iniciar un proyecto	La experiencia y la educación formal crean un mayor número de oportunidades para el estudiante universitario.	creación (*f.*) creado/a creativo/a
diseñar	apuntar un esquema; hacer un bosquejo; dibujar una cosa o describir algo con palabras e ideas propias	Además de diseñar ropa, Calvin Klein, Ralph Lauren y muchos otros artistas diseñan productos domésticos.	diseñador(a) diseño diseñado/a
empeñarse	proponer o sostener una cosa con obstinación	Cristóbal Colón se empeñó en navegar el océano Atlántico.	empeño empeñado/a
remplazar	sustituir; quitar una cosa y poner otra en su lugar	El DVD remplazará a la videocasetera dentro de muy poco.	remplazo remplazado/a
SUSTANTIVOS			
la cibernética	ciencia que estudia los sistemas de comunicación y control automático en los seres vivos y en los sistemas electrónicos y mecánicos	Hace 50 años, la cibernética era parte de la ficción, pero hoy en día es una realidad.	ciberespacio cibernauta (*m., f.*) cibernético/a
el cursor	señal móvil que indica el sitio en la pantalla de una computadora en donde está trabajando el usuario	El cursor puede situarse sobre cualquier punto de la pantalla.	

Vocabulario del tema	Definición	Contexto	Otras formas de la palabra
la interfaz	circuito o punto de enlace entre dos sistemas; puente entre dos entidades distintas	Hoy en día las computadoras hechas por diferentes compañías pueden estar unidas por una interfaz.	
los periféricos	cualquier aparato con cierta función que se conecta a una computadora	Se puede aumentar la capacidad de cualquier computadora con el uso de periféricos.	periferia periférico/a
el reto	incitación que se le hace a una persona para que luche o compita	El reto del nuevo presidente es mejorar la economía del país.	retar retado/a
ADJETIVOS			
cotidiano/a	de todos los días; que ocurre todos los días de manera rutinaria	Las costumbres cotidianas de la gente definen su cultura.	cotidianidad (f.) cotidianamente (adv.)
llamativo/a	que llama o atrae la atención	La ropa de algunos músicos es más llamativa que su música.	llamar llamativamente (adv.)

Actividad A ✦ ¿De aquí hasta dónde?

Tarea   Completa las siguientes oraciones con palabras del vocabulario. **¡Ojo!** Sólo puedes usar cada palabra una vez.

1. Las empresas saben que si algo es _____, tiene más posibilidades de captar la atención del público.

2. Muy pronto, las empresas van a _____ programas educativos para la enseñanza de lenguas extranjeras.

3. A pesar de los avances tecnológicos, las computadoras no pueden _____ a los instructores en las escuelas y universidades.

4. En la vida _____, lo más llamativo no es necesariamente lo más funcional.

5. Recientemente se diseñó un sistema de identificación que sólo requiere que el usuario ponga los dedos en el teclado (*keyboard*) de la computadora. Así, las _____ verifican la identidad del usuario.

6. Actualmente, los científicos estadounidenses se _____ en crear un robot con la capacidad de expresar emociones. Muy pocos países han desarrollado la _____ tanto como los Estados Unidos.

7. Para empezar a escribir, es necesario _____ los dedos sobre el teclado.

8. El _____ en la pantalla indica el sitio en el que está trabajando el usuario.

9. El _____ de algunos científicos de clonar a los seres humanos no toma en cuenta los factores éticos del proyecto.

10. Gracias a la _____, varias universidades del mundo pueden tener acceso a los mismos bancos de datos.

11. Mi computadora es mucho más rápida y eficiente desde que le conecté los nuevos _____.

12. Hoy leí en el periódico que quieren _____ una computadora con la capacidad de procesar la voz de los usuarios. La computadora va a tener un vocabulario de más de 250 mil palabras.

Procedimiento   Se puede trabajar en grupos. Al verificar que las respuestas estén correctas se puede hacer énfasis en la pronunciación correcta de las palabras del vocabulario.

Actividad B ✛ Tu cuerpo como interfaz

Tarea   Completa las siguientes oraciones con las palabras apropiadas del vocabulario. Luego, comenta lo expresado en las oraciones.

1. Uno de los grandes _____ de la cibernética es crear _____ integrados al cuerpo humano.

   a. huellas digitales   **b.** interfaces   **c.** retos

2. Los científicos se _____ en diseñar chips que se _____ dentro del cuerpo humano.

   a. colocan   **b.** empeñan   **c.** remplazan

3. Ya es posible implantar electrodos en el cerebro que permiten mover el _____ de la computadora con la mente.

   a. cursor   **b.** periférico   **c.** reto

4. Ya se puede _____ un chip dentro del brazo que emite señales a una computadora central. De esta manera, la persona puede abrir puertas y encender luces a distancia.

   a. colocar   **b.** crear   **c.** remplazar

Procedimiento   Se puede hacer la actividad individualmente o en parejas y luego verificar que las respuestas estén correctas con el resto de la clase.

Paso optativo   Comenta las ventajas y desventajas de los avances tecnológicos en la sociedad.

Actividad C ✦ Comentario social

Tarea   Contesta la siguiente pregunta mediante una comparación de las dos imágenes de abajo.

¿Remplazan los avances tecnológicos a la necesidad del contacto humano?

© Maitena

Procedimiento   Se puede hacer la actividad en parejas y luego comparar las opiniones con el resto de la clase. ¿Cuál es la opinión general de la clase?

Gramática

«La modestia debería ser la virtud para los que carecen de otras.»*

Conditional Tense

A. Regular Forms

The conditional tense is formed by adding the endings **-ía, -ías, -ía, -íamos, -íais, -ían** to the infinitive of a verb.

---

*"Modesty should be the virtue of choice for those who lack others."

INFINITIVE	+	ENDINGS	=	CONDITIONAL TENSE FORMS	
educar		-**ía**		educar**ía**	*I would educate*
		-**ías**		educar**ías**	*you (s. fam.) would educate*
		-**ía**		educar**ía**	*he/she/it/you (s. pol.) would educate*
		-**íamos**		educar**íamos**	*we would educate*
		-**íais**		educar**íais**	*you (pl. fam. Sp.) would educate*
		-**ían**		educar**ían**	*they/you (pl. pol.) would educate*

B. Irregular Forms

The same verbs that are irregular in the future tense (see **Lección 2,** page 40) share that irregularity in the conditional. There is a minor change in the stem, but the endings are the same as regular conditional tense verbs as given in section A. Two verbs, **decir** and **hacer,** have idiosyncratic changes to the stem.

CHANGE	INFINITIVE	CONDITIONAL AND FUTURE STEM	CONDITIONAL TENSE (FIRST-PERSON SINGULAR)	
drop **e** *from infinitive*	caber	cabr-	cabr**ía**	*I would fit*
	haber	habr-	habr**ía**	*I would have (auxiliary)*
	poder	podr-	podr**ía**	*I could (I would be able)*
	querer	querr-	querr**ía**	*I would like*
	saber	sabr-	sabr**ía**	*I would know*
d *replaces* **e** *or* **i** *of infinitive*	poner	pondr-	pondr**ía**	*I would put*
	salir	saldr-	saldr**ía**	*I would go out*
	tener	tendr-	tendr**ía**	*I would have*
	valer	valdr-	valdr**ía**	*I would be worth*
	venir	vendr-	vendr**ía**	*I would come*
idiosyncratic	decir	dir-	dir**ía**	*I would say*
	hacer	har-	har**ía**	*I would make; I would do*

C. Functions

1. To express hypothetical actions or situations that correspond to the meaning of *would* in English

Me **gustaría** ver más programas educativos para los niños.
I would like to see more educational programs for children.

Para mejorar la televisión, **eliminaríamos** los anuncios comerciales.
To improve TV, we would eliminate the commercials.

Mucha gente **censuraría** todo el contenido sexual en la televisión.
Many people would censure all the sexual content on TV.

2. To refer to the future from a past point of reference

Ellos dijeron que lo **harían** la semana que viene.	*They said that they would do it next week.*
El presidente prometió que **establecería** nuevos programas de salud.	*The president promised that he would establish new health programs.*
Me aseguraste que **tendrías** los documentos para hoy.	*You assured me that you would have the documents for today.*

3. To express possibility or probability in the past

—¿Qué hora **sería** cuando viste a los sospechosos entrar en el banco?	*—What time was it (probably, could it have been) when you saw the suspects enter the bank?*
—**Serían** las ocho y media.	*—It was probably eight thirty.*
El viaje cuesta $7000 este año. ¿Cuánto **costaría** el mismo viaje en el año 2010?	*The trip costs $7000 this year. I wonder how much the same trip would cost in the year 2010?*

4. To express politeness or deference

¿Me **podrías** traer un café, por favor?	*Could you please bring me a coffee?*
Perdone, ¿**sabría** Ud. dónde está la biblioteca?	*Pardon me, would you know where the library is?*
¿Nos **ayudarían** Uds. con el piano? Pesa mucho.	*Would you help us with the piano? It weighs a lot.*

Así se dice

The expression **deber** + *infinitive* takes on special meaning in the conditional tense. Whereas the present indicative of **deber** is used to express a rather strong obligation, the use of the conditional form of **deber** softens the sense of obligation. Compare the following sentences and their English equivalents.

No **debes** gastar tanto tiempo mirando la televisión.	*You mustn't waste so much time watching TV.*
No **deberías** gastar tanto tiempo mirando la televisión.	*You shouldn't waste so much time watching TV.*

Use the present tense of **deber** + *infinitive* when you want to express *must* (*do something*). Use the conditional tense when you want to express *should* (*do something*).

Actividad A ✣ ¿Qué harías?

Tarea Escoge la respuesta que sea más apropiada para ti en cada situación y compártela con otro/a estudiante.

1. Un buen amigo con quien trabajas quiere saber tu contraseña (*password*) sólo para confirmar por computadora el número de su vuelo a Quito, Ecuador. ¿Qué harías?

   a. No se lo daría. Encontraría otro medio de conseguirle el número.

   b. Se lo daría porque es un buen amigo y le tengo confianza.

   c. ¿ ?

2. Estás en un centro comercial en Cancún y te das cuenta de que dejaste los cheques de viajero en tu casa. ¿Qué harías?

   a. Llamaría a mis padres para que me mandaran dinero.

   b. Iría a la sucursal (*branch*) de American Express más cercana.

   c. ¿ ?

3. Estás en un programa de verano en la Universidad de Salamanca y recibes una llamada de larga distancia a tu celular. Te llama tu familia para decirte que se ha muerto tu abuela. ¿Qué harías?

   a. Lloraría y me sentiría muy mal, pero me quedaría en el programa para terminar las clases.

   b. Regresaría inmediatamente a este país para asistir al funeral de mi abuela.

   c. ¿ ?

4. Estás en el Perú para sacar fotos de Machu Picchu, pero no te funciona tu cámara digital. ¿Qué harías?

   a. Compraría otra cámara digital.

   b. Iría a la tienda de composturas (*repairs*) electrónicas más cercana.

   c. ¿ ?

5. Estás de vacaciones en Madrid y tienes poco dinero, pero quieres comunicarte con tu novio/a para ver cómo está. ¿Qué harías?

   a. Lo (La) llamaría de mi hotel.

   b. Encontraría un café Internet y le escribiría un mensaje electrónico.

   c. ¿ ?

Procedimiento Se puede escoger y compartir la respuesta apropiada en parejas. Luego, la pareja puede compartir sus repuestas con el resto de la clase. ¿Son los casos de arriba más ejemplos de la globalización del mundo o nada más ejemplos de avances tecnológicos?

Actividad B ❖ Especulaciones

Tarea   Mira los cuadros de la lista que sigue y escribe hipótesis sobre ellos según las preguntas. **¡Ojo!** Hay que usar el condicional en tus hipótesis.

1. En el cuadro *El sollozo* (página 2), ¿por qué estaría llorando la mujer?
2. En el cuadro *2 Circe* (página 3), ¿por qué tendría tantos animales en su casa?
3. En el cuadro *El dolor de cabeza* (página 3), ¿por qué tendría un dolor de cabeza la mujer?
4. En el cuadro *Muerte de Luis Chalmeta* (página 50), ¿en qué estaría pensando el torero?
5. En el cuadro *El cuarto de Rosalía* (página 51), ¿en qué estaría pensando Rosalía?

Procedimiento   Los alumnos pueden organizarse en grupos de tres para responder a las preguntas en forma escrita. Luego pueden compartir las respuestas con el resto de la clase. ¿Cuáles de las hipótesis fueron las más originales o creativas?

Paso optativo   Escribe hipótesis sobre las tiras cómicas de las páginas 155 y 164.

Actividad C ❖ Perspectivas distintas

Tarea   Comenta por escrito las siguientes situaciones y luego comparte tus opiniones con el resto de la clase.

1. No crees que la globalización sea buena para el mundo. ¿Qué le dirías a una persona que no está de acuerdo contigo?

2. Crees que la globalización tiene muchas ventajas en cuanto a la economía. ¿Qué razones le darías a un grupo de manifestantes en contra de la globalización?

3. Mucha gente no cree que exista la globalización. ¿Cómo convencerías a esa gente de que la globalización sí existe?

4. Mucha gente piensa que la globalización no es más que un aspecto del imperialismo estadounidense, pero tú no estás de acuerdo. ¿Qué ejemplos le darías a esa gente para mostrarle que está equivocada?

5. Mucha gente nota ejemplos de la globalización en su propio país. Tú estás de acuerdo. ¿Qué señales de tu comunidad compartirías para comprobar esta perspectiva?

6. Eres conocido/a como experto/a de la globalización del mundo y te han invitado a hablar sobre las consecuencias que trae la globalización. ¿Qué tres consecuencias importantes mencionarías en tu discurso?

Procedimiento   Se puede comentar sobre las situaciones en grupos y luego escribir en la pizarra las respuestas de todos los grupos. La clase entera puede entonces comentar la gramática y el contenido de las oraciones. El profesor (la profesora) resolverá cualquier duda que surja. ¿Hay ejemplos fuertes para indicar que sí existe la globalización?

Estrategia para la comunicación

We often listen to what other people have to say, then indicate whether we agree with them or not. Use the following expressions to indicate agreement and disagreement. After making a statement with one of these expressions, you will probably want to indicate with which aspects of the other person's opinion you are (dis)agreeing.

AGREEMENT	DISAGREEMENT
¡Claro que sí!	¡De ninguna manera!
¡Definitivamente!	¡Imposible!
¡Por supuesto!	¡No es cierto!
¡Tiene(s) toda la razón!	¡Qué tontería!

Actividad A ✦ ¿Una crítica de qué y para quién?

Tarea Escribe un ensayo sobre los comentarios sociales de las tiras cómicas de las páginas 155 y 164. Las tiras cómicas son de Maitena, una española que critica la sociedad española.

Actividad B ✦ La tertulia

Tarea Observa el cuadro *La tertulia* (página 144). Una tertulia es una conversación en un ambiente informal y social. Interpreta la obra usando el condicional. ¿Serían las cuatro mujeres hermanas, amigas o trabajarían las cuatro en el mismo negocio? Luego, escribe si en tu propia vida participas más en tertulias con tus amigos y familia o si te comunicas más por teléfono y correo electrónico con ellos.

Actividad C ✦ Unas conversaciones electrónicas

Tarea Busca en Internet tres *chatrooms,* uno en España, otro en México y otro en la Argentina o Chile. Al entrar en los *chatrooms,* pídele a algún habitante de cada uno de dichos países que te den cinco ejemplos de la presencia de la cultura estadounidense en su país. Prepara un breve informe con las respuestas que obtengas para compartirlo con el resto de la clase.

Actividad D ✦ Leer libros

Tarea Observa el cuadro *Los cuentos* (página 144). Interpreta los siguientes temas representados en la obra: la familia, la lectura y la tradición. Luego, compara y contrasta lo que presenta el autor del cuadro con tus propias experiencias. ¿Podría ser éste un cuadro tuyo y de tu familia?

Actividad E ✦ Los teléfonos celulares

Tarea Hazles una encuesta a cinco amigos que tengan teléfono celular y prepara un informe para presentarlo a la clase. ¿Cuáles son las marcas más populares? ¿Qué servicios tienen? ¿Qué servicios utilizan con más frecuencia? ¿Qué servicios les gustaría tener? ¿Qué servicios podrían descartar (eliminar)?

Tarea   Escribe una composición de 300 palabras sobre el siguiente tema.

Tema   ¿Se les aplican igualmente a la sociedad estadounidense los comentarios de Maitena sobre los medios de comunicación y la sociedad española? (Ve las tiras cómicas en las páginas 155 y 164.)

IDEAS PARA CONSIDERAR

❖ ¿Los medios de comunicación facilitan o complican la vida?
❖ ¿Son los medios de comunicación esenciales en la vida moderna o son simples conveniencias?
❖ ¿Han creado los medios de comunicación una cultura homogénea del mundo?
❖ ¿Es el mundo cada vez más pequeño?
❖ ¿Tienes tú la misma perspectiva que tus padres sobre los medios de comunicación?

Procedimiento

1. Repasa el contenido de la Unidad 4.
2. Haz una lista de ideas potenciales para tu composición.
3. Organiza las ideas utilizando un bosquejo.
4. Escribe un borrador y, dos días después, repásalo.
5. Verifica en tu borrador que el uso de la gramática presentada en Unidad 4 sea el correcto.
   ❖ los complementos directos
   ❖ los complementos indirectos
   ❖ el «se» reflexivo
   ❖ el «se» impersonal
   ❖ el «se» pasivo
   ❖ el condicional

Tarea Busca en Internet sitios de la compañía Disney correspondientes a varios países del mundo y prepara una presentación sobre las semejanzas y diferencias entre dichos sitios. ¿Son los productos de Disney evidencia del fenómeno de la globalización? ¿Puedes dar ejemplos de cómo la compañía se adapta a las diferentes culturas?

Procedimiento Busca en la red el sitio Disney International y otros sitios en los que se vendan productos de Disney.

Paso optativo Escribe una lista de ejemplos de la influencia del idioma inglés en Internet.

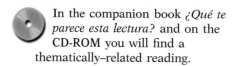

In the companion book *¿Qué te parece esta lectura?* and on the CD-ROM you will find a thematically–related reading.

UNIDAD ⑤

La libertad y la falta de libertad

The *¿Qué te parece?* CD-ROM offers additional activities related to the **Galería de arte** in this unit.

Dimensión social

¿Qué aspectos de la sociedad se reflejan en una obra de arte? ¿Qué aspectos de la sociedad puede criticar un artista? ¿Cómo se representan las ideas abstractas como la libertad, la represión o las clases sociales? ¿Cómo se expresa la corrupción política? La dimensión social tiene que ver con el contexto en que se produjo una obra de arte y con el conjunto de imágenes que el artista utiliza.

1 Santa Contreras Barraza (estadounidense, 1951–)
Sin título

2 Fernando Botero (colombiano, 1932–)
La familia del presidente

3 Anónimo (siglo XVIII)
Lienzo de castas

4 Débora Arango (colombiana, 1910–   )
La república

9

Las libertades y la violación de las libertades

¿Qué has hecho tú para proteger las libertades que tienes y para denunciar la violación de libertades?

Ideas para explorar *Las libertades*

Vocabulario

Vocabulario del tema	Definición	Contexto	Otras formas de la palabra
VERBOS			
arriesgar	poner a alguien o algo en peligro o en una situación incierta	Es preferible no arriesgar el dinero en inversiones poco estables.	riesgo arriesgado/a
denunciar	acusar ante las autoridades	Todo tipo de discriminación sexual debe denunciarse.	denuncia denunciable (*adj.*) denunciado/a denunciatorio/a
difundir opiniones	divulgar o propagar ciertas ideas	La manera más efectiva de difundir opiniones es mediante los medios de comunicación.	opinar difusión (*f.*) difundido/a
SUSTANTIVOS			
el bien común	interés y provecho de todos	Las leyes se establecen pensando en el bien común.	comunidad (*f.*) comunal (*adj.*) comúnmente (*adv.*)
los derechos (humanos, legales, personales)	conjunto de principios y leyes a que están sometidas las relaciones humanas en toda sociedad civil	Adolfo Hitler no respetó los derechos humanos de las minorías.	humanizar legislar personalizar humanidad (*f.*) ley (*f.*) persona
la igualdad	principio que reconoce en todos los ciudadanos la capacidad de gozar de los mismos derechos sin ninguna diferencia	Con respecto a los sueldos, no existe aún igualdad entre los hombres y las mujeres.	igualar igual (*adj.*) igualado/a igualmente (*adv.*)
la independencia	libertad, autonomía; que no depende de otro	La independencia de los Estados Unidos se celebra cada 4 de julio.	independizar independiente (*adj.*) independientemente (*adv.*)

Vocabulario del tema	Definición	Contexto	Otras formas de la palabra
la libertad	facultad del ser humano para elegir su propia línea de conducta y ser responsable de ella; estado de la persona que no está sometida a la voluntad o dominio de otro	La libertad es uno de los principios fundamentales de la democracia.	liberar libre (*adj.*)
las manifestaciones políticas	reuniones públicas que generalmente tienen lugar al aire libre y en las cuales los participantes dan a conocer sus deseos y sentimientos	Hubo muchas manifestaciones políticas en contra de la guerra de Vietnam.	manifestar manifestante (*m., f.*) manifiesto
los privilegios	posibilidad de hacer o tener algo que a los demás les está prohibido; ventajas exclusivas o especiales concedidas por un superior	El acceso a las escuelas y las universidades debe ser un derecho, no un privilegio.	privilegiar privilegiado/a
la tiranía	abuso de autoridad; gobierno que impone su voluntad al pueblo, a veces mediante la crueldad, sin tomar en cuenta la razón o la justicia	La tiranía es la peor forma de gobierno.	tiranizar tirano/a tiranizado/a

Actividad A ✤ ¿Por qué causas lucharon?

Tarea   Indica las libertades o causas por las cuales (o en contra de las cuales) lucharon los personajes históricos que aparecen a continuación.

Modelos   Gloria Steinem luchó para conseguir el derecho de la mujer a tener un aborto y también la igualdad entre los sexos.

Saddam Hussein luchó en contra de todas las causas de la lista.

PERSONAS	CAUSAS O LIBERTADES
1. _____ Simón Bolivar y Jorge Washington	a. la independencia política
2. _____ César Chávez y Jimmy Hoffa	b. los derechos legales

3. _____ los Reyes Católicos

4. _____ el General Francisco
Franco y Saddam Hussein

5. _____ Martin Luther King, Jr.

6. _____ Martín Lutero

7. _____ el Arzobispo Desmond
Tutu y Rigoberta Menchú

8. _____ Gloria Steinem

9. _____ Fidel Castro y
Manuel Noriega

10. _____ *Roe v. Wade*

c. los derechos de los
trabajadores

d. el derecho de la mujer
a tener un aborto

e. la igualdad entre los
sexos

f. la igualdad entre los
seres humanos

g. la libertad religiosa

Procedimiento   Se puede hacer la actividad individualmente y luego verificar que las respuestas estén correctas en grupos pequeños o con la clase entera. Se puede enfatizar la pronunciación correcta de las palabras del vocabulario.

Paso optativo   Comenta con más detalle las causas de los personajes históricos mencionados u otros personajes que conozcas.

Modelo   Hitler luchó contra las libertades sociales, religiosas y políticas. Era racista y antisemítico. Hitler violó la mayoría de los derechos humanos...

Actividad B ✢ Asociaciones

Tarea   Indica qué palabra del vocabulario del tema se asocia con cada uno de los siguientes términos.

1. las reuniones públicas
2. la autonomía
3. el provecho de todos
4. los mismos derechos para todos
5. el abuso de la autoridad
6. los principios y leyes
7. las ventajas especiales
8. las dictaduras
9. la expresión libre
10. la crítica

Procedimiento   Se puede hacer la actividad individualmente o en parejas. Se debe verificar que los estudiantes hayan captado el significado de las palabras del vocabulario.

Paso optativo   Escribe cinco oraciones en que utilices algunas palabras del vocabulario.

Actividad C ✤ ¿Por cuáles derechos o libertades has luchado?

Tarea   Ofrece tres derechos y libertades por las cuales has luchado. Sigue este patrón: A favor del / de la (En contra) _____, que es una _____, he _____.

libertad   acción   El derecho

Modelo   A favor de <u>la igualdad entre los seres humanos</u>, que es una <u>libertad social</u>, <u>he escrito una carta al director / a la directora de nuestro periódico estudiantil</u>.

Procedimiento   Los/Las estudiantes pueden escribir las oraciones individualmente y luego compartirlas con sus compañeros/as de clase. En general, ¿siente la clase un deseo de luchar por ciertas libertades o más bien las dan por sentadas (*take them for granted*)?

Paso optativo   Ofrece ejemplos de lo que es el «bien común».

⁘ Gramática

*«Es de los que les **gustaría** hacer todo lo que hizo el muerto, menos morirse.»** *

Review of the Conditional

A. Forms

Review the forms of the conditional in **Lección 8** (page 180).

B. Functions

1. To express hypothetical actions or situations that correspond to the meaning of *would* in English

   ¿**Lucharías** por la libertad?   *Would you fight for freedom?*

   No me **gustaría** vivir en una sociedad sin los derechos humanos básicos.   *I wouldn't like to live in a society without basic human rights.*

2. To refer to the future from a past point of reference

   Francisco Franco probablemente pensaba que la censura **desanimaría** a los disidentes.   *Franciso Franco probably thought that censorship would discourage dissidents.*

---

*"He/She is one of those people who would like to do everything the dead man did, except die." (This is said about an envious person.)

Martin Luther King, Jr., dijo que algún día todos **viviríamos** en paz.	*Martin Luther King, Jr., said that someday we would all live in peace.*

3. To express possibility or probability in the past

¿Cuál **sería** el motivo del asesinato de John F. Kennedy?	*What was (probably, could have been) the motive for the assassination of John F. Kennedy?*
¿Cómo **sobrevivirían** los prisioneros en los campos de concentración?	*I wonder how the prisoners survived in the concentration camps?*

4. To express politeness or deference

¿Me **explicaría** Ud. la forma de gobierno de su país, por favor?	*Could you please explain to me the form of government in your country?*
¿**Podría** Ud. ayudarme con esto?	*Could you help me with this?*

Actividad A ✢ ¿Qué dirían ahora?

Tarea   Identifica lo que dirían los siguientes personajes históricos si pudieran (*if they could*) cambiar sus decisiones. Luego, provee el verbo en el condicional. Si es necesario, haz una investigación histórica en Internet.

1. _____ Pancho Villa

   a. «No _____ (sugerir) remplazar a los esclavos indígenas por esclavos de África.»

2. _____ Napoleón

   b. «No _____ (matar) a Atahualpa.»

3. _____ Stephen F. Austin

   c. «No _____ (creer) que los españoles eran dioses, sino seres humanos.»

4. _____ Bartolomé de las Casas

   d. «_____ (Reunirse) con Emiliano Zapata y su banda de revolucionarios.»

5. _____ Moctezuma

   e. «No _____ (tomar) a La Malinche como amante.»

6. _____ Cristobal Colón

   f. «No _____ (quemar) los barcos.»

7. _____ Pizarro

   g. «No _____ (llevar) a las tropas francesas a Rusia.»

8. _____ Hernán Cortés

   h. «No _____ (ir) a México a hablar con Santa Anna sobre los derechos de los texanos.»

Procedimiento   Se puede hacer la actividad en grupos. Luego, se puede verificar que las respuestas estén correctas con la clase entera. ¿Conocen los/las estudiantes la mayoría de los nombres en la lista? ¿Tuvieron que hacer una investigación histórica?

Actividad B ✤ ¿Qué no harías jamás?

Tarea   Conjuga el verbo de cada oración en el condicional, usando la primera persona singular. Luego indica si estás de acuerdo o en desacuerdo con lo expresado.

	ESTOY DE ACUERDO.	ESTOY EN DESACUERDO.
Modelo No <u>iría</u> (ir) nunca a un congreso para comunistas.	☐	☑
1. Jamás _____ (arriesgar) la vida por el bien de mi país.	☐	☐
2. Nunca _____ (asistir) a una manifestación política.	☐	☐
3. No _____ (contribuir) nunca a una organización política opuesta al aborto.	☐	☐
4. Jamás _____ (participar) en una marcha para defender los derechos sociales.	☐	☐
5. Nunca le _____ (escribir) al director o a la directora de un periódico para difundir opiniones religiosas.	☐	☐
6. No _____ (dar) nunca un discurso en una manifestación política, social o religiosa.	☐	☐
7. Jamás _____ (mandar) un mensaje por correo electrónico denunciando la violencia doméstica.	☐	☐
8. No _____ (trabajar) nunca por una empresa que no respetara los privilegios civiles de sus trabajadores.	☐	☐

Procedimiento   Se puede trabajar individualmente para responder cada oración y luego compartir los resultados con el resto de la clase. Se debe verificar que las formas verbales sean las correctas. ¿Cuáles son las causas o libertades que defenderían la mayoría de los alumnos? ¿Son libertades sociales, políticas o religiosas?

Actividad C ✣ Situaciones hipotéticas

Tarea Responde a cada situación hipotética explicando lo qué harías.

Modelo Acaban de arrestar a tu mejor amigo por golpear fuertemente a su novia.

→ Hablaría con él y le recomendaría el nombre de un(a) terapeuta.
(o Lo evitaría porque ya no sería mi amigo por haber ignorado una de las libertades sociales más básicas.)

1. Tienes una compañera de trabajo que emplea trabajadores indocumentados para mantener su jardín.

2. Un amigo que conoces desde hace 15 años te revela que es homosexual y que se va a casar con otro hombre. Te invita a la ceremonia.

3. Conociste a una persona guapa e inteligente en una fiesta y te invitó a salir con ella. Luego descubres que está en este país ilegalmente.

4. Tienes una clase en tres minutos y estás corriendo para llegar a tiempo, cuando descubres a un niño de 11 años con la mano en el bolso de una estudiante. Es obvio que quiere robarle la cartera.

5. En una fiesta anoche uno de tus amigos te dio una bolsa pequeña con drogas ilegales. Como estabas muy bebido, no te diste cuenta.

6. Estás en tu clase de español y ves a dos estudiantes copiándose.

Procedimiento Se puede trabajar en grupos de tres para responder a cada situación hipotética. Luego, se puede compartir y contrastar las reacciones de todos los grupos. ¿Hay algún grupo que haya tenido reacciones radicales o extremistas?

Ideas para explorar *La violación de las libertades*

Vocabulario

Vocabulario del tema	Definición	Contexto	Otras formas de la palabra
VERBOS			
autorizar	aprobar; dar autoridad para hacer alguna cosa	La educación de un pueblo es responsabilidad del gobierno.	autoridad (*f.*) autorización (*f.*) autorizado/a
censurar	reprobar o criticar la conducta o costumbres de los demás; examen que hace un gobierno de una noticia o una obra de arte antes de permitir su difusión	En 1952 se censuró *El guardián entre el centeno,* de J.D. Salinger, por causa de una sola palabra contenida en la novela.	censor (*m.*) censura censurado/a
rechazar	separarse de algo o alguien; contradecir lo que otro expresa	Durante los años 60, muchos estadounidenses rechazaron la guerra de Vietnam.	rechazo rechazado/a
reprobar	censurar o desaprobar algo por razones morales	¿Quién tiene la autoridad moral para reprobar una obra de arte?	reprobación (*f.*) reprobado/a reprobador(a)
SUSTANTIVOS			
la desnudez	condición de estar completamente desvestido, sin ropa	Algunas personas piensa que la desnudez en la televisión es escandalosa; otras piensan que es natural.	desnudar desnudo desnudo/a
la iglesia	lugar donde se celebra el culto cristiano; comunidad formada por personas que profesan la misma doctrina	La Iglesia Católica ha influido en la vida religiosa y política del mundo desde hace muchos siglos.	eclesiástico/a

Vocabulario del tema	Definición	Contexto	Otras formas de la palabra
la libertad de expresión artística	facultad de un artista de expresarse de cualquier manera, sin prohibiciones, siempre y cuando no se oponga a las leyes	Sin la libertad de expresión artística, Miguel Ángel no habría terminado muchas de sus obras.	expresar arte (*m.*) artista (*m., f.*)
la libertad de palabra	prerrogativa; privilegio o derecho de expresar ideas y opiniones propias sin ser condenado por ello	No hay democracia sin libertad de palabra.	palabrear palabrería apalabrado/a
la libertad de prensa	derecho de escribir y publicar cualquier opinión sin censura	La libertad de prensa es el derecho fundamental de todo periodista.	prensar prensado/a
los principios morales	normas de conducta basadas en la clasificación de los actos humanos en buenos y malos	Los principios morales son dictados por la sociedad para determinar el comportamiento de los individuos.	moralizar moralismo moralista (*m., f.; adj.*)
los principios religiosos	preceptos relativos a las creencias o los dogmas de una religión	Hay principios religiosos que son comunes a los musulmanes y los cristianos.	religión (*f.*) religiosidad (*f.*)
los principios sociales	normas sobre la conducta que debe observar el individuo en sus relaciones con los demás	Los principios sociales cambian de cultura a cultura.	socializar socialismo sociedad (*f.*) sociable (*adj.*) social (*adj.*) socialista (*adj.*)
FRASES PREPOSICIONALES			
a través de	pasando de un lado a otro; por medio de	Las emociones se expresan a través de nuestro comportamiento.	atravesar
por parte de	por lo que respecta a alguien	Hubo manifestaciones en contra de la guerra con Irak por parte de la juventud de todo el mundo.	partir

Actividad A ✤ ¿Ya lo sabías?

Tarea   Completa las siguientes oraciones con palabras del vocabulario.

Modelo   La gente, las leyes y las normas culturales establecen los <u>principios sociales</u> de cada sociedad.

1. En muchos países latinoamericanos y en España, nadie reprobaría los libros que escribió J. K. Rowling sobre Harry Potter, pero en los Estados Unidos hay grupos religiosos que los están tratando de _____.

2. A través de los años, la libertad de _____ ha sido una de las libertades fundamentales tanto para los artistas como para la sociedad.

3. Durante siglos, la _____ en el arte fue el componente clave que determinó si una obra debía ser censurada.

4. El problema con la censura artística es que nunca se sabe quién tiene el derecho de _____ lo que es aceptable para el público.

5. En las universidades, la libertad de _____ es absolutamente necesaria para poder introducir ideas y teorías nuevas a la sociedad.

6. La libertad de _____ asegura que el público tenga el derecho de enterarse de los detalles más íntimos de un asunto social, político o religioso.

Procedimiento   Se puede hacer la actividad con la clase entera. Se puede enfatizar la pronunciación correcta de las palabras del vocabulario al verificar que las respuestas estén correctas.

Paso optativo   Comenta tu opinión acerca de lo expresado en cada oración.

Actividad B ✤ La censura del arte

Tarea   Intenta adivinar por qué fueron censurados en su época los cuadros de *Guernica,* de Pablo Picasso, y *La maja desnuda,* de Francisco de Goya. Usa palabras del vocabulario.

Guernica (*1937*), *por Pablo Picasso*

La maja desnuda (*1797–1798*), *por Francisco de Goya y Lucientes*

Guernica probablemente fue censurado porque...

La maja desnuda probablemente fue censurado porque...

Procedimiento   Se puede trabajar en grupos para adivinar las razones por las cuales los cuadros fueron censurados. Luego, se pueden compartir las explicaciones con el resto de la clase. ¿Adivinaron los alumnos?

Así se dice

The true passive voice is used much more often in English than in Spanish. For example, *The window was broken* is passive, whereas *John broke the window* is active. In Spanish, the passive is more frequently expressed with the passive **se** rather than the true passive voice when the agent is not expressed. For example, to express that *the wall is being painted,* it is possible to say in Spanish **la pared está siendo pintada,** which is the true passive. However, it is much more common to express this with the passive **se: se pinta la pared.**

Actividad C ✦ ¿Publicarías el nombre?

Tarea   Ofrece las razones por las cuales estás a favor o en contra de la publicación de los nombres de las personas en cada una de las siguientes situaciones. Usa las palabras del vocabulario para expresar tus razones.

Modelo   ¿Se debe publicar el nombre de una persona que ha invertido dinero de una organización de beneficencia en su cuenta personal?

→ Sí, lo publicaría para causarle vergüenza. (*o* No, no lo publicaría. Ya pagará su crimen en la carcel y la gente que la conoce bien y la que quiere se enteraría.)

¿Se debe publicar el nombre de... ?

1. una persona que ha sido víctima de una violación
2. un(a) médico/a, dentista, enfermero/a u otro/a profesional que tiene contacto con el público y que tiene SIDA
3. una persona famosa que tiene SIDA
4. una figura política que tiene aventuras extramaritales
5. una víctima de violencia doméstica
6. una persona que ha pasado tiempo en la cárcel por haber abusado sexualmente a menores de edad

Procedimiento   Se puede trabajar en grupos y luego comparar y contrastar los resultados con el resto de la clase. En general, ¿es el perfil de la clase conservador o liberal?

Gramática

*«Hasta que no lo veas, no lo creas.»**

Subjunctive of Interdependence (Adverbial Conjunctions)

A. Forms

Review the forms of the present subjunctive in **Lección 4** (page 89).

B. Functions

Adverbial conjunctions are used to indicate interdependence; to express the conditions under which an event will take place.

Adverbs modify verbs by adding information about a verb, and they generally answer the questions *how, when, where,* or *why.* For example, in the following sentence, **rápidamente** is an adverb that tells us how Juana runs.

Juana corre **rápidamente.**   *Juana runs rapidly.*

Adverbial clauses are entire clauses that function like adverbs by adding information about (modifying) a verb. Adverbial clauses are linked to a main clause by an adverbial conjunction. The subjunctive is used following an adverbial conjunction when the event or situation referred to is not real, is unknown to the speaker, or has not yet taken place. The uses of the subjunctive in adverbial clauses can be divided into two general categories: 1) expressions of time, place, manner, or concession; 2) expressions of purpose, condition, or anticipation.

1. Expressions of time, place, manner, or concession. The subjunctive is used to express that an event or situation is hypothetical and/or has not yet occurred.

ADVERBIAL CONJUNCTIONS OF TIME AND PLACE

cuando *when*	haste que *until*
después (de) que *after*	mientras (que) *while*
donde *where*	tan pronto (como) *as soon as*
en cuanto *as soon as*	

Voy a ver la nueva película de Almodóvar tan pronto como **llegue** al cine.	*I'm going to see the new Almodóvar film as soon as it comes to the theater.*
Esteban buscará trabajo en cuanto **termine** sus estudios.	*Esteban will look for work as soon as he finishes his studies.*
Habrá una gran celebración después de que los políticos **resuelvan** los conflictos.	*There will be a great celebration after the politicians resolve the conflicts.*

---

*"Seeing is believing." (Lit.: Until you see it, don't believe it.)

No podemos hacer nada hasta que el mecánico **arregle** el coche.	*We can't do anything until the mechanic fixes the car.*
¿El libro? Ponlo donde **quieras**.	*The book? Put it wherever you like.*

ADVERBIAL CONJUNCTIONS OF MANNER

como   *how, however*
de manera que   *in such a way that*
de modo que   *in such a way that*

Hay que explicar los ejercicios de modo que todos los **entiendan**.	*It's necessary to explain the exercises in such a way that everybody understands them.*
Enrique va a conseguir el dinero como **pueda**.	*Enrique is going to get the money however he can.*

ADVERBIAL CONJUNCTIONS OF CONCESSION

a pesar de que   *in spite of, despite (the fact that)*
aun cuando   *even when, even if*
aunque   *although, even if, even though*

Sé que Antonio se negará a tomar la medicina a pesar de que los doctores le **digan** que es necesario.	*I know that Antonio will refuse to take the medicine despite the fact that the doctors may say it's necessary.*
Algunos canales ponen películas viejas aunque el público no **tenga** mucho interés en verlas.	*Some channels show old movies even though the public doesn't have much interest in seeing them.*

CONTRAST BETWEEN THE SUBJUNCTIVE AND INDICATIVE MOODS

The indicative mood is used following expressions of time, place, manner, or concession if the event or situation referred to is real and/or already exists or existed in the past.

Me duele la cabeza cuando **veo** la televisión muchas horas seguidas.	*My head aches when I watch television for hours on end.*
Yo leía una revista mientras que mis compañeros **iban** de compras.	*I was reading a magazine while my companions were shopping.*
Laura esperó afuera hasta que Inés **salió** de la tienda.	*Laura waited outside until Inés came out of the store.*
Siempre teníamos bastante comida aun cuando no **había** mucho dinero.	*We always had enough food even when we didn't have much money.*
Su mamá le compró ropa aunque él no lo **quería**.	*His mother bought him clothes, although he didn't want her to.*

¡Ojo!

The adverbial conjunctions of time, **ahora que** (*now that*), **puesto que** (*since*), and **ya que** (*since, now that*), always take the indicative because they express a completed or inevitable event or situation.

Ya que **sabes** mi dirección, ven a visitarme.	*Now that you know my address, come visit me.*
Ahora que te **hicieron** gerente, tendrás que trabajar más.	*Now that they made you boss, you'll have to work even more.*
Puesto que ellos **vienen** a visitar hoy, vamos a cenar en casa.	*Since they are going to visit today, we're going to dine at home.*

2. Expressions of purpose, condition, or anticipation. Because these adverbial conjunctions always express events or situations that have not yet occurred or have not yet been fully realized in the mind of the speaker, they are always followed by the subjunctive.

ADVERBIAL CONJUNCTIONS OF PURPOSE

a fin de que   *so that*   para que   *so that*

Los padres dan reglas para que los hijos **aprendan** a ser responsables.	*Parents make rules so children will learn to be responsible.*

ADVERBIAL CONJUNCTIONS OF CONDITION

a condición de que   *under the condition that*   mientras que   *as long as*
a menos que   *unless*   salvo que   *unless*
con tal de que   *provided that*   siempre que   *provided that*
en caso de que   *in the case that*   sin que   *unless*

Vamos de vacaciones en mayo con tal de que el jefe nos **dé** permiso.	*We're going to take a vacation in May provided that the boss gives us permission.*
No habrá trenes hoy a menos que **solucionen** la huelga de conductores.	*There won't be any trains today unless they resolve the engineer's strike.*
La nueva red de información no funcionará sin que el gobierno **reconozca** las necesidades de los usuarios.	*The information superhighway won't work unless the government recognizes the needs of the users.*
Mientras que **dure** la dictadura, habrá censura de todos los medios de comunicación.	*As long as the dictatorship lasts, there will be censorship of all the means of communication.*

ADVERBIAL CONJUNCTIONS OF ANTICIPATION

antes (de) que   *before*

Elena y Rafael quieren ir a las montañas antes de que **haga** mucho frío.	*Elena and Rafael want to go to the mountains before it gets very cold.*

¡Ojo!

Many adverbial conjunctions begin with a preposition. If there is no change in subject from the main clause to the adverbial clause, some prepositions can be used without the conjunction **que.** In this case, they are followed by the infinitive rather than the indicative or subjunctive. Prepositions that can be used without **que** include the following.

antes de	para
después de	sin
hasta	

No puedo ayudar a otros hasta que **deje** de ser tan dependiente. — *I can't help others until I stop being so dependent.*

No puedo ayudar a otros hasta **dejar** de ser tan dependiente. — *I can't help others until I stop being so dependent.*

Roberto quiere comprar una bicicleta para que **ahorre** gasolina. — *Roberto wants to buy a bicycle to save gasoline.*

Roberto quiere comprar una bicicleta para **ahorrar** gasolina. — *Roberto wants to buy a bicycle to save gasoline.*

Actividad A ✦ Para que...

Tarea   Completa las siguientes oraciones.

Modelo   Para que **haya** igualdad entre los sexos, es necesario cambiar la mentalidad de algunos fundamentalistas.

1. Para que los soldados **arriesguen** la vida en el extranjero...
2. Para que el gobierno **proteja** la libertad de prensa...
3. Para que los ciudadanos **apoyen** al presidente...
4. Para que no se **censure** la desnudez en el arte...
5. Para que los ciudadanos no **critiquen** al presidente...
6. Para que **haya** diversidad de razas y etnicidades en los programas de televisión...

Procedimiento   Se puede trabajar en grupos y luego compartir las oraciones con el resto de la clase.

Paso optativo   Da el infinitivo de los verbos indicados.

Actividad B ✦ Con tiempo

Tarea   Completa las oraciones usando el subjuntivo y las conjunciones adverbiales de la siguiente lista.

cuando   después de que   hasta que   tan pronto (como)

Modelo   Terminará la guerra… → Tan pronto como termine la guerra, los grupos militares volverán a sus países.

1. Se realizará la igualdad entre las razas…
2. No se criticará al presidente del país…
3. Las manifestaciones políticas serán innecesarias…
4. Se acabará con la tiranía…
5. Todos rechazarán la violencia y el terrorismo…
6. No se censurará jamás la libertad de expresión artística…

Procedimiento   Se puede trabajar en grupos para reescribir las oraciones y luego comparar y contrastar los resultados con el resto de la clase. En general, ¿es la clase optimista, pesimista o realista?

Actividad C ✜ ¿Optimista, pesimista o realista?

Tarea   Completa las oraciones usando el subjuntivo y las conjunciones adverbiales de la siguiente lista.

a condición de que	con tal que	siempre que
a menos que	salvo que	sin que

Modelo   Pronto habrá una cura para el cáncer. → Habrá una cura para el cáncer a condición de que haya suficiente dinero para la investigación.

1. No habrá más crímenes por causa del odio.
2. Toda la gente del mundo tendrá la libertad de palabra.
3. No habrá más guerras religiosas.
4. Habrá igualdad de oportunidades para todos.
5. Los/Las homosexuales se casarán legalmente.
6. Todas las figuras políticas serán honestas.
7. Todos los ciudadanos estadounidenses votarán en la próxima elección presidencial.

Procedimiento   Se puede trabajar en grupos y luego comparar y contrastar las oraciones con el resto de la clase. En general, ¿es la clase optimista, pesimista o realista?

Así se dice

You may have noticed that **crímenes** has a written accent mark over the **i** but **crimen** does not. The same is true of **imágenes** and **imagen**, **márgenes** and **margen**, **exámenes** and **examen**. In each case, both singular and plural forms are stressed on the same syllable. It is necessary to include the written accent mark in the plural forms of these words to indicate that the same stress pattern remains. Without the accent mark, the plurals would be stressed on the second to the last syllable, because words that end in **-n** or **-s** are typically stressed on this syllable. A notable exception to this rule are **régimen** and **regímenes**.

10

Las libertades personales y las responsabilidades sociales

¿Es el derecho de votar también una responsabilidad social o una libertad personal?

Ideas para explorar *¿Qué es el sexismo?*

Vocabulario

Vocabulario del tema	Definición	Contexto	Otras formas de la palabra
VERBOS			
acusar	denunciar; atribuir a alguien un delito o falta	A O. J. Simpson lo acusaron de matar a su esposa, pero no pudieron condenarlo.	acusación (*f.*) acusado/a acusador(a) (*adj.*) acusatorio/a
despreciar	tener en poca estima a una persona	El desprecio de la gente pobre es una conducta aprendida y reprobable.	desprecio despreciado/a
desprestigiar	quitar la buena reputación; desacreditar	El arresto del diputado ha desprestigiado su carrera política.	desprestigio desprestigiado/a
discriminar	dar trato de inferioridad a una persona o colectividad por motivos raciales, sexuales, políticos, religiosos, etcétera	Hay personas que discriminan a la gente gorda.	discriminación (*f.*) discriminado/a discriminadamente (*adv.*)
ofender	dañar; herir los sentimientos de una persona	El estudiante ofendió al profesor al usar la forma personal «tú» en vez de «usted».	ofensor(a) (*m., f.*) ofensa ofendido/a (*adj.*) ofensivo/a (*adj.*) ofensivamente (*adv.*)
suprimir	hacer cesar; hacer desaparecer	Las dictaduras suprimen los derechos humanos de los individuos.	supresión (*f.*) suprimible (*adj.*) suprimido/a (*adj.*)
SUSTANTIVOS			
la actitud discriminatoria	disposición mental que separa a las personas por varios motivos; por ejemplo: raza, religión, sexo, etcétera	Todavía en el siglo XXI existen actitudes discriminatorias por parte de grupos como el KKK.	actuar discriminar discriminación (*f.*)

Vocabulario del tema	Definición	Contexto	Otras formas de la palabra
los crímenes por odio	actos ilegales motivados por el odio	El asesinato del joven por causa de su orientación sexual fue uno de los crímenes por odio más comentados en los periódicos.	odiar criminal (*m., f.*)
los delitos	crímenes; acciones contrarias a la ley	Algunos adolescentes cometen delitos para llamar la atención.	delincuencia
la desigualdad	relación que se basa en la superioridad de una cosa y la inferioridad de otra; falta de igualdad	La desigualdad entre las clases sociales está todavía muy marcada en algunos países del mundo.	desigualar desigual (*adj.*)
el fanatismo	apasionamiento excesivo e intolerante con que una persona defiende creencias u opiniones, sobre todo religiosas o políticas	Se dice que el fanatismo suele conducir a actitudes discriminatorias.	fanatizar fanático/a
la injusticia	acción que ignora la justicia y equidad de los seres humanos	Es importante luchar contra la injusticia en todas las sociedades del mundo.	injustificable (*adj.*) injusto/a injustamente (*adv.*)
la intolerancia	falta de respeto o consideración hacia las opiniones o prácticas de otros por ser diferentes de los demás	La lucha en favor de la libertad debe incluir la lucha contra la intolerancia sexual, étnica, política o religiosa.	intolerable (*adj.*) intolerante (*adj.*)
el sexismo	discriminación de una persona por causa de su sexo	El sexismo es una de las formas de discriminación más comunes en todas las sociedades.	sexo sexista (*adj.*) sexual (*adj.*)

Actividad A ✤ ¡A emparejar!

Tarea Empareja la palabra o frase de la columna A con su definición en la columna B.

A	B
1. ____ discriminar	**a.** discriminar a una persona de un sexo por considerarlo inferior al otro
2. ____ ofender	**b.** actitud extremista por causa de las creencias personales
3. ____ la actitud discriminatoria	**c.** disposición que separa a las personas por razones de origen, raza, religión, etcétera
4. ____ la desigualdad	**d.** dar trato de inferioridad a una persona
5. ____ el fanatismo	**e.** tratar de disminuir o eliminar algo
6. ____ suprimir	**f.** la falta de igualdad; relaciones de superioridad e inferioridad
7. ____ el sexismo	**g.** herir los sentimientos
8. ____ los delitos	**h.** comportamientos que violan las leyes

Procedimiento Se puede trabajar individualmente o en grupos de dos y luego verificar que las respuestas estén correctas con el resto de la clase. Durante la revisión se puede enfatizar la pronunciación correcta de las palabras del vocabulario.

Actividad B ✤ Acontecimientos históricos

Tarea Da un ejemplo de un acontecimiento real para cada uno de los siguientes conceptos.

Modelo los crímenes por odio → En 1998, tres hombres mataron a Matthew Shepard, un estudiante universitario, sólo por ser homosexual. Éste es un ejemplo de un crimen por odio.

1. la actitud discriminatoria
2. la desigualdad
3. la injusticia
4. el fanatismo
5. los delitos
6. los crímenes por odio
7. la intolerancia
8. el sexismo

Procedimiento Se puede trabajar en grupos. Luego, los grupos pueden compartir sus ejemplos con el resto de la clase. En general, ¿son los ejemplos del pasado reciente o del pasado más remoto?

Actividad C ✢ Ejemplos personales del sexismo

Tarea Escribe uno o dos párrafos para expresar tus opiniones acerca del sexismo. Usa las siguientes palabras del vocabulario.

acusar	desprestigiar	ofender
despreciar	discriminar	suprimir

Procedimiento Después de escribir sus párrafos, los/las estudiantes pueden compartir sus opiniones con el resto de la clase para comentar en grupo las opiniones de cada estudiante.

Paso optativo Repite esta actividad sustituyendo el sexismo por otros ejemplos, como los crímenes por odio, la intolerancia, el fanatismo y/o el terrorismo.

Gramática

*«Que en paz descanse.»**

Review of the Subjunctive in Noun Clauses

A. Forms

Review the forms of the present subjunctive in **Lección 4** (page 89).

B. Functions

Remember that just as a noun can be the object of a verb, an entire clause can also function as a noun in English. Compare the following examples:

I recommend **that book.**

That book is a noun phrase and is the object of *recommend*. It answers the question, "What do you recommend?"

I recommend **that you study more.**

That you study more is an entire clause that functions as a noun and is the object of *recommend*. It also answers the question, "What do you recommend?"

In Spanish, nouns and noun clauses can also be objects of verbs. Noun clauses are introduced by **que.** The following three sentences contain examples of noun clauses, but because they are simple statements of fact, they do not trigger the subjunctive in the noun clause. Rather, the indicative is used in these cases.

*"May he/she rest in peace."

Las empresas declaran **que no saben de ningún caso de discriminación sexual entre sus empleados.**	*The companies declare that they don't know of any cases of sexual discrimination among their employees.*
El periódico dice **que todavía hay muchos crímenes motivados por actitudes discriminatorias.**	*The newspaper says that there are still many crimes motivated by discriminatory attitudes.*
La víctima afirmó **que el grupo de neonazis lo atacó.**	*The victim affirmed that the group of neo-Nazis attacked him.*

You have already studied the subjunctive in noun clauses in evaluative statements in **Lección 6** (page 125). In this lesson, you will learn to use the subjunctive in statements of volition. Volition refers to the act of imposing one's will on someone else. When the main verb expresses volition (for example, **recomendar, pedir, sugerir, prohibir, insistir**), the verb in the following noun clause is in the subjunctive. Notice how the following examples differ from those given above in that these are not statements of fact, but rather that each one involves someone or something attempting to impose his or her will upon someone else. For that reason, the subjunctive must be used in the noun clause.

Todos esperamos **que *haya* menos violencia motivada por el odio.**	*We all hope that there will be less violence motivated by hate.*
El tratado de Ginebra prohíbe **que los soldados *torturen* a los prisioneros de guerra.**	*The Geneva Convention prohibits soldiers from torturing prisoners of war.*
El presidente va a pedir **que el congreso *escriba* una ley para proteger los derechos de los homosexuales.**	*The president is going to ask that Congress write a law to protect the rights of homosexuals.*

Actividad A ✤ ¿Comportamientos sexistas?

Tarea Conjuga el verbo indicado con la forma correcta del presente de subjuntivo. Luego indica si crees que el comportamiento descrito es sexista o no.

Respecto a la mujer, se debe…   ¿SEXISTA? ¿NO SEXISTA?

1. requerir que un esposo _____ (dar) su consentimiento para que su esposa tenga un aborto. ☐ ☐

2. requerir que una mujer soltera _____ (obtener) la firma del padre de su hijo para dar en adopción a su hijo. ☐ ☐

(continúa)

	¿SEXISTA?	¿NO SEXISTA?
3. prohibir que una mujer soltera _____ (adoptar) a un hijo.	☐	☐
4. permitir que los clubes masculinos _____ (prohibir) la entrada a las mujeres.	☐	☐
5. prohibir que las mujeres _____ (practicar) cualquier deporte que requiera el contacto físico directo con los hombres.	☐	☐
6. permitir que un compañero de trabajo le _____ (decir) que se ve atractiva con la ropa que lleva.	☐	☐

Procedimiento   Se puede trabajar individualmente o en grupos y luego compartir las respuestas con el resto de la clase para verificar que las respuestas estén correctas. ¿Qué opinan los miembros de la clase? ¿Prevalece el sexismo en la sociedad?

Paso optativo   Repite la actividad con respecto al trato de los hombres.

Respecto al hombre, se debe...

	¿SEXISTA?	¿NO SEXISTA?
1. esperar que le _____ (pagar) la cuenta a una mujer en un restaurante.	☐	☐
2. esperar que le _____ (abrir) la puerta a una mujer.	☐	☐
3. prohibir que, si es soltero, _____ (adoptar) a un hijo.	☐	☐
4. esperar que le _____ (otorgar) la custodia de los niños a la madre en casos de divorcio.	☐	☐
5. permitir que una compañera de trabajo _____ (admirar) su aspecto físico.	☐	☐
6. esperar que _____ (dar) su asiento a una mujer.	☐	☐

Actividad B ✤ Prohibiciones

Estrategia para la comunicación

You can use the following expressions to emphasize your opinions when you are speaking or writing. Be sure you know what the phrases mean.

claro que
especialmente
sin duda
sí que
sobre todo

Tarea   Conjuga el verbo indicado en la forma correcta del presente de subjuntivo. Luego opina si las ideas expresadas son discriminatorias o no.

	SÍ	NO
1. Se debe prohibir que una pareja homosexual o lesbiana _____ (obtener) un préstamo para comprar una casa.	☐	☐
2. Se debe prohibir que una pareja homosexual o lesbiana _____ (adoptar) un hijo.	☐	☐
3. Se debe prohibir que un homosexual soltero o una lesbiana soltera _____ (adoptar) un hijo.	☐	☐
4. Se debe prohibir que los homosexuales o las lesbianas _____ (hacer) servicio militar.	☐	☐
5. Se debe prohibir que los homosexuales o las lesbianas _____ (casarse).	☐	☐

6. Se debe prohibir que los homosexuales o las lesbianas
_____ (enseñar) en las escuelas primarias.   ☐   ☐

7. Se debe prohibir que los homosexuales o las lesbianas
_____ (enseñar) en las escuelas secundarias.   ☐   ☐

Procedimiento Se puede trabajar en grupos y luego, con el resto de la clase, verificar que las formas verbales sean las correctas. Con base en los comentarios de los/las estudiantes, ¿es la opinión general de la clase conservadora o liberal?

Actividad C ✣ En las noticias

Tarea Conjuga los verbos indicados en el presente de indicativo o en el presente de subjuntivo, según el contexto. **Nota:** Todas las oraciones fueron publicadas en un periódico de lengua española.

1. Chicago. Manifestación contra el Servicio de Inmigración y Naturalización. «Los manifestantes piden que el INS no (seguir) _____ realizando redadas ni deportaciones.»

2. La Argentina. Hijo del presidente muere en 'accidente' de helicóptero. «El presidente dijo por su lado, en declaraciones a una radioemisora, que no (tener) _____ sospechas de un atentado criminal,... »

3. Bolivia. Gobierno boliviano reacciona ante el asesinato de ciudadano boliviano en Nueva Jersey. «La cancillería boliviana tomó cartas en el asunto y pidió a la embajada de los Estados Unidos que (intervenir) _____ a fin de que no solamente se castigue al presunto criminal, sino que también se pague a la familia de la víctima una justa indemnización.»

4. Honduras. Jefe militar recibe sentencia por violación y homicidio de joven estudiante. «El tribunal declaró que (hay) _____ bases suficientes para ratificar la sentencia contra el coronel Ángel Castillo, condenado a seis años y medio por violación y diez años por el homicidio de una estudiante de 19 años.»

5. Panamá. Violación del tratado entre Panamá y los Estados Unidos. «El legislador expresó que los Estados Unidos (haber) _____ comenzado a descuidar los bienes, antes de su devolución al gobierno panameño.»

6. Lima, Perú. Ejecutivos acusados de robo capturados en el Brasil. «América Televisión, en un informe desde Curitiba, informó que Figueroa y Neyra (ser) _____ detenidos por la policía brasileña por portar documentos de identificación falsos.»

Procedimiento Se puede trabajar en grupos y luego verificar que las respuestas estén correctas con el resto de la clase.

Ideas para explorar *El racismo*

Vocabulario

Vocabulario del tema	Definición	Contexto	Otras formas de la palabra
VERBOS			
cesar	dejar de hacer algo	Para que haya paz, es necesario que cesen los actos terroristas.	cese (*m.*) cesación (*f.*) cesado/a
condenar	desaprobar o reprobar una doctrina u opinión	Tanto César Chávez como Martin Luther King, Jr. condenaban las manifestaciones violentas.	condena condenación (*f.*) condenable condenado/a
consentir	permitir algo	¡No puedo consentir que hables de esa forma!	consentimiento consentido/a
controlar	ejercer control o dominio	Las leyes se establecen para controlar la conducta de los pueblos.	control (*m.*) controlable (*adj.*) controlado/a
dominar	sujetar, reprimir; tener una persona sujeta a la voluntad de otra	Los países poderosos intentan con frecuencia dominar a los países más pobres.	dominio dominado/a dominante (*adj.*)
oponerse	ponerse en contra de una persona, idea o cosa	Es importante oponerse a la violación de los derechos humanos.	oposición (*f.*) opuesto opuesto/a (*adj.*)
segregar	separar o apartar una cosa de otra; dar trato de inferioridad a una parte de la población	Es increíble que en este siglo sigan los ricos segregando a los pobres.	segregación (*f.*) segregacionista (*m., f.; adj.*) segregado/a
subyugar	someter a alguien violentamente	El racismo pretende subyugar a las minorías raciales.	subyugación (*f.*) subyugado/a
SUSTANTIVOS			
el linaje	ascendencia de cualquier familia	El linaje social de una persona no debe intervenir con la aplicación de las leyes.	línea

Vocabulario del tema	Definición	Contexto	Otras formas de la palabra
la marginación	acción y efecto de aislar o apartar de la sociedad a una persona o grupo	La marginación provoca que los pobres vivan al margen de la sociedad.	margen (*m.*) marginar marginado/a
el racismo	teoría que sostiene la superioridad de ciertas razas y la inferioridad de otras	El racismo es el cáncer de las sociedades.	raza racial (*adj.*) racista (*adj.*)
la raza	en la especie humana, cada uno de los grandes grupos caracterizados principalmente por el color de la piel (negra, blanca, amarilla, cobriza, etcétera)	La mezcla de razas es ahora más común que hace apenas un siglo.	racial (*adj.*) racista (*adj*) racismo
EXPRESIONES			
contar con	tener presente a algo o alguien; confiar en algo o alguien	Los niños deben contar con sus padres durante la infancia para todo.	cuenta contado/a
valer la pena	resultar provechoso el esfuerzo o trabajo empleado en alguien	Aunque mucha gente no esté de acuerdo, vale la pena votar en todas las elecciones.	valorar valor valorado/a

Actividad A ✤ Antónimos y sinónimos

Tarea   Indica si cada uno de los siguientes pares de palabras es de términos sinónimos o antónimos.

1. cesar/empezar
2. dominar/subyugar
3. controlar/liberar
4. oponerse/resistir
5. despreciar/maltratar
6. segregar/incluir
7. contar con / depender de
8. valer la pena / ser inútil
9. condenar/juzgar
10. consentir/participar

11. cesar/acabar
12. dominar/liberar
13. controlar/dominar
14. oponerse/consentir
15. despreciar/valorar
16. segregar/excluir
17. contar con / ser irresponsable
18. valer la pena / ser beneficioso
19. condenar / ser culpable

Procedimiento   Se puede hacer la actividad con la clase entera.

(continúa)

Paso optativo   Al verificar que las respuestas estén correctas, los/las estudiantes pueden dar otro sinónimo o antónimo (según el caso) del primer término de cada par de palabras.

Actividad B ✤ ¿Estás de acuerdo?

Tarea   Indica si estás de acuerdo o no con las ideas expresadas en cada una de las siguientes oraciones.

1. El racismo prevalece en esta sociedad aunque ahora es menos obvio de lo que era en los años cincuenta.
2. Toda persona tiene prejuicios y no es posible eliminarlos por completo.
3. Para solucionar los prejuicios que motivan el racismo, hay que conocer personalmente a gente de diferentes razas.
4. Muchos grupos deciden segregarse voluntariamente de los demás grupos.
5. La historia del mundo es la de una raza intentando dominar a otra.

Procedimiento   Se puede hacer la actividad en grupos. Al presentar las opiniones ante el resto de la clase, los/las estudiantes pueden explicar las razones que apoyan sus puntos de vista respectivos.

Actividad C ✤ Tus experiencias

Tarea   Cuenta tus propias experiencias (o las experiencias de otros) usando cada una de las siguientes palabras del vocabulario.

1. la marginación
2. la raza / el racismo
3. el linaje
4. dominar
5. subyugar
6. segregar

Procedimiento   Se puede hacer la actividad en parejas o en grupos. ¿Ha tenido la mayoría de los/las estudiantes experiencias personales relacionadas con el racismo?

Gramática

«Amor con amor se paga.»*

Review of the Impersonal and Passive se

I. The Impersonal se

A. Form

The impersonal **se** is used with a third-person singular verb.

---

*"You pay for love with more love."

B. Functions

The impersonal **se** expresses subjects that English would express with *one, you, people* (in general), or *they*. It indicates that people are involved in the action of the verb, but no specific individual is identified as performing the action. It is commonly used to make general statements or to ask questions about how something is done in general, rather than by a specific person.

¿Cómo **se sabe** que no hay abusos de los derechos humanos en lugares donde no hay observadores neutros?	*How do you know that there are no abuses of human rights in places where there are no neutral observers?*
¿Cómo **se permite** que los criminales escapen de la justicia?	*How does one allow criminals to escape justice?*
Se ve que todavía hay muchos casos de homofobia por todo el mundo.	*One sees that there are still many cases of homophobia around the world.*

II. The Passive **se**

A. Forms

The passive **se** is used with a third-person singular or plural verb, depending on whether the object being acted upon is singular or plural.

$$\textbf{se} + \text{third-person} \begin{Bmatrix} \text{singular} \\ \text{plural} \end{Bmatrix} \text{verb} + \text{noun}$$

$$\text{noun} + \textbf{se} + \text{third-person} \begin{Bmatrix} \text{singular} \\ \text{plural} \end{Bmatrix} \text{verb}$$

B. Functions

As with the impersonal **se,** the passive **se** indicates that no specific individual is being referred to. The action is being done to something but the agent (the "doer") is either unknown or unimportant. Take note that the grammatical subject normally follows the verb in this construction.

Aquí no **se soporta** ninguna forma de discriminación.	*No form of discrimination is tolerated here.*
Se venden las armas en el mercado negro.	*Weapons are sold through the black market.*
En Europa, **se enseñan** ahora muchas lenguas y dialectos nativos que no **se enseñaban** hace pocos años.	*In Europe, many native languages and dialects are now (being) taught that were not (being) taught a few years ago.*

If a person or persons are acted upon and preceded by **a,** the verb remains in the singular.

Se denunció a los maestros
cuando hicieron huelga.

*The teachers were blamed when
they went on strike.*

¿**Se respeta** a las mujeres
donde trabajan Uds.?

*Are women respected where you
work?*

Actividad A ✦ ¿Quiénes lo hacen?

Tarea   Selecciona la mejor interpretación de **se** en cada una de las siguientes oraciones.

1. No se controla bien Joaquín.

   a. reflexiva: Joaquín no controla a Joaquín.
   b. impersonal: Otras personas no controlan a Joaquín.
   c. pasiva: Joaquín no es controlado por otros.

2. Se desprecia a la presidencia cuando el presidente falla.

   a. reflexiva: El presidente se desprecia a sí mismo cuando falla.
   b. impersonal/pasiva: Muchas personas desprecian a la presidencia cuando el presidente falla.

3. Se segregaron a los negros en los Estados Unidos y en Sudáfrica por muchos años.

   a. reflexiva: Los negros se segregaron a sí mismos.
   b. impersonal/pasiva: Otras personas segregaron a los negros.

4. En Irak, se rechazó la oferta de las Naciones Unidas de inspeccionar las fábricas.

   a. reflexiva: La gente de Irak rechazó a la gente de Irak.
   b. impersonal: Alguien, no importa quién, rechazó la oferta.
   c. pasiva: La oferta fue rechazada.

5. Se denunció al gobierno por sus abusos de los derechos humanos.

   a. reflexiva: El gobierno se denunció a sí mismo por los abusos.
   b. impersonal: Varias personas, no importa quiénes, denunciaron al gobierno.
   c. pasiva: El gobierno fue denunciado.

Procedimiento   Se puede hacer la actividad con la clase entera. El profesor (la profesora) puede resolver cualquier desacuerdo que surja.

Actividad B ✦ Los derechos humanos

Tarea   Cambia las siguientes oraciones al pasivo, utilizando «se». (¡**Ojo!** Hay que eliminar el agente y sustituir el verbo apropiado utilizando el «se» pasivo.) Luego, indica si estás de acuerdo o no con las ideas expresadas en las oraciones.

Modelo   Un congreso internacional estableció los códigos de derechos humanos en 1975. → Se establecieron los códigos de derechos humanos en 1975.

	DE ACUERDO	EN DESACUERDO
1. En los Estados Unidos, la prensa no respeta el derecho a la vida privada.	☐	☐
2. Los ciudadanos de los Estados Unidos suelen dar por sentado (*take for granted*) el derecho de votar.	☐	☐
3. Varios individuos crearon Amnistía Internacional para proteger los derechos de todas las personas.	☐	☐
4. Hoy, grupos como la S.P.C.A. protegen los derechos de los animales.	☐	☐
5. Rigoberta Menchú denunció el caso de la marginación y el asesinato de los indios guatemaltecos.	☐	☐
6. Hitler perpetuó el genocidio contra los judíos de Europa durante la Segunda Guerra Mundial.	☐	☐
7. Mucha gente no sabe que los colonistas europeos asesinaron millones de indios en la Argentina.	☐	☐

Procedimiento   Se puede trabajar en parejas y luego verificar con toda la clase que las respuestas estén correctas. En general, ¿comparte la clase las mismas opiniones?

Actividad C ✣ De aquí y allá

Tarea   Contesta las siguientes preguntas utilizando el «se» pasivo o el «se» impersonal. Sigue el modelo.

Modelo   ¿Dónde se comen los tamales? → Los tamales se comen en México. (*o* No sé dónde se comen los tamales.)

1. ¿Con qué frecuencia votan los ciudadanos de los Estados Unidos?
2. ¿En dónde se habla náhuatl?
3. ¿En qué fecha se conmemora la Independencia de México?
4. ¿En qué países se practican las corridas de toros?
5. ¿En qué año ganaron las mujeres estadounidenses el derecho de votar?
6. ¿En qué países no pueden votar las mujeres?

7. ¿Dónde se baila el tango?

8. ¿Dónde se toma mate?

9. ¿Dónde se habla gallego?

10. ¿En qué país se comen las arepas?

11. ¿En qué país no pueden los ciudadanos comprar puros cubanos?

12. ¿En qué países se come plátano frito?

Procedimiento Se puede contestar en grupos de dos o tres. Luego, se puede verificar que el uso de **se** y la forma verbal estén correctos. ¿Cuántos/as estudiantes pudieron contestar las preguntas con información correcta?

 Así se dice

When forming questions in Spanish with verbs that take specific prepositions, the preposition usually comes before the question word. In contrast, spoken English tends to "strand" the preposition at the end of the question. Note this contrast in the following examples.

¿Con qué sueñas?	*What do you dream **about**?*
¿Con quién cuentas?	*Whom do you count **on**?*
¿A qué se opuso el tío de Bolívar?	*What was Bolívar's uncle opposed **to**?*
¿De qué se aprovechó Bejarano?	*What did Bejarano take advantage **of**?*

Actividad A ✤ *La república de Débora Arango*

Tarea Explica en un ensayo lo que simbolizan las siguientes imágenes del cuadro *La república* de Débora Arango (página 191), que es una crítica de la situación política de Colombia, su país natal. Antes de escribir, busca información sobre la artista y el cuadro en la biblioteca, en libros, en la enciclopedia o en la red.

✤ el murciélago y la paloma con cabeza de hombre
✤ las dos filas de hombres con los brazos levantados
✤ la mujer desnuda y los dos buitres que la pican
✤ el cono de donde salen varios animales

Actividad B ✤ *La familia del presidente de Fernando Botero*

Tarea Explica la crítica que Fernando Botero hace de su país, Colombia, en el cuadro *La familia del presidente* (página 190). Busca información sobre el artista y el cuadro en la biblioteca, en libros, en la enciclopedia o en la red.

Actividad C ✤ Gente y derechos humanos

Tarea Busca información acerca de las siguientes personas y su relación con el tema de los derechos humanos. Prepara un párrafo sobre cada persona.

✤ Bartolomé de las Casas, defensor de los indios
✤ César Chávez, defensor de los obreros
✤ Los Reyes Católicos, Isabel y Fernando, defensores de la fe católica
✤ Rigoberta Menchú, defensora de los derechos de los indios
✤ Sor Juana Inés de la Cruz (Juana de Asbaje), primera feminista de Latinoamérica

Rigoberta Menchú, indígena guatemalteca, recibió el Premio Nobel de la Paz en 1992.

Sor Juana Inés de la Cruz, nacida en 1651, es una de los grandes escritores e intelectuales de Latinoamérica. Se hizo monja porque, en su época, era la única manera que le permitía dedicarse a escribir.

Actividad D ✦ El mestizaje

Tarea Explica el linaje que se ve en los tres primeros cuadros del *Lienzo de castas*. ¿Cuánta sangre española era necesaria en el linaje para que al hijo de un castizo con una española se le llamara «español»? Luego, escribe un ensayo sobre el mestizaje en Latinoamérica.

Actividad E ❖ En la pantalla

Tarea Mira dos de las siguientes películas que tratan el tema de la homosexualidad: una película hispana y otra estadounidense. Luego, compara y contrasta las sociedades de ambos países.

PELÍCULAS HISPANAS	PELÍCULAS ESTADOUNIDENSES
❖ *Doña Herlinda y su hijo* (México, 1986) ❖ *Fresa y chocolate* (Cuba, 1994) ❖ *La ley del deseo* (España, 1987) ❖ *Los placeres ocultos* (España, 1977)	❖ *In and Out* (1997) ❖ *The Incredibly True Adventure of Two Girls in Love* (1995)

Tarea Escribe una composición de 300 palabras sobre el siguiente tema.

Tema La violación de los derechos humanos y cómo garantizarlos

IDEAS PARA CONSIDERAR

❖ ¿Qué papel desempeñan el individuo, el gobierno y la comunidad internacional respecto a la protección de los derechos humanos?
❖ ¿En qué consiste la violación de los derechos humanos? Da ejemplos.
❖ ¿Se puede considerar libre una sociedad en la que se permite la violación de los derechos humanos?
❖ ¿En qué se basa el juicio de que hay personas superiores o inferiores a otras?

Procedimiento

1. Repasa el contenido de la Unidad 5.
2. Haz una lista de ideas potenciales para tu composición.
3. Organiza las ideas utilizando un bosquejo.
4. Escribe un borrador y, dos días después, repásalo.
5. Verifica en tu borrador que el uso de la gramática presentada en la Unidad 5 sea el correcto.
   ❖ el condicional
   ❖ el subjuntivo en clausulas adverbiales
   ❖ el subjuntivo en clausulas nominales
   ❖ el «se» impersonal y el «se» pasivo

César Chávez (1927–1993) fue uno de los activistas más importantes del siglo pasado. Sus protestas no violentas contribuyeron sobre todo al establecimiento de los derechos humanos en las comunidades de los campesinos migrantes.

Proyecto cultural

Tarea   Prepara una presentación sobre las arpilleras, tapices (*tapestries*) de temas políticos originalmente producidos en Chile. El informe debe incluir información sobre el origen de las arpilleras y, de ser posible, fotos de algunos ejemplos.

Procedimiento   Busca en libros, enciclopedias y en Internet información sobre estas manifestaciones artísticas y políticas.

Las arpilleras suelen contener temas políticos controvertidos.

In the companion book *¿Qué te parece esta lectura?* and on the CD-ROM you will find a thematically–related reading.

Perspectivas e imágenes culturales

GALERÍA DE ARTE

The *¿Qué te parece?* CD-ROM offers additional activities related to the **Galería de arte** in this unit.

Dimensión simbólica

¿Qué representan las imágenes que se ven en una obra de arte? ¿Qué simbolizan? Estas preguntas tienen que ver con la dimensión simbólica que se les aplica a algunas, no a todas, de las obras de arte. El impacto de una obra de arte en el observador depende a veces de que éste entienda el simbolismo. ¿Qué representa la estatua de la libertad en la sociedad estadounidense? ¿Qué simboliza el corazón sangriento de Jesucristo entre los católicos? ¿Qué representa la bandera de un país, estado o territorio?

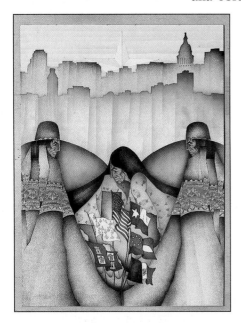

1 Amado M. Peña, Jr. (estadounidense, 1943–   )
Austin Celebrates the Sesquicentennial

2 Juan Sánchez (puertorriqueño, 1954–   )
Bleeding Reality: Así estamos

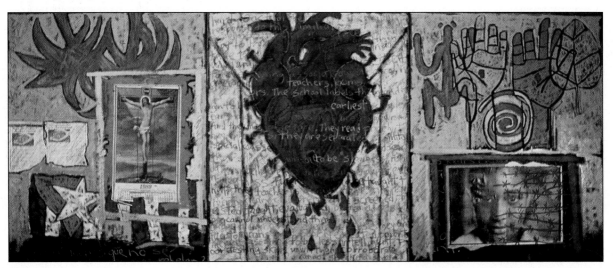

3 Éster Hernández
(estadounidense, 1941–   )
Libertad

4 Santa Contreras Barraza
(estadounidense, 1951–   )
Códice III

Imágenes culturales

¿Cómo celebra la comunidad en la que vives su historia y tradiciones?

Ideas para explorar *Ascendencia e identidad*

Vocabulario

Vocabulario del tema	Definición	Contexto	Otras formas de la palabra
el antagonismo	contrariedad, oposición; rivalidad	El antagonismo es una característica común de todo pueblo politizado.	antagonizar antagónico/a
la ascendencia	conjunto de antepasados (padres y abuelos) de quienes desciende una persona	Es común que la ascendencia de las personas en este país sea representativa de varias culturas.	ascender ascendiente (*m., f.*) ascendido/a
los ascendientes	antepasados; padre o cualquiera de los abuelos de una persona; las personas de una familia que preceden a una persona	Muchas personas jóvenes guardan fotos de cuando sus ascendientes emigraron a este país.	ascender ascendencia ascendido/a
las barreras	obstáculos que separan una cosa o persona de otra	La comunicación se complica cuando existen barreras culturales.	
la comunidad	congregación de personas que viven unidas y bajo ciertas reglas; conjunto de vecinos	En las ciudades grandes de este país es común encontrar comunidades hispanas.	comunitario/a
la etnicidad	la raza, pueblo o nación a la que pertenece una persona	Las universidades intentan tener miembros de todas las etnicidades.	étnico/a
la identidad	conjunto de características que diferencian a las personas y naciones entre sí	La educación, la formación y la cultura de una persona constituyen gran parte de su identidad.	identificar identificación (*f.*) identificado/a

Vocabulario del tema	Definición	Contexto	Otras formas de la palabra
el liderazgo	encontrarse un partido político, nación o comunidad en posición de dirigir; la situación de las personas que influyen en las acciones y decisiones de una comunidad	En toda democracia, el liderazgo de un pueblo depende de la suma equitativa de los votos de todos los ciudadanos.	liderar líder (*m., f.*)
las rencillas	disputas; desacuerdos	Es una lástima que las rencillas entre los liberales y los conservadores causen tantos problemas políticos.	
la solidaridad	adhesión a la causa de otros; adhesión a las obligaciones en común	Durante las catástrofes naturales, es común que los ciudadanos muestren solidaridad colectiva.	solidarizar solidario/a

Actividad A ✤ La palabra apropiada

Tarea   Contesta las siguientes preguntas con la palabra del vocabulario apropiada y luego verifica con el resto de la clase que tus respuestas estén correctas.

1. ¿Cuáles son las dos palabras sinónimas de «desacuerdo»?
2. ¿Cuál es la palabra que se asocia con la raza y la nacionalidad de una persona?
3. ¿Cuál es la palabra que se refiere a quién eres, tu personalidad y las cualidades que te distinguen de los demás?
4. ¿Cuáles son las dos palabras que se refieren al parentesco y que tienen que ver con la historia de la familia de una persona?
5. ¿Cuál es la palabra que es sinónimo de «impedimentos»?
6. ¿Cuál es la palabra que se refiere a los dirigentes políticos?
7. ¿Cuál es la palabra que se refiere a la congregación de personas que viven unidas?
8. ¿Cuál es la palabra que se refiere al hecho de adherirse a la causa de otros?

Procedimiento   Se puede hacer la actividad individualmente, en grupos o con toda la clase. Al verificar que las respuestas estén correctas se puede practicar la pronunciación correcta de las palabras del vocabulario.

Actividad B ✤ Por ejemplo

Tarea   Da dos ejemplos relacionados con cada uno de los siguientes conceptos. Un ejemplo debe ser de tu experiencia personal; el otro se debe referir a la sociedad o al país en general.

1. la comunidad
2. la identidad
3. la solidaridad
4. la ascendencia
5. la etnicidad
6. el antagonismo

Procedimiento   Diferentes grupos pueden trabajar con diferentes conceptos. Luego, se pueden escribir los ejemplos en la pizarra para que toda la clase los comente.

Actividad C ✤ Correspondencias

Tarea   Explica las posibles correspondencias entre cada par de ideas con respecto a zonas que reflejen una gran herencia (*heritage*) cultural, como la Calle Olivera en Los Ángeles.

1. la comunidad y la solidaridad
2. la comunidad y la etnicidad
3. la comunidad y la identidad
4. los ascendientes y el antagonismo
5. la ascendencia y la identidad

Procedimiento   Se puede hacer la actividad en forma oral o escrita. En parejas, los/las estudiantes pueden escribir uno o dos párrafos breves sobre algunas correspondencias (no todas), para luego compartirlos con el resto de la clase.

Paso optativo   Comenta con el resto de la clase qué cursos sobre la ascendencia y la identidad has tomado o quieres tomar.

Esta joven mexicoamericana celebra su cumpleaños en San Antonio, Texas. ¿Crees que la piñata es una imagen cultural?

Así se dice

Pronominalized definite articles are used to refer to a noun already established in the context.

En el Caribe hay una mezcla de culturas: **la de** los indígenas, **la de** los colonizadores, **la de** los esclavos y, ahora, **la de** los turistas.
Los que terminan primero, ganan el premio.
¿Puedes dar las razones **por las cuales** Hernán Cortés pudo conquistar a los aztecas?

Notice how they occur in three sentence patterns:

❖ article + **de**
❖ article + relative pronoun **que, quien(es),** or **cual(es)**
❖ preposition + article + relative pronoun

Gramática
«*Quien bien te quiere, te hará llorar.*»*

Review of Object Pronouns

A. Forms

1. Direct Object Pronouns

me	*me*	nos	*us*
te	*you (s. fam.)*	os	*you (pl. fam.)*
lo	*him/it/you (s. pol. m.)*	los	*them (m. or m. and f.) / you (pl. pol. m. or m. and f.)*
la	*her/it/you (s. pol. f.)*	las	*them (f.) / you (pl. pol. f.)*

Direct object pronouns agree in gender, number, and person with the direct object nouns they replace. They are placed before a conjugated verb and may be attached to the end of an infinitive or present

---
*"Whoever loves you well will make you cry."

participle. They always come before a negative command, and they must be attached to the end of an affirmative command.

¿Escribió Elena **el trabajo** para la clase de español?	*Did Elena write the paper for Spanish class?*
Lo escribió ayer.	*She wrote it yesterday.*
Lo va a escribir mañana. (Va a escribir**lo** mañana.)	*She is going to write it tomorrow.*
Lo está escribiendo ahora. (Está escribiéndo**lo** ahora.)	*She is writing it now.*
No **lo** escribas.	*Don't write it.*
Escríbe**lo**.	*Write it.*

2. Indirect Object Pronouns

me	*to/for me*	nos	*to/for us*
te	*to/for you (s. fam.)*	os	*to/for you (pl. fam. Sp.)*
le	*to/for him/her/it/you (s. pol.)*	les	*to/for them/you (pl. pol.)*

Indirect object pronouns agree in number and person with the indirect object noun they replace. They are placed before a conjugated verb and may be attached to the end of an infinitive or present participle. They always come before a negative command, and they must be attached to the end of an affirmative command.

¿Ya le contaste la historia **a Pablo**?	*Did you tell the story to Pablo yet?*
Le conté la historia ayer.	*I told him the story yesterday.*
Le voy a contar la historia mañana. (Voy a contar**le** la historia mañana.)	*I'm going to tell him the story tomorrow.*
Le estoy contando la historia ahora. (Estoy contándo**le** la historia ahora.)	*I'm telling him the story now.*
No **le** cuentes la historia.	*Don't tell him the story.*
Cuénta**le** la historia.	*Tell him the story.*

3. Using direct and indirect object pronouns together

Indirect object pronouns always precede direct object pronouns when they are used together. The indirect object pronouns **le** and **les** become **se** when used in combination with a direct object pronoun that begins with the letter **l (lo, la, los, las).**

—¿Dónde conseguiste ese disco compacto?	*Where did you get that CD?*
—Pilar **me lo** regaló.	*Pilar gave it to me (as a gift).*
—¿Quién les dio esa mesa a Lidia y Fernando?	*Who gave that table to Lidia and Fernando?*
—Enrique **se la** dio.	*Enrique gave it to them.*

B. Functions

1. Direct objects indicate who or what receives the action of a verb. Direct object pronouns replace a direct object noun that has already been referred to. They may also serve as the only reference to an object, especially when referring to people if the reference is clear from context (for example, with **me, te, os,** and **nos**). The direct object pronoun **lo** may be used to replace an entire phrase.

2. Indirect object pronouns indicate to whom or for whom the action of the verb takes place. Unlike direct object pronouns, the use of indirect object pronouns is obligatory even when the object is specified in the same sentence. Indirect object pronouns can also express *on* or *from* (something or someone).

Actividad A ✧ Latinas de verdad

Tarea   Lee la siguiente carta de Verónica Chambers y determina a quién se refieren los pronombres subrayados. La carta salió en la revista *Latina,* una revista bilingüe dirigida a las latinas en los Estados Unidos.

POSIBLES REFERENTES: Verónica, los participantes de las charlas, la charla, los organizadores del evento. ¡**Ojo!** Algunos referentes se usan más de una vez.

1. me _____   3. me _____   5. me _____   7. la _____
2. me _____   4. Les _____   6. nos _____   8. me _____

Latinas de verdad

Verónica Chambers
Cuando escribí mi primera novela para jóvenes, *Marisol and Magdalena: The Sound of Our Sisterhood,* una historia sobre dos adolescentes panameñas que se criaron en Brooklyn, Nueva York, <u>me</u>[1] invitaron a dar una charla en una feria del libro para familias latinas en la zona central del país. Cuando llegué, <u>me</u>[2] dio la bienvenida un tremendo cartel con la portada de mi libro anunciando mi charla, pero tan pronto como <u>me</u>[3] vieron los organizadores del evento, comenzaron a cuestionar mi derecho a participar. <u>Les</u>[4]

impresionó mi aparencia porque al ver mi piel oscura y mis trenzas, <u>me</u>[5] indicaron que ésta era una feria latina, insinuando que no era cosa para negros. Al final, la coordinadora del evento <u>nos</u>[6] dijo que no había tiempo y algunas charlas se cancelarán. La única que se canceló fue <u>la</u>[7] mía. El rechazo <u>me</u>[8] afectó muchísimo, pero mi dolor nunca dura mucho. Aunque no siempre me acepten los mexicanos, los cubanos o los dominicanos, soy panameña, soy latina. Así que díganme negrita si quieren, siempre y cuando lo hagan con cariño en el corazón.

Procedimiento   Los estudiantes pueden trabajar individualmente y luego formar grupos para verificar que las respuestas estén correctas. El profesor (la profesora) resolverá cualquier desacuerdo que surja.

Actividad B ✤ El último viaje de Colón

Tarea   Lee el siguiente fragmento de la biografía de Cristóbal Colón y subraya los pronombres de objeto directo e indirecto que se refieran al explorador. **¡Ojo!** Hay cuatro pronombres que se refieren a Colón.

Colón se trasladó a España y en 1485 se presentó en el convento franciscano de La Rábida sin una moneda en el bolsillo. A los monjes no les fue difícil ponerlo en contacto con Alonso Pinzón, persona muy apasionada por los descubrimientos de tierras nuevas. Pinzón se entusiasmó inmediatamente con las ideas de Colón y lo llevó ante el duque de Medinaceli, quien le dio dinero y una carta de presentación para los Reyes Católicos.

Reconfortado por la generosidad del duque y por la bondad y comprensión de los franciscanos y el armador, el genovés se dirigió a la corte, instalada en Córdoba.

El 20 de enero de 1486, Colón consiguió ser recibido por los monarcas. Fernando se mostró frío, pero no así Isabel. Le fue concedida al explorador una pequeña pensión y alojamiento en Salamanca.

Procedimiento   Se puede hacer la actividad individualmente, en parejas o con la clase entera.

Paso optativo   Explica cada uno de los usos de los pronombres que subrayaste.

Actividad C ✤ Ascendencia

Tarea   Comenta cómo se aplican a ti las siguientes oraciones sobre la ascendencia. Si no se aplican a ti, marca las cajas de la columna derecha.

	SÍ	NO
1. Mi ascendencia me define.	☐	☐
2. Mi ascendencia me restringe.	☐	☐
3. Mi ascendencia me abre oportunidades.	☐	☐
4. Mi ascendencia me da toda una comunidad.	☐	☐
5. Mi ascendencia me ofrece solidaridad.	☐	☐

Procedimiento   Los alumnos pueden comparar y contrastar sus respuestas en grupos. ¿Cómo se caracteriza el sentimiento de los alumnos hacia sus respectivas ascendencias?

Paso optativo   Observa el cuadro *Austin Celebrates the Sesquicentennial* (página 232). Las seis banderas representan los seis países (o gobiernos) que han gobernado el territorio de lo que ahora es el estado de Texas. Comenta cuáles crees que hayan sido los efectos en los ciudadanos de haber cambiado su ciudadanía de un día a otro (por ejemplo, un día eran mexicanos y, el próximo, residentes de los Estados Unidos).

La multiplicidad étnica, racial y cultural es evidente en las tres generaciones de esta familia. ¿Es común esta diversidad en la comunidad en la que vives?

Ideas para explorar *Símbolos e imágenes*

Vocabulario

Vocabulario del tema	Definición	Contexto	Otras formas de la palabra
VERBOS			
atribuir	aplicar, a veces por conjetura, hechos o cualidades a alguna persona o cosa	Los estereotipos se producen cuando se les atribuye características innatas a los miembros de una raza o etnicidad.	atributo atribuido/a
captar	percibir el significado o sentido de una cosa; atraer y retener la atención	Para captar la importancia de los conflictos contemporáneos es necesario leer las noticias todos los días.	captado/a
caracterizar	determinar las cualidades específicas de una persona o cosa; distinguir a una persona o cosa de las demás	Los periódicos liberales han caracterizado al presidente como un personaje violento y poco inteligente.	carácter (*m.*) caracterizado/a
encarnar	personificar; representar alguna idea o algún concepto abstracto	Los dictadores encarnan los peores atributos humanos: odio, destrucción y totalitarismo.	carne (*f.*) encarnado/a
representar	hacer presente una cosa en la imaginación por medio de palabras o figuras	La lluvia en este poema representa la tristeza del autor.	representación (*f.*) representado/a
simbolizar	servir una cosa como símbolo de otra	Las estrellas en la bandera estadounidense simbolizan la unión de cincuenta territorios.	símbolo simbolizado/a

Vocabulario del tema	Definición	Contexto	Otras formas de la palabra
SUSTANTIVOS			
el atributo	característica; cualidad; aspecto	Los atributos de los dioses en la mitología griega casi siempre tienen un paralelo con los humanos.	atribuir atribuido/a
el emblema	cualquier cosa que es representación simbólica de otra; símbolo en que se representa alguna figura	El emblema que aparece en la bandera mexicana —el águila devorando una serpiente— fue tomado de una leyenda antigua.	emblematizar emblematizado/a
la imagen	figura; representación	La imagen de la Virgen es constante en todas las culturas cristianas.	imaginar imaginado/a
la insignia	señal distintiva; bandera o estandarte; imagen o medalla	Los generales del ejército llevan varias insignias en el pecho.	

Actividad A ✣ Capta el sentido

Tarea   Escoge la palabra que mejor capte el sentido de cada oración.

1. _____ la atención significa atraer la atención y el interés de alguien.
   a. Atribuir   **b.** Caracterizar   **c.** Captar

2. Tener ciertos _____ significa que alguien tiene determinadas cualidades y características.
   a. atributos   **b.** emblemas   **c.** símbolos

3. Muchas compañías escogen una imagen que las represente visualmente. Estas imágenes son _____.
   a. atributos   **b.** emblemas   **c.** características

4. La balanza y la justicia, la paloma blanca y la paz, la flecha y la guerra: Cada uno _____ al otro.
   a. capta   **b.** atribuye   **c.** encarna

5. Distinguir y describir algo para que sea inconfundible con otra cosa es _____.
   a. simbolizarlo   **b.** caracterizarlo   **c.** encarnarlo

Procedimiento   Se puede hacer con la clase entera, haciendo énfasis en la pronunciación correcta de las palabras del vocabulario.

Actividad B ✣ Interpretar el arte

Tarea   Escribe cinco oraciones acerca de las obras *Bleeding Reality: Así estamos* (página 232) y *Libertad* (página 233). Utiliza una palabra de vocabulario diferente en cada oración.

Procedimiento   La mitad de la clase puede escribir sobre una pintura y la otra mitad sobre la otra. Luego, los grupos pueden compartir sus oraciones, escribiéndolas en la pizarra.

Actividad C ✣ Emblemas, imágenes e insignias

Tarea   Utilizando las palabras del vocabulario, inventa un escudo que te represente a ti y a los elementos más importantes de tu vida. A continuación hay dos modelos.

Modelo histórico   El escudo de los Reyes Católicos contiene una corona con cuatro cuadros. Primero viene la imagen de un castillo, que es el emblema de Isabel de Castilla; al lado está la imagen de un león, que es el emblema de Fernando de León-Aragón. Abajo, el orden de los emblemas está invertido, lo cual representa la igualdad de las dos personas y los dos reinos.

Modelo contemporáneo   Mi escudo tiene cuatro emblemas. La primera imagen representa a mis tres hijas. La segunda imagen, el arcoiris, simboliza a la comunidad gay. La tercera imagen bajo mis hijas es la de la Virgen de Guadalupe, patrona de México, que representa la ascendencia mexicana de mis hijas. Finalmente, incluyo un trébol: el emblema más típico de los irlandeses.

Procedimiento   Se puede describir los escudos oralmente o en forma escrita. Algunos voluntarios pueden compartir sus descripciones con el resto de la clase.

Paso optativo   Prepara las descripciones en la clase y, luego, haz tu escudo en la casa. Tráelo a la clase para presentárselo al resto de la clase.

Así se dice

You may have noticed the word **e** (*and*) used in the titles of two sections in this lesson: **Ascendencia e identidad** and **Símbolos e imágenes.** The typical spelling of the word *and* in Spanish is **y.** But when the word that follows **y** begins with an **i** or **hi** (but not **hie**), the alternative form **e** is used. In this way, Spanish avoids having the same sounds come together.

The same principle applies to the word **o** (*or*). When **o** precedes a word that begins with **o** or **ho,** the alternative form **u** is used. Note the following examples.

¿Son siete **u** ocho?
¿Es el sonido fricativo **u** oclusivo?
¿Está Ud. fastidiada **u** ofendida?

Gramática

*«Tanto **iba** el cántaro a la fuente, hasta que por fin se rompió.»**

Review of the Preterite

A. Forms of the Preterite

Regular Forms

-ar VERBS (**asustar**)	-er VERBS (**temer**)	-ir VERBS (**vivir**)
asust**é**	tem**í**	viv**í**
asust**aste**	tem**iste**	viv**iste**
asust**ó**	tem**ió**	viv**ió**
asust**amos**	tem**imos**	viv**imos**
asust**asteis**	tem**isteis**	viv**isteis**
asust**aron**	tem**ieron**	viv**ieron**

---

*"One can only stand so much annoyance or misfortune." (Lit.: The pitcher went to the well so often, until finally it broke.)

Irregular Forms

1. Patterned changes

   a. Stem changes

	e → i (preferir)	o → u (dormir)
Models	preferí preferiste prefirió preferimos preferisteis prefirieron	dormí dormiste durmió dormimos dormisteis durmieron
Other verbs	despedir divertirse pedir vestirse	morir

   b. Sound-related changes in spelling

	c → qu	g → gu	z → c	gu → gü	i → y
	explicar	**llegar**	**cruzar**	**averiguar**	**influir**
Models	expliqué explicaste explicó explicamos explicasteis explicaron	llegué llegaste llegó llegamos llegasteis llegaron	crucé cruzaste cruzó cruzamos cruzasteis cruzaron	averigüé averiguaste averiguó averiguamos averiguasteis averiguaron	influí influiste influyó influimos influisteis influyeron
Other verbs	buscar indicar sacar	entregar jugar pagar	almorzar comenzar empezar	apaciguar atestiguar	distribuir leer oír

2. Idiosyncratic changes

   a. Verbs that share a common root vowel, accentuation, and endings

INFINITIVE	ROOT VOWEL IN STEM	ENDINGS
andar	anduv-	
caber	cup-	
estar	estuv-	
haber	hub-	
poder	pud-	
poner	pus-	e
saber	sup-	iste
tener	tuv-	o
		imos
hacer*	hic-	isteis
querer	quis-	ieron
venir	vin-	
conducir	conduj-	
decir	dij-	
producir	produj-	
traducir	traduj-	
traer	traj-	

   b. Completely idiosyncratic verbs

ir/ser	dar
fui	di
fuiste	diste
fue	dio
fuimos	dimos
fuisteis	disteis
fueron	dieron

B. Functions

To express completed action in the past. The emphasis is on the beginning or end of the action or on the action having been completed.

La Inquisición española **duró** casi 400 años.	*The Spanish Inquisition lasted for almost 400 years.*
Los jueces de Salem, Massachusetts, **acusaron** de brujería a muchas mujeres inocentes.	*The judges of Salem, Massachusetts, accused many innocent women of witchcraft.*
Las reformas del gobierno español **empezaron** el mismo año en que **murió** Franco.	*Reforms in the Spanish government began in the same year that Franco died.*

---

*__hacer__ → **hizo** in third-person singular to maintain the "s" sound.

Actividad A ✤ La biografía de Pancho Villa

Tarea Llena los espacios en blanco con la forma correcta del verbo en
el pretérito. El resultado será una biografía verdadera de Pancho Villa,
símbolo reconocido de la cultura mexicana.

Doroteo Arango (nacer) _____[1] en 1878 en el estado de Durango,
México. Sus padres eran unos campesinos pobres que trabajaban en una
hacienda. En 1894, Doroteo (encontrar) _____[2] al dueño de la
hacienda, don Agustín López Negrete, en el acto de violar a su hermana.
Doroteo (defender) _____[3] a su hermana y (matar) _____[4] a
don Agustín. Doroteo (huir) _____[5] a las montañas de la Sierra
Madre para evitar que lo encontrara la policía y (cambiarse) _____[6]
el nombre de Doroteo Arango por el de Francisco «Pancho» Villa.

Pancho Villa, héroe de la Revolución
Mexicana

El año 1910 (marcar) _____[7] el comienzo de la Revolución
Mexicana contra el dictador Porfirio Díaz. Pancho Villa, que ya había
sufrido por muchos años bajo la tiranía de Díaz, (ofrecer) _____[8]
sus servicios al revolucionario Francisco Madero. Después del asesinato
de Madero, Villa (luchar) _____[9] al lado del revolucionario Venustiano Carranza contra el general Victoriano Huerta. Sin embargo,
cuando Carranza (alcanzar) _____[10] el poder, Villa y sus tropas
(declararse) _____[11] en contra del gobierno de Carranza. El
gobierno de los Estados Unidos, que hasta ese punto había simpatizado

(continúa)

con Villa, (reconocer) _____[12] a Carranza como presidente de México. Para Villa, eso quería decir que el gobierno de los Estados Unidos era ya su enemigo. En 1916, el presidente Wilson (mandar) _____[13] tropas estadounidenses a México para aprehender a Pancho Villa. Las tropas del General Pershing lo (buscar) _____[14] por un año, pero nunca lo (poder) _____[15] capturar. Poco después, Villa (aceptar) _____[16] la amnistía a cambio de tierras y dinero para él y sus tropas. Villa (establecer) _____[17] muchas reformas agrarias y sociales en su nueva hacienda sin ningún motivo externo, sino por su fuerte sentido de justicia. Irónicamente, Pancho Villa, un hombre sin educación ni formación militar, (terminar) _____[18] su carrera en una hacienda muy parecida a la de su juventud, pero esta vez, en vez de ser sólo un campesino, era el dueño. (Ser) _____[19] allí, en su hacienda cerca de Parral, Chihuahua, donde sus enemigos políticos lo (asesinar) _____[20] en 1923.

Procedimiento   Se puede hacer el primer párrafo con la clase entera; luego, en grupos, el segundo párrafo. Al verificar que las respuestas estén correctas se puede hacer énfasis en la pronunciación correcta de las formas verbales y la diferencia entre las conjugaciones «mato» y «mató».

Actividad B ✤ La autobiografía de Pancho Villa

Tarea   Llena los espacios en blanco con la forma correcta del verbo en el pretérito para contar la autobiografía de Pancho Villa.

Yo, Doroteo Arango, (nacer) _____[1] en 1878 en el estado de Durango, México. Mis padres eran campesinos pobres que trabajaban en una hacienda. En 1894, (encontrar) _____[2] al dueño de la hacienda, don Agustín López Negrete, en el acto de violar a mi hermana. (Defender) _____[3] a mi hermana y (matar) _____[4] a don Agustín. (Huir) _____[5] a las montañas de la Sierra Madre para evitar que me encontrara la policía y (cambiarse) _____[6] el nombre de Doroteo Arango por el de Francisco «Pancho» Villa.

El año 1910 (marcar) _____[7] el comienzo de la Revolución Mexicana contra el dictador Porfirio Díaz. Yo, que ya había sufrido por muchos años bajo la tiranía de Díaz, (ofrecer) _____[8] mis servicios al revolucionario Francisco Madero. Después del asesinato de Madero, (luchar) _____[9] al lado del revolucionario Venustiano Carranza contra el general Victoriano Huerta. Sin embargo, cuando Carranza (alcanzar) _____[10] el poder, mis tropas y yo (declararse)_____[11] en contra del gobierno de Carranza. El gobierno de los Estados Unidos, que hasta ese punto había simpatizado conmigo, (reconocer) _____[12] a Carranza como presidente de México. Para mí, eso (querer) _____[13] decir que el gobierno de los Estados Unidos era ya mi enemigo. En 1916, el presidente Wilson (mandar) _____[14] tropas estadounidenses a México para capturarme. Las tropas del General Pershing me (buscar) _____[15] por un año, pero nunca me (poder) _____[16] aprehender. Poco después, (aceptar) _____[17] la amnistía a cambio de tierras y dinero para mí y mis tropas. (Establecer) _____[18] muchas reformas agrarias y sociales en mi nueva hacienda sin ningún motivo externo, sino por mi fuerte sentido de justicia. Irónicamente, yo, un hombre sin educación ni formación militar, (terminar) _____[19] mi carrera en una hacienda muy parecida a la de mi juventud, pero esta vez, en vez de ser sólo un campesino, era el dueño. (Ser) _____[20] allí, en mi hacienda cerca de Parral, Chihuahua, donde mis enemigos políticos me (asesinar) _____[21] en 1923.

Procedimiento Se puede repitir el procedimiento de la Actividad A.

Actividad C ✛ ¿Y tú?

Tarea Escribe dos párrafos. Cada uno debe contener un mínimo de cinco oraciones. Utiliza las actividades A y B como modelo: el primer párrafo será tu biografía y, el segundo, tu autobiografía. **Sugerencia:** Escribe sobre eventos relacionados con los emblemas e imágenes que incluiste en el escudo que preparaste para la Actividad C (páginas 245–246).

Procedimiento Se puede trabajar individualmente y luego intercambiar los párrafos con un compañero / una compañera para que éste/ésta verifique que las formas verbales estén correctas. El profesor (la profesora) puede resolver cualquier duda que surja.

LECCIÓN 12

Perspectivas culturales

¿Desde qué perspectiva ves el hemisferio en que están los Estados Unidos y el Canadá? ¿el hemisferio norte o el hemisferio occidental?

Ideas para explorar ¿Descubrimiento, encuentro o invasión?

Vocabulario

Vocabulario del tema	Definición	Contexto	Otras formas de la palabra
VERBOS			
colonizar	transformar tierra extranjera en territorio dependiente de otro	Los españoles colonizaron un territorio gigantesco del continente americano.	colonia colonial (*adj.*) colonizado/a
destruir	deshacer o reducir a trozos pequeños una cosa	«Lo que no me destruye, me hace más fuerte», dijo Nietzsche.	destrucción (*f.*) destruido/a
explotar	aprovecharse abusivamente de alguien o algo	Si seguimos explotando los recursos naturales, no habrá más bosques dentro de pocos años.	explotación (*f.*) explotado/a
oprimir	dominar; gobernar con tiranía	Los colonizadores intentaron oprimir el espíritu de los habitantes nativos, pero nunca lo consiguieron.	opresión (*f.*) oprimido/a
SUSTANTIVOS			
el descubrimiento	acción de hallar lo que estaba ignorado o era desconocido	El descubrimiento de América fue el evento más importante del siglo XV.	descubrir descubierto/a
el encuentro	acto de coincidir dos o más cosas en un punto o lugar	Los países más desarrollados admiten el encuentro y la convivencia de diversas culturas.	encontrar encontrado/a
el esclavo (la esclava)	persona que está bajo la dependencia absoluta del que la compra o hace prisionera	Espartaco (*Spartacus*) pasó a la historia como ejemplo de un esclavo rebelde, valiente y heroico.	esclavizar esclavizado/a

Vocabulario del tema	Definición	Contexto	Otras formas de la palabra
el explorador (la exploradora)	alguien que recorre un país o territorio desconocido para observarlo detenidamente	Magallanes fue un explorador y navegante muy importante del siglo XVI.	explorar explorado/a (adj.)
el genocidio	crimen que consiste en exterminar a un grupo étnico o social	El genocidio de los judíos durante la Segunda Guerra Mundial fue uno de los eventos más lamentables del siglo pasado.	
la invasión	entrada en un país por parte de fuerzas militares extranjeras	Los militares intentaron justificar la invasión con argumentos que a nadie convencieron.	invadir invadido/a (adj.)
el pionero (la pionera)	persona que inicia la exploración y población de nuevas tierras	Los pioneros ingleses más liberales se establecieron en el estado de Rhode Island.	
el/la pirata	persona que navega los océanos para asaltar, apresar y robar barcos	Los piratas modernos no navegan los océanos, sino Internet.	piratear pirateado/a (adj.) piratería

Actividad A ❖ Asociaciones

Tarea Empareja la palabra de la columna A con la palabra o frase de la columna B que lógicamente se asocie con ella.

A

1. _____ el descubrimiento
2. _____ el encuentro
3. _____ el explorador
4. _____ el pionero
5. _____ genocidio
6. _____ explotar
7. _____ oprimir
8. _____ esclavo

B

a. persona que va a tierras desconocidas para ver lo que hay en ellas
b. aprovecharse de algo o de alguien abusivamente
c. gobernar tiránicamente
d. acción de encontrar lo anteriormente desconocido
e. persona que no tiene libertad
f. acto de encontrarse

9. _____ pirata
10. _____ colonizar
11. _____ invasión

g. exterminación de un grupo étnico
h. iniciador de la exploración y
   población de nuevas tierras
i. entrada en un país por parte de
   fuerzas militares extranjeras
j. transformar un lugar en territorio
   dependiente de otro país
k. un tipo de ladrón

Procedimiento   Se puede trabajar en parejas, practicando la pronunciación correcta de las palabras del vocabulario. Se puede verificar que las respuestas estén correctas con la clase entera.

Actividad B ✤ ¿En qué coinciden?

Tarea   Escribe una oración con cada uno de los siguientes pares de palabras.

Modelo   descubrimiento, encuentro → Tras (*After*) el descubrimiento de América hubo otro tipo de descubrimientos, como el encuentro de dos culturas muy distintas.

1. pionero, explorador
2. pionero, explotar
3. pionero, pirata
4. explotar, explorar
5. esclavitud, oprimir
6. explorar, invasión
7. colonizar, genocidio
8. descubrimiento, invasión

Procedimiento   Se puede trabajar en grupos. Algunos voluntarios pueden escribir sus oraciones en la pizarra. Se debe confirmar que los/las estudiantes entiendan el significado correcto de las palabras del vocabulario.

Actividad C ✤ ¿Estás de acuerdo?

Tarea   Utiliza la siguiente escala par indicar si estás de acuerdo o en desacuerdo con cada una de las siguientes afirmaciones acerca de Cristóbal Colón o la colonización de Latinoamérica.

DE ACUERDO		INDECISO/A		EN DESACUERDO
1	2	3	4	5

1. «Cristóbal Colón fue un instrumento de la Divina Providencia. Se debe elevar a Colón al rango de santo, ya que llevó la fe cristiana a medio mundo.» (Los Caballeros de Colón, fraternidad organizada en 1882 por inmigrantes católicos irlandeses.)

2. «Colón se destacó en su época como pionero del progreso y de la luz.» (Benjamín Harrison, presidente de los Estados Unidos en 1892.) _____

3. «Desde el punto de vista de los nativos de las Américas, comparado con Colón Hitler es apenas un delincuente juvenil.» (Russell Means del Movimiento Indio Americano.) _____

4. «Dado el genocidio, la esclavitud y la explotación que provocó Colón, el quinto centenario [1992] debería haber sido tiempo de penitencia más que de júbilo.» (Consejo Nacional de Iglesias, organización protestante.) _____

5. «El contacto entre los europeos y los indígenas provocó una destrucción total de la cultura americana, no un encuentro de dos mundos.» (Rigoberta Menchú, indígena guatemalteca, ganadora del Premio Nobel de la Paz en 1992.) _____

6. «Esos grupos que presentan la colonización de Latinoamérica como una destrucción de una gran civilización indígena no quieren ver nada positivo. Lo que hizo España fue una obra de la que podemos estar orgullosos.» (Juan Marichal, español y profesor de lengua y literatura.) _____

Procedimiento   Se puede trabajar en grupos y luego compartir las opiniones con el resto de la clase. ¿Que tipo de opiniones predominan?

Paso optativo   Compara el mensaje que intenta expresar el dibujo con la imagen de Colón que proyecta el monumento.

Estrategia para la comunicación

The following phrases and expressions will help you express differences and similarities clearly and precisely.

pero
en contraste
aunque
sino
por otra parte
sin embargo
en cambio

Gramática

*«No era borracho el que **había bebido** sino el que seguía bebiendo.»**

Pluperfect (*Pluscuamperfecto*)

A. Forms

The pluperfect (or past perfect) is formed by combining the imperfect form of **haber** with a past participle.

IMPERFECT OF **haber**	+	PAST PARTICIPLE
había		derrocado
habías		sometido
había		decaído
habíamos	+	subido
habíais		conocido
habían		remontado

B. Functions

To express that the action of the verb in the pluperfect was completed (i.e., had happened) prior to another point in the past

La civilización azteca **había descubierto** muchos conceptos modernos antes de la llegada de los europeos.	*The Aztec civilization had discovered many modern concepts before the arrival of the Europeans.*
Los incas ya **habían entrado** en guerra civil cuando llegaron los españoles.	*The Incas had already entered into a civil war when the Spanish arrived.*
Los mayas **habían creado** un sistema de escritura mucho antes de que conocieran el sistema romano que usaban los europeos.	*The Mayans had created a writing system well before their introduction to the Roman system used by the Europeans.*

---

*"He who had drunk was not a drunkard, but he who continued to drink was."

Actividad A ✥ Antes de la llegada de los europeos

Tarea Conjuga los verbos en el pluscuamperfecto para completar las siguientes oraciones.

1. Antes de la llegada de los europeos, el imperio de los incas ya _____ (extender) sus límites desde lo que hoy es Ecuador hasta lo que hoy es Chile.

2. Los incas _____ (construir) una red de caminos que conectaba los cuatro rincones del territorio para administrar un imperio tan extenso en una región tan montañosa.

3. La forma de gobierno que los incas _____ (desarrollar) era una teocracia, ya que el Inca (emperador) era considerado y tratado como el hijo del dios Sol.

4. Antes de la llegada de los europeos, la civilización maya ya _____ (empezarse) a desintegrar.

5. Los mayas _____ (descubrir) el concepto del número cero antes de que los hindúes lo hicieran en el siglo V.

6. La civilización maya _____ (desintegrarse) antes de que los antropólogos pudieran (*could*) interpretar todos los símbolos jeroglíficos en que basaban su sistema de escritura.

7. El pueblo azteca ya _____ (tener) un marcado carácter religioso antes de la llegada de los sacerdotes católicos.

8. Los aztecas _____ (recibir) muchas de sus creencias religiosas de los toltecas, una civilización anterior a la azteca.

9. En 1376 los aztecas establecieron una monarquía. Antes de eso, el gobierno _____ (ser) más o menos democrático.

10. Ya en el siglo XIV, los aztecas _____ (establecer) un sistema de enseñanza obligatoria, mientras que en Europa no se aceptó la necesidad de la enseñanza obligatoria sino hasta fines del siglo XIX y comienzos del siglo XX.

Procedimiento Se puede trabajar individualmente y luego verificar en grupos que la conjugación de los verbos esté correcta.

Paso optativo Marca con una X tu nivel de conocimiento acerca de los temas tratados en esta actividad.

Ya antes había aprendido mucho acerca de estos temas.   ☐

Ya antes había aprendido algo acerca de estos temas.   ☐

Había aprendido poco acerca de estos temas.   ☐

No había aprendido nada acerca de estos temas.   ☐

Así se dice

The words **azteca, inca,** and **maya** are used as both adjectives and nouns. They have the same form in both the masculine and the feminine. The singular ends in **-a** and the plural in **-as.**

una ciudad inca
el calendario azteca
los jeroglíficos mayas

The word **indígena** follows the same pattern.

los pueblos indígenas

Actividad B ✤ ¿Qué había pasado?

Tarea Completa en forma escrita las siguientes oraciones usando el pluscuamperfecto.

1. Antes de llegar a la clase de español hoy, yo...
2. Antes de inscribirme en este curso, yo...
3. Antes de estudiar español, yo...
4. Antes de hacer la Actividad A sobre las civilizaciones indígenas, yo...
5. Antes de 1492,...

Procedimiento Se puede trabajar individualmente o en grupos para completar las oraciones. Algunos/as estudiantes pueden escribir sus oraciones en la pizarra. Se debe verificar que las formas verbales estén correctas.

Actividad C ✤ Una cronología de Fernando e Isabel

Tarea Utiliza la siguiente cronología (páginas 259–260) para escribir oraciones verdaderas con el pluscuamperfecto acerca de las vidas de Fernando de Aragón e Isabel de Castilla.

Modelo Fernando había sido nombrado rey de Sicilia antes de heredar el trono de Aragón.

1451 22 de abril. Nació Isabel I de Castilla.

1452 10 de marzo. Nació Fernando II de Aragón.

1468 Fernando fue nombrado rey de Sicilia.

1469 Fernando de Aragón e Isabel de Castilla se casaron.

1474 Isabel fue proclamada reina de Castilla.

(continúa)

1478	Establecieron la Inquisición en España.
1479	Despúes de una guerra civil que estalló en 1474, se reconoció a Isabel como reina de Castilla.
1479	Fernando II heredó el reino de Aragón.
1492	Conquistaron la ciudad de Granada, el último reino musulmán en la península ibérica.
1492	Expulsaron de España a los judíos no conversos al catolicismo.
1496	El papa Alejandro VI concedió a Fernando e Isabel el título de «Católicos».
1501	Impusieron el cristianismo sobre la población árabe de la península.
1504	Murió Isabel I de Castilla.
1505	Fernando se casó a Germana de Foix, sobrina del rey de Francia.
1515	Murió Fernando II.

Procedimiento   Se puede trabajar en grupos y luego compartir las oraciones con la clase entera, ya sea oralmente o escritas en la pizarra. Se debe enfatizar el uso correcto del pluscuamperfecto para expresar el orden cronológico.

Estrategia para la comunicación

When you communicate information, you do not simply state facts. Often you comment on the information and, in doing so, tell your listener how to interpret what you have said. These phrases will help you comment on information and convey your ideas.

Encontramos interesante el hecho de que...
Encontramos difícil de creer el hecho de que...
Nos pareció fascinante el hecho de que...
Nos pareció increíble el hecho de que...

Ideas para explorar *Desde otra perspectiva*

Vocabulario

Vocabulario del tema	Definición	Contexto	Otras formas de la palabra
VERBOS			
colonizar	establecer un país colonias en el territorio de otro país	Los españoles colonizaron el Valle de México y su colonia perduró hasta 1810.	colonia colonizado/a
conquistar	hacerse dueño en la guerra de un país o territorio	No sólo los españoles conquistaron el continente americano: los ingleses y los portugueses, por ejemplo, también conquistaron varios territorios.	conquista conquistado/a (*n., adj.*)
emigrar	dejar una persona su lugar de origen para establecerse en otro territorio	Cuando la pobreza es extrema, la gente emigra a veces a otros países más ricos.	emigración emigrado/a
inmigrar	llegada de personas a un territorio distinto de su lugar de origen	Durante la Segunda Guerra Mundial, muchos judíos europeos inmigraron a los Estados Unidos.	inmigración inmigrado/a
SUSTANTIVOS			
el conquistado	persona cuyo territorio ha sido apropiado por otro país por medio de la guerra	Los conquistados perdieron una gran parte de su cultura al asimilar la lengua de los conquistadores.	conquistar conquista conquistado/a
el hemisferio norte y el hemisferio sur	cada una de las dos partes del globo terrestre divididas por el ecuador	En el hemisferio sur, el giro de las tormentas es contrario al del hemisferio norte.	hemisférico/a

Vocabulario del tema	Definición	Contexto	Otras formas de la palabra
el hemisferio occidental y el hemisferio oriental	cada una de las dos partes del globo terrestre divididas por el meridiano de Greenwich	Algunos opinan que la división de la Tierra en dos hemisferios, el occidental y el oriental, facilita la comprensión de las diversas culturas del mundo.	occidente (*m.*) oriente (*m.*) hemisférico/a
el intercambio	transferencia económica o cultural entre dos o más personas o territorios	El intercambio cultural es inevitable hasta en las conquistas más devastadoras.	cambiar intercambiar intercambiado/a
la perspectiva	aspecto que presentan los objetos vistos a distancia o considerados como un todo	La perspectiva latinoamericana y la española con respecto a la conquista son muy distintas.	
la región	lugar, territorio	Se dice que, en la mayoría de los países, la región del sur es más liberal que la del norte.	regionalizar regionalismo regionalización (*f.*) regional (*adj.*)
el territorio	porción de tierra perteneciente a una nación, región, provincia, etcétera	El territorio estadounidense colinda al norte con Canadá y al sur con México.	territorial (*adj.*)
el vencedor (la vencedora)	persona o país que derrota (*defeats*) a otra persona o país	Los vencedores en la guerra de la conquista esclavizaron al pueblo vencido.	vencer vencimiento vencido/a

Actividad A ✢ ¿Qué es América?

Tarea Interpreta el significado de las siguientes imágenes creadas por Alfredo Jaar, un artista chileno. Las siguientes preguntas pueden servirte de guía.

1. ¿Cuál es la extensión geográfica que asocias con la palabra «América»?

2. ¿Dices normalmente que vives en el hemisferio norte (que excluye a Latinoamérica) o en el hemisferio occidental?

3. ¿Por qué es necesario indicar que el mapa de los Estados Unidos *no* es el mapa de América? ¿Qué datos históricos hacen necesaria esta distinción? ¿Qué perspectiva critica Jaar?

En 1987, Jaar presentó estas imágenes en Times Square, Nueva York.

Procedimiento   Se puede trabajar individualmente o en grupos pequeños.

Actividad B ✛ Otras perspectivas

Tarea   Interpreta las siguientes dos perspectivas de los Estados Unidos.

Procedimiento   Se puede trabajar en grupos pequeños y luego discutir
las diversas perspectivas con toda la clase.

Actividad C ✤ Perspectivas en conflicto

Tarea   Compara las diferentes perspectivas de cada uno de los siguientes grupos de personas.

LA HISTORIA

1. **a.** Fernando e Isabel
   b. los judíos expulsados de España en 1492
2. **a.** Fernando e Isabel
   b. los árabes sobre quienes los reyes impusieron el cristianismo en 1501
3. **a.** Hernán Cortés
   b. Cuauhtémoc, el último emperador azteca, a quien Cortés asesinó

EL MUNDO CONTEMPORÁNEO

1. **a.** quienes participan en la deforestación
   b. los indígenas que viven en la selva
2. **a.** quienes emigran a las ciudades para encontrar trabajo
   b. quienes se quejan de la sobrepoblación urbana
3. **a.** Osama Bin Laden
   b. el presidente de los Estados Unidos
4. **a.** los cubanoamericanos que viven en Miami
   b. Fidel Castro

Procedimiento   Se puede dividir a la clase en dos grupos y asignar a cada grupo una de las perspectivas, para luego comentar cada tema con toda la clase.

Gramática

«Si los locos usaran coronas, todos seríamos reyes.» *

Contrary-to-Fact Statements

To express conditions contrary to fact, use the conditional tense in the main clause and the past subjunctive in the clause introduced by **si** (*if*).

---

*"If madmen wore crowns, we'd all be kings."

Past Subjunctive

The past subjunctive is formed by taking the third-person plural form of the preterite tense, deleting **-on,** and adding **-a, -as, -a, -amos, -ais, -an.** All first-person plural **(nosotros)** forms require an accent on the final vowel in the stem.

A. Regular Forms

-ar	-er	-ir
aumentar	**establecer**	**prohibir**
aumentar**a**	establecier**a**	prohibier**a**
aumentar**as**	establecier**as**	prohibier**as**
aumentar**a**	establecier**a**	prohibier**a**
aumentár**amos**	estableciér**amos**	prohibiér**amos**
aumentar**ais**	establecier**ais**	prohibier**ais**
aumentar**an**	establecier**an**	prohibier**an**

B. Irregular Forms

The stem changes or other irregularities that appear in the third-person plural preterite are also found in the past subjunctive. The endings for the past subjunctive are the same for all verbs, regular and irregular. Here are some common irregular verbs and their past subjunctive forms.

INFINITIVE	THIRD-PERSON PLURAL PRETERITE		PAST SUBJUNCTIVE
dar	dier~~on~~	→	dier**a**, dier**as**, diér**amos,**...
decir	dijer~~on~~	→	dijer**a**, dijer**as**, dijér**amos,**...
estar	estuvier~~on~~	→	estuvier**a**, estuvier**as**, estuviér**amos,**...
hacer	hicier~~on~~	→	hicier**a**, hicier**as**, hiciér**amos,**...
ir/ser	fuer~~on~~	→	fuer**a**, fuer**as**, fuér**amos,**...
oír	oyer~~on~~	→	oyer**a**, oyer**as**, oyér**amos,**...
poder	pudier~~on~~	→	pudier**a**, pudier**as**, pudiér**amos,**...
poner	pusier~~on~~	→	pusier**a**, pusier**as**, pusiér**amos,**...
querer	quisier~~on~~	→	quisier**a**, quisier**as**, quisiér**amos,**...
tener	tuvier~~on~~	→	tuvier**a**, tuvier**as**, tuviér**amos,**...
venir	vinier~~on~~	→	vinier**a**, vinier**as**, viniér**amos,**...

¡Ojo!

In some parts of the Spanish-speaking world, there is an alternate form of the past subjunctive. Instead of adding **-a, -as, -a, -amos, -ais, -an,** the **r** is dropped and the following alternate endings are used: **-se, -ses, -se, -semos, -seis, -sen.** For example, **hablara** would be **hablase** and **habláramos** would be **hablásemos.** There is no difference in meaning. Although the **-ra** endings are more common, you should recognize the **-se** endings as past subjunctive forms.

C. Functions

The most common use of the past subjunctive is in contrary-to-fact statements with the conditional. These statements express what needs to take place for the consequence to happen. They express conditions that do not exist and are therefore contrary to fact. These statements take the form, *If X, then Y,* with the past subjunctive following *If* and the conditional or past subjunctive following *then.* These statements can also take the form, *Y, if X* with no change in meaning.

Si **tuviera** más tiempo, **leería** más libros.	*If I had more time, then I would read more books.*
¿Qué **harías** si **fueras** el presidente de este país?	*What would you do if you were the president of this country?*
Yo **dejaría** de fumar si **pudiera.**	*I would quit smoking if I could.*
Si ellos **supieran** la verdad, me **matarían.**	*If they knew the truth, they would kill me.*
Si yo **fuera** tú, no lo **haría.**	*If I were you, I wouldn't do it.*

CONTRAST WITH THE FUTURE TENSE

Other sentences can take the form, *If X, then Y,* with the present tense following *If* and the future tense following *then.* These statements express something that may or may not happen rather than conditions that do not exist. Contrast the following pairs of sentences.

Si **puedo,** te **ayudaré** mañana.	*If I can, I will help you tomorrow.*
Si **pudiera,** te **ayudaría** mañana.	*If I could, I would help you tomorrow.*
	(Implying that I cannot help you and, therefore, will not.)
Ángela **traerá** el libro si lo **encuentra.**	*Ángela will bring the book if she finds it.*
Ángela **traería** el libro si lo **encontrara.**	*Ángela would bring the book if she found it.*
	(Implying that she has not found it and, therefore, will not bring it.)

Actividad A ✛ Los hispanos hablan

Tarea   Lee las siguientes declaraciones de Rigoberta Menchú y Juan Marichal acerca de lo que pasó en 1492. Luego, llena los espacios en blanco con las formas apropiadas de los verbos indicados. Indica también cuál de los dos personajes haría, en tu opinión, las siguientes declaraciones.

«[El contacto entre los europeos y los indígenas fue] una destrucción de la cultura americana, no un encuentro de dos mundos... en vez de festejar, alguien debería pagarnos por el daño que hicieron. Muchos ganaron, nosotros perdimos.»

—Rigoberta Menchú, indígena guatemalteca, ganadora del Premio Nobel de la Paz en 1992

«Esos grupos que presentan la colonización [de Latinoamérica] como una destrucción de una gran cultura indígena... no quieren ver nada positivo... España tiene que mirar a los latinoamericanos con mucha humildad. Pero no hay que confundir humildad con vergüenza. La humildad debe ir, por el contrario, acompañada de un gran orgullo. Porque lo que España hizo fue una obra de la que podemos estar orgullosos... Nuestro orgullo será consecuente el día que ellos, los conquistados, se muestren orgullosos de nuestra historia en común.»

—Juan Marichal, profesor de lengua y literatura

	MENCHÚ	MARICHAL
1. Si alguien me _____ (invitar), asistiría a cualquier celebración del descubrimiento de América.	☐	☐
2. Si _____ (ser) posible, le pondría un pleito a España en un tribunal internacional de justicia.	☐	☐
3. La colonización de Latinoamérica _____ (representar) la destrucción de una cultura si no fuera por lo positivo que resultó de la conquista.	☐	☐
4. _____ (Estar) orgulloso/a de la historia que España y Latinoamérica tienen en común si no fuera por la pérdida de tantas vidas que acompañó la conquista.	☐	☐

Procedimiento   Se puede hacer la actividad individualmente o en parejas. Luego, al presentar cada grupo sus respuestas, se puede verificar que las formas verbales estén correctas.

Actividad B ✤ ¿Qué diría Colón?

Tarea   Comenta cuál crees que sería la perspectiva de Cristóbal Colón acerca de los eventos históricos enumerados, utilizando la siguiente frase como punto de partida.

Si Cristóbal Colón pudiera darnos su perspectiva...

1. la guerra de los Estados Unidos contra Irak (2003)
2. la Independencia de México (1810)
3. la Guerra Civil de los Estados Unidos (1861)

Procedimiento   Se puede dividir la clase en tres grupos y asignar a cada grupo uno de los eventos históricos. Luego, al presentar cada grupo sus resultados, se puede verificar que las formas verbales estén correctas.

Actividad C ✤ Si no fuera por el intercambio...

Tarea   Escribe cinco oraciones acerca del efecto que han tenido en el mundo los siguientes productos originarios de América. **Productos:** el aguacate, el azúcar, los chiles, el chocolate, el maíz, el tabaco, el tomate, la vainilla.

Modelo   Si no fuera por el intercambio del tabaco entre América y Europa, no tendríamos tantos casos de cáncer de pulmón.

Procedimiento   Los/Las estudiantes pueden escribir las oraciones individualmente o en grupos de dos y luego compartir sus oraciones con el resto de la clase.

¿Qué te parece?

Actividad A ❖ *Bleeding Reality: Así estamos* de Juan Sánchez

Tarea Escribe un ensayo en que interpretes las imágenes religiosas en la obra *Bleeding Reality: Así estamos* de Juan Sánchez (página 232).

Actividad B ❖ Lienzo de castas

Tarea Investiga las relaciones raciales y sociales durante la época colonial con el fin de escribir un ensayo sobre el efecto de la ascendencia étnica o racial en los derechos civiles. En el ensayo, contrasta los derechos de una persona «española» con una persona «mulata» y una persona «gíbara». **¡Ojo!** Durante tu investigación, revisa el *Lienzo de castas* (página 191) para encontrar la información necesaria para tu ensayo.

Actividad C ❖ *Códice III* de Santa Contreras Barraza

Tarea Identifica, investiga y explica en un ensayo lo que simbolizan cinco de las doce imágenes que Santa Contreras Barranza pintó en su obra *Códice III* (página 233). ¿A qué se refiere la palabra «códice»?

Actividad D ❖ Los héroes nacionales

Tarea Investiga y luego escribe una biografía sobre dos de los siguientes héroes nacionales. Incluye en las biografías las fechas de nacimiento y fallecimiento y los hechos más importantes de sus vidas.

❖ Simón Bolívar (Bolivia)
❖ El Cid (España)
❖ Miguel Hidalgo (México)
❖ José Martí (Cuba)
❖ Domingo Sarmiento (Argentina)

Composición

Tarea   Escribe una composición de 300 palabras sobre el siguiente tema.

Tema   La visión del mundo varía de persona en persona y de país en país de acuerdo con las diversas perspectivas culturales.

IDEAS PARA CONSIDERAR

❖ ¿En qué se basa el juicio de que hay culturas superiores o inferiores a otras?

❖ ¿Hay culturas avanzadas y culturas primitivas?

❖ ¿Hay civilizaciones superiores o inferiores a otras?

❖ ¿Es la imagen que tiene el resto del mundo de tu cultura la misma que tienes tú?

❖ ¿Qué papel desempeña en la vida de uno/a su ascendencia cultural?

❖ La llegada de Cristóbal Colón a una isla del Caribe, ¿fue un descubrimiento, un encuentro o una invasión?

Procedimiento

1. Repasa el contenido de la Unidad 6.
2. Haz una lista de ideas potenciales para tu composición.
3. Organiza las ideas utilizando un bosquejo.
4. Escribe un borrador y, dos días después, repásalo.
5. Verifica en tu borrador que el uso correcto de la gramática presentada en la Unidad 6 sea el correcto:
   ❖ los pronombres de complemento directo e indirecto
   ❖ el pretérito
   ❖ el pluscuamperfecto
   ❖ el condicional + «si» + el pasado de subjuntivo

Proyecto cultural

Tarea   Investiga y explica por qué los siguientes personajes y símbolos nacionales son imágenes culturales tan importantes que aparecen en los billetes de los respectivos países. Si puedes, busca al menos dos billetes más de otros países hispanos.

Procedimiento Navegando la red se puede conseguir muchísima información sobre los países y las personas y símbolos representados en los billetes. Intenta consultar solamente los sitios escritos en español.

In the companion book *¿Qué te parece esta lectura?* and on the CD-ROM you will find a thematically–related reading.

Appendix 1

VERBS

A. Regular Verbs: Simple Tenses

INFINITIVE / PRESENT PARTICIPLE / PAST PARTICIPLE	INDICATIVE					SUBJUNCTIVE		IMPERATIVE
	PRESENT	IMPERFECT	PRETERITE	FUTURE	CONDITIONAL	PRESENT	IMPERFECT	
hablar hablando hablado	hablo hablas habla hablamos habláis hablan	hablaba hablabas hablaba hablábamos hablabais hablaban	hablé hablaste habló hablamos hablasteis hablaron	hablaré hablarás hablará hablaremos hablaréis hablarán	hablaría hablarías hablaría hablaríamos hablaríais hablarían	hable hables hable hablemos habléis hablen	hablara hablaras hablara habláramos hablarais hablaran	habla tú, no hables hable Ud. hablemos hablen
comer comiendo comido	como comes come comemos coméis comen	comía comías comía comíamos comíais comían	comí comiste comió comimos comisteis comieron	comeré comerás comerá comeremos comeréis comerán	comería comerías comería comeríamos comeríais comerían	coma comas coma comamos comáis coman	comiera comieras comiera comiéramos comierais comieran	come tú, no comas coma Ud. comamos coman
vivir viviendo vivido	vivo vives vive vivimos vivís viven	vivía vivías vivía vivíamos vivíais vivían	viví viviste vivió vivimos vivisteis vivieron	viviré vivirás vivirá viviremos viviréis vivirán	viviría vivirías viviría viviríamos viviríais vivirían	viva vivas viva vivamos viváis vivan	viviera vivieras viviera viviéramos vivierais vivieran	vive tú, no vivas viva Ud. vivamos vivan

B. Regular Verbs: Perfect Tenses

INDICATIVE					SUBJUNCTIVE	
PRESENT PERFECT	PAST PERFECT	PRETERITE PERFECT	FUTURE PERFECT	CONDITIONAL PERFECT	PRESENT PERFECT	PAST PERFECT
he has ha hemos habéis han hablado comido vivido	había habías había habíamos habíais habían hablado comido vivido	hube hubiste hubo hubimos hubisteis hubieron hablado comido vivido	habré habrás habrá habremos habréis habrán hablado comido vivido	habría habrías habría habríamos habríais habrían hablado comido vivido	haya hayas haya hayamos hayáis hayan hablado comido vivido	hubiera hubieras hubiera hubiéramos hubierais hubieran hablado comido vivido

C. Irregular Verbs

INFINITIVE / PRESENT PARTICIPLE / PAST PARTICIPLE	INDICATIVE PRESENT	INDICATIVE IMPERFECT	INDICATIVE PRETERITE	INDICATIVE FUTURE	INDICATIVE CONDITIONAL	SUBJUNCTIVE PRESENT	SUBJUNCTIVE IMPERFECT	IMPERATIVE
andar / andando / andado	ando / andas / anda / andamos / andáis / andan	andaba / andabas / andaba / andábamos / andabais / andaban	anduve / anduviste / anduvo / anduvimos / anduvisteis / anduvieron	andaré / andarás / andará / andaremos / andaréis / andarán	andaría / andarías / andaría / andaríamos / andaríais / andarían	ande / andes / ande / andemos / andéis / anden	anduviera / anduvieras / anduviera / anduviéramos / anduvierais / anduvieran	anda tú, no andes / ande Ud. / andemos / anden
caer / cayendo / caído	caigo / caes / cae / caemos / caéis / caen	caía / caías / caía / caíamos / caíais / caían	caí / caíste / cayó / caímos / caísteis / cayeron	caeré / caerás / caerá / caeremos / caeréis / caerán	caería / caerías / caería / caeríamos / caeríais / caerían	caiga / caigas / caiga / caigamos / caigáis / caigan	cayera / cayeras / cayera / cayéramos / cayerais / cayeran	cae tú, no caigas / caiga Ud. / caigamos / caigan
dar / dando / dado	doy / das / da / damos / dais / dan	daba / dabas / daba / dábamos / dabais / daban	di / diste / dio / dimos / disteis / dieron	daré / darás / dará / daremos / daréis / darán	daría / darías / daría / daríamos / daríais / darían	dé / des / dé / demos / deis / den	diera / dieras / diera / diéramos / dierais / dieran	da tú, no des / dé Ud. / demos / den
decir / diciendo / dicho	digo / dices / dice / decimos / decís / dicen	decía / decías / decía / decíamos / decíais / decían	dije / dijiste / dijo / dijimos / dijisteis / dijeron	diré / dirás / dirá / diremos / diréis / dirán	diría / dirías / diría / diríamos / diríais / dirían	diga / digas / diga / digamos / digáis / digan	dijera / dijeras / dijera / dijéramos / dijerais / dijeran	di tú, no digas / diga Ud. / digamos / digan
estar / estando / estado	estoy / estás / está / estamos / estáis / están	estaba / estabas / estaba / estábamos / estabais / estaban	estuve / estuviste / estuvo / estuvimos / estuvisteis / estuvieron	estaré / estarás / estará / estaremos / estaréis / estarán	estaría / estarías / estaría / estaríamos / estaríais / estarían	esté / estés / esté / estemos / estéis / estén	estuviera / estuvieras / estuviera / estuviéramos / estuvierais / estuvieran	está tú, no estés / esté Ud. / estemos / estén
haber / habiendo / habido	he / has / ha / hemos / habéis / han	había / habías / había / habíamos / habíais / habían	hube / hubiste / hubo / hubimos / hubisteis / hubieron	habré / habrás / habrá / habremos / habréis / habrán	habría / habrías / habría / habríamos / habríais / habrían	haya / hayas / haya / hayamos / hayáis / hayan	hubiera / hubieras / hubiera / hubiéramos / hubierais / hubieran	
hacer / haciendo / hecho	hago / haces / hace / hacemos / hacéis / hacen	hacía / hacías / hacía / hacíamos / hacíais / hacían	hice / hiciste / hizo / hicimos / hicisteis / hicieron	haré / harás / hará / haremos / haréis / harán	haría / harías / haría / haríamos / haríais / harían	haga / hagas / haga / hagamos / hagáis / hagan	hiciera / hicieras / hiciera / hiciéramos / hicierais / hicieran	haz tú, no hagas / haga Ud. / hagamos / hagan
ir / yendo / ido	voy / vas / va / vamos / vais / van	iba / ibas / iba / íbamos / ibais / iban	fui / fuiste / fue / fuimos / fuisteis / fueron	iré / irás / irá / iremos / iréis / irán	iría / irías / iría / iríamos / iríais / irían	vaya / vayas / vaya / vayamos / vayáis / vayan	fuera / fueras / fuera / fuéramos / fuerais / fueran	ve tú, no vayas / vaya Ud. / vayamos / vayan

C. Irregular Verbs (continued)

INFINITIVE PRESENT PARTICIPLE PAST PARTICIPLE	INDICATIVE					SUBJUNCTIVE		IMPERATIVE
	PRESENT	IMPERFECT	PRETERITE	FUTURE	CONDITIONAL	PRESENT	IMPERFECT	
oír oyendo oído	oigo oyes oye oímos oís oyen	oía oías oía oíamos oíais oían	oí oíste oyó oímos oísteis oyeron	oiré oirás oirá oiremos oiréis oirán	oiría oirías oiría oiríamos oiríais oirían	oiga oigas oiga oigamos oigáis oigan	oyera oyeras oyera oyéramos oyerais oyeran	oye tú, no oigas oiga Ud. oigamos oigan
poder pudiendo podido	puedo puedes puede podemos podéis pueden	podía podías podía podíamos podíais podían	pude pudiste pudo pudimos pudisteis pudieron	podré podrás podrá podremos podréis podrán	podría podrías podría podríamos podríais podrían	pueda puedas pueda podamos podáis puedan	pudiera pudieras pudiera pudiéramos pudierais pudieran	
poner poniendo puesto	pongo pones pone ponemos ponéis ponen	ponía ponías ponía poníamos poníais ponían	puse pusiste puso pusimos pusisteis pusieron	pondré pondrás pondrá pondremos pondréis pondrán	pondría pondrías pondría pondríamos pondríais pondrían	ponga pongas ponga pongamos pongáis pongan	pusiera pusieras pusiera pusiéramos pusierais pusieran	pon tú, no pongas ponga Ud. pongamos pongan
querer queriendo querido	quiero quieres quiere queremos queréis quieren	quería querías quería queríamos queríais querían	quise quisiste quiso quisimos quisisteis quisieron	querré querrás querrá querremos querréis querrán	querría querrías querría querríamos querríais querrían	quiera quieras quiera queramos queráis quieran	quisiera quisieras quisiera quisiéramos quisierais quisieran	quiere tú, no quieras quiera Ud. queramos quieran
saber sabiendo sabido	sé sabes sabe sabemos sabéis saben	sabía sabías sabía sabíamos sabíais sabían	supe supiste supo supimos supisteis supieron	sabré sabrás sabrá sabremos sabréis sabrán	sabría sabrías sabría sabríamos sabríais sabrían	sepa sepas sepa sepamos sepáis sepan	supiera supieras supiera supiéramos supierais supieran	sabe tú, no sepas sepa Ud. sepamos sepan
salir saliendo salido	salgo sales sale salimos salís salen	salía salías salía salíamos salíais salían	salí saliste salió salimos salisteis salieron	saldré saldrás saldrá saldremos saldréis saldrán	saldría saldrías saldría saldríamos saldríais saldrían	salga salgas salga salgamos salgáis salgan	saliera salieras saliera saliéramos salierais salieran	sal tú, no salgas salga Ud. salgamos salgan
ser siendo sido	soy eres es somos sois son	era eras era éramos erais eran	fui fuiste fue fuimos fuisteis fueron	seré serás será seremos seréis serán	sería serías sería seríamos seríais serían	sea seas sea seamos seáis sean	fuera fueras fuera fuéramos fuerais fueran	sé tú, no seas sea Ud. seamos sean
tener teniendo tenido	tengo tienes tiene tenemos tenéis tienen	tenía tenías tenía teníamos teníais tenían	tuve tuviste tuvo tuvimos tuvisteis tuvieron	tendré tendrás tendrá tendremos tendréis tendrán	tendría tendrías tendría tendríamos tendríais tendrían	tenga tengas tenga tengamos tengáis tengan	tuviera tuvieras tuviera tuviéramos tuvierais tuvieran	ten tú, no tengas tenga Ud. tengamos tengan

C. Irregular Verbs (continued)

INFINITIVE / PRESENT PARTICIPLE / PAST PARTICIPLE	INDICATIVE					SUBJUNCTIVE		IMPERATIVE
	PRESENT	IMPERFECT	PRETERITE	FUTURE	CONDITIONAL	PRESENT	IMPERFECT	
traer trayendo traído	traigo traes trae traemos traéis traen	traía traías traía traíamos traíais traían	traje trajiste trajo trajimos trajisteis trajeron	traeré traerás traerá traeremos traeréis traerán	traería traerías traería traeríamos traeríais traerían	traiga traigas traiga traigamos traigáis traigan	trajera trajeras trajera trajéramos trajerais trajeran	trae tú, no traigas traiga Ud. traigamos traigan
venir viniendo venido	vengo vienes viene venimos venís vienen	venía venías venía veníamos veníais venían	vine viniste vino vinimos vinisteis vinieron	vendré vendrás vendrá vendremos vendréis vendrán	vendría vendrías vendría vendríamos vendríais vendrían	venga vengas venga vengamos vengáis vengan	viniera vinieras viniera viniéramos vinierais vinieran	ven tú, no vengas venga Ud. vengamos vengan
ver viendo visto	veo ves ve vemos veis ven	veía veías veía veíamos veíais veían	vi viste vio vimos visteis vieron	veré verás verá veremos veréis verán	vería verías vería veríamos veríais verían	vea veas vea veamos veáis vean	viera vieras viera viéramos vierais vieran	ve tú, no veas vea Ud. veamos vean

D. Stem-Changing and Spelling Change Verbs

INFINITIVE / PRESENT PARTICIPLE / PAST PARTICIPLE	INDICATIVE					SUBJUNCTIVE		IMPERATIVE
	PRESENT	IMPERFECT	PRETERITE	FUTURE	CONDITIONAL	PRESENT	IMPERFECT	
pensar (ie) pensando pensado	pienso piensas piensa pensamos pensáis piensan	pensaba pensabas pensaba pensábamos pensabais pensaban	pensé pensaste pensó pensamos pensasteis pensaron	pensaré pensarás pensará pensaremos pensaréis pensarán	pensaría pensarías pensaría pensaríamos pensaríais pensarían	piense pienses piense pensemos penséis piensen	pensara pensaras pensara pensáramos pensarais pensaran	piensa tú, no pienses piense Ud. pensemos piensen
volver (ue) volviendo vuelto	vuelvo vuelves vuelve volvemos volvéis vuelven	volvía volvías volvía volvíamos volvíais volvían	volví volviste volvió volvimos volvisteis volvieron	volveré volverás volverá volveremos volveréis volverán	volvería volverías volvería volveríamos volveríais volverían	vuelva vuelvas vuelva volvamos volváis vuelvan	volviera volvieras volviera volviéramos volvierais volvieran	vuelve tú, no vuelvas vuelva Ud. volvamos vuelvan
dormir (ue, u) durmiendo dormido	duermo duermes duerme dormimos dormís duermen	dormía dormías dormía dormíamos dormíais dormían	dormí dormiste durmió dormimos dormisteis durmieron	dormiré dormirás dormirá dormiremos dormiréis dormirán	dormiría dormirías dormiría dormiríamos dormiríais dormirían	duerma duermas duerma durmamos durmáis duerman	durmiera durmieras durmiera durmiéramos durmierais durmieran	duerme tú, no duermas duerma Ud. durmamos duerman

D. Stem-Changing and Spelling Change Verbs (continued)

INFINITIVE PRESENT PARTICIPLE PAST PARTICIPLE	INDICATIVE					SUBJUNCTIVE		IMPERATIVE
	PRESENT	IMPERFECT	PRETERITE	FUTURE	CONDITIONAL	PRESENT	IMPERFECT	
construir (y) construyendo construido	construyo construyes construye construimos construís construyen	construía construías construía construíamos construíais construían	construí construiste construyó construimos construisteis construyeron	construiré construirás construirá construiremos construiréis construirán	construiría construirías construiría construiríamos construiríais construirían	construya construyas construya construyamos construyáis construyan	construyera construyeras construyera construyéramos construyerais construyeran	construye tú, no construyas construya Ud. construyamos construyan
reír (i, i) riendo reído	río ríes ríe reímos reís ríen	reía reías reía reíamos reíais reían	reí reíste rio reímos reísteis rieron	reiré reirás reirá reiremos reiréis reirán	reiría reirías reiría reiríamos reiríais reirían	ría rías ría riamos riáis rían	riera rieras riera riéramos rierais rieran	ríe tú, no rías ría Ud. riamos rían
seguir (i, i) (g) siguiendo seguido	sigo sigues sigue seguimos seguís siguen	seguía seguías seguía seguíamos seguíais seguían	seguí seguiste siguió seguimos seguisteis siguieron	seguiré seguirás seguirá seguiremos seguiréis seguirán	seguiría seguirías seguiría seguiríamos seguiríais seguirían	siga sigas siga sigamos sigáis sigan	siguiera siguieras siguiera siguiéramos siguierais siguieran	sigue tú, no sigas siga Ud. sigamos sigan
sentir (ie, i) sintiendo sentido	siento sientes siente sentimos sentís sienten	sentía sentías sentía sentíamos sentíais sentían	sentí sentiste sintió sentimos sentisteis sintieron	sentiré sentirás sentirá sentiremos sentiréis sentirán	sentiría sentirías sentiría sentiríamos sentiríais sentirían	sienta sientas sienta sintamos sintáis sientan	sintiera sintieras sintiera sintiéramos sintierais sintieran	siente tú, no sientas sienta Ud. sintamos sientan
pedir (i, i) pidiendo pedido	pido pides pide pedimos pedís piden	pedía pedías pedía pedíamos pedíais pedían	pedí pediste pidió pedimos pedisteis pidieron	pediré pedirás pedirá pediremos pediréis pedirán	pediría pedirías pediría pediríamos pediríais pedirían	pida pidas pida pidamos pidáis pidan	pidiera pidieras pidiera pidiéramos pidierais pidieran	pide tú, no pidas pida Ud. pidamos pidan
producir (zc) produciendo producido	produzco produces produce producimos producís producen	producía producías producía producíamos producíais producían	produje produjiste produjo produjimos produjisteis produjeron	produciré producirás producirá produciremos produciréis producirán	produciría producirías produciría produciríamos produciríais producirían	produzca produzcas produzca produzcamos produzcáis produzcan	produjera produjeras produjera produjéramos produjerais produjeran	produce tú, no produzcas produzca Ud. produzcamos produzcan

Appendix 2

GRAMMAR SUMMARY TABLES

I. Personal Pronouns

SUBJECT	OBJECT OF PREPOSITION	REFLEXIVE	INDIRECT OBJECT	DIRECT OBJECT
yo	mí	me	me	me
tú	ti	te	te	te
usted	usted	se	le	lo/la
él	él	se	le	lo
ella	ella	se	le	la
nosotros/as	nosotros/as	nos	nos	nos
vosotros/as	vosotros/as	os	os	os
ustedes	ustedes	se	les	los/las
ellos	ellos	se	les	los
ellas	ellas	se	les	las

II. Possessive Adjectives and Pronouns

ADJECTIVES		PRONOUNS	
my	mi, mis	*mine*	mío/a, míos/as
your (fam. s.)	tu, tus	*yours (fam. s.)*	tuyo/a, tuyos/as
your (form. s.)	su, sus	*yours (form. s.)*	suyo/a, suyos/as
his	su, sus	*his*	suyo/a, suyos/as
her	su, sus	*hers*	suyo/a, suyos/as
our	nuestro/a, nuestros/as	*ours*	nuestro/a, nuestros/as
your (fam. pl.)	vuestro/a, vuestros/as	*yours (fam. pl.)*	vuestro/a, vuestros/as
your (form. pl.)	su, sus	*yours (form. pl.)*	suyo/a, suyos/as
their	su, sus	*theirs*	suyo/a, suyos/as

III. Demonstrative Adjectives and Pronouns

MASCULINE AND FEMININE	ADJECTIVES AND PRONOUNS*	NEUTER PRONOUNS
this, these	este/esta, estos/estas	esto
that, those (*not close to speaker*)	ese/esa, esos/esas	eso
that, those (*further from speaker*)	aquel/aquella, aquellos/aquellas	aquello

*Pronouns have a written accent mark.

IV. Preterite and Imperfect

PRETERITE		IMPERFECT	
completed event	hablé	*event in progress*	hablaba
completed state	estuve	*ongoing state*	estaba
completed series	fue, vio	*"used to"*	iba, veía

V. Indicative and Subjunctive

NOUN CLAUSES			
Indicative		*Subjunctive*	
assertion	es verdad que	*possibility*	es posible que
belief	creo que	*doubt*	dudo que
knowledge	sé que	*subjective reaction*	es increíble que
		volition	quiero que

ADJECTIVE CLAUSES	
Indicative	*Subjunctive*
known antecedent	*unknown antecedent*
Tengo un amigo que es...	Busco un amigo que sea...
existent antecedent	*nonexistent antecedent*
Hay una persona que es...	No hay nadie que sea...

ADVERBIAL CLAUSES: TIME	
Indicative	*Subjunctive*
cuando hasta que tan pronto como ⎫ + *habitual action* en cuanto después (de) que	cuando hasta que tan pronto como ⎫ + *future action* en cuanto después (de) que
	antes (de) que + *all actions*

ADVERBIAL CLAUSES: PURPOSE
Subjunctive
a menos que con tal (de) que en caso de que ⎫ + *all actions* para que sin que

Appendix 3

EVALUATION CRITERIA FOR COMPOSITIONS

Content (Information Conveyed)   POINTS

❖ minimal information; information lacks substance (is superficial); inappropriate or irrelevant information; or not enough information to evaluate   19
❖ limited information; ideas present but not developed; lack of supporting detail or evidence   22
❖ adequate information; some development of ideas; some ideas lack supporting detail or evidence   25
❖ very complete information; no more can be said; thorough; relevant; on target   30

Organization

❖ series of separate sentences with no transitions; disconnected ideas; no apparent order to the content; or not enough to evaluate   16
❖ limited order to the content; lacks logical sequencing of ideas; ineffective ordering; very choppy; disjointed   18
❖ an apparent order to the content is intended; somewhat choppy; loosely organized but main points do stand out although sequencing of ideas is not complete   22
❖ logically and effectively ordered; main points and details are connected; fluent; not choppy whatsoever   25

Vocabulary

❖ inadequate; repetitive; incorrect use or nonuse of words studied; literal translations; abundance of invented words; or not enough to evaluate   16
❖ erroneous word use or choice leads to confused or obscured meaning; some literal translations and invented words; limited use of words studied   18
❖ adequate but not impressive; some erroneous word usage or choice, but meaning is not confused or obscured; some use of words studied   22
❖ broad; impressive; precise and effective word use and choice; extensive use of words studied   25

Language

❖ one or more errors in use and form of the grammar presented in lesson; frequent errors in subject/verb agreement; non-Spanish sentence structure; erroneous use of language makes the work mostly incomprehensible; no evidence of having edited the work for language; or not enough to evaluate   13
❖ no errors in the grammar presented in lesson; some errors in subject/verb agreement; some errors in adjective/noun agreement; erroneous use of language often impedes comprehensibility; work was poorly edited for language   15
❖ no errors in the grammar presented in lesson; occasional errors in subject/verb or adjective/noun agreement; erroneous use of language does not impede comprehensibility; some editing for language evident but not complete   17
❖ no errors in the grammar presented in lesson; very few errors in subject/verb or adjective/noun agreement; work was well edited for language   20

Total points _____ /100

Appendix 4

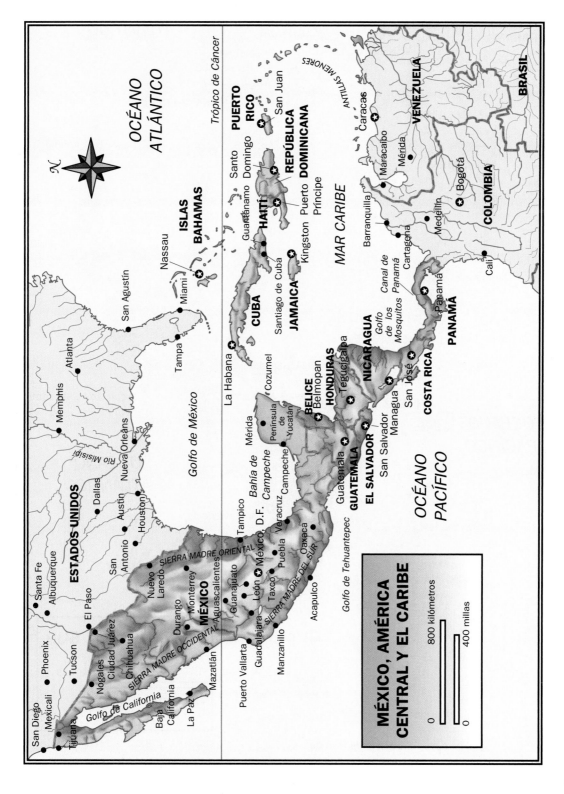

MÉXICO, AMÉRICA CENTRAL Y EL CARIBE

MAR CARIBE

OCÉANO
ATLÁNTICO

Maracaibo
Barranquilla
PANAMÁ
Caracas
VENEZUELA
GUYANA
Medellín
Georgetown
Panamá
Paramaribo
Cayena
Bogotá
Río Orinoco
Cali
SURINAME
GUYANA FRANCESA
COLOMBIA
Quito
Ecuador
ECUADOR
Río Amazonas
Guayaquil
Belém
Manaus
PERÚ
BRASIL
Recife
CORDILLERA DE LOS ANDES
Cuzco
Lima
La Paz
Brasília
Arequipa
BOLIVIA
Sucre
PARAGUAY
Antofagasta
Río de Janeiro
Trópico de Capricornio
Asunción
CHILE
San Miguel
de Tucumán
São Paulo
La Serena
OCÉANO
PACÍFICO
OCÉANO
ATLÁNTICO
Córdoba
Rosario
Valparaíso
URUGUAY
Santiago
ARGENTINA
Buenos Aires
Montevideo
Concepción
Río de la Plata
Bahía Blanca
Puerto Montt   Bariloche
Chiloé
AMÉRICA DEL SUR
Islas Malvinas
0   1500 kilómetros
Estrecho de Magallanes
Punta Arenas   Tierra del Fuego
0   1000 millas
Cabo de Hornos

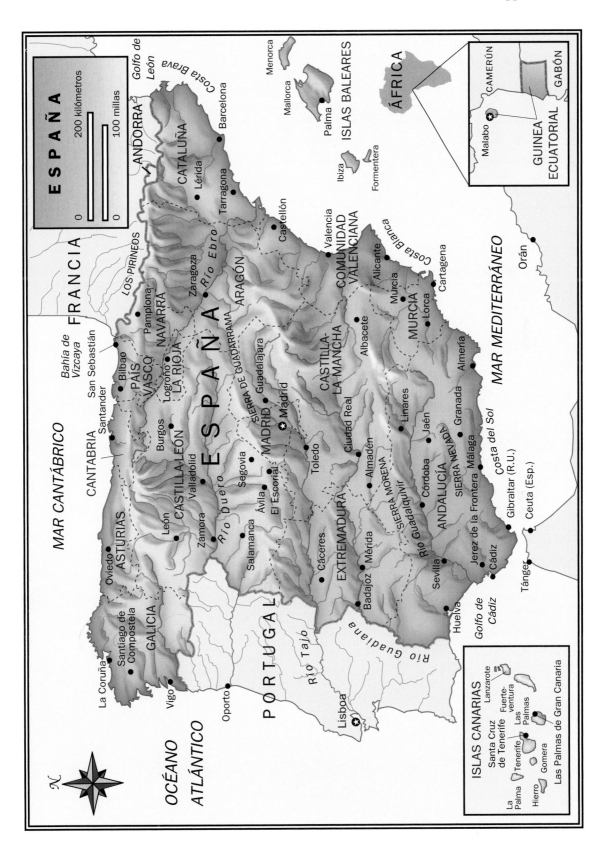

Vocabulario español-inglés

The Spanish-English Vocabulary contains all the words that appear in the text, with the following exceptions: (1) most close or identical cognates that do not appear in the thematic vocabulary lists; (2) most conjugated verb forms; (3) diminutives ending in **-ito/a**; (4) absolute superlatives ending in **-ísimo/a;** (5) most adverbs ending in **-mente;** (6) most numbers; (7) subject and object pronouns, possessive adjectives, and demonstrative adjectives and pronouns; (8) some vocabulary from realia and authentic readings. Only meanings that are used in the text are given.

   The gender of nouns is indicated, except for masculine nouns ending in **-o** and feminine nouns ending in **-a.** Stem changes and spelling changes are indicated for verbs: **dormir (ue, u); llegar (gu).** The letter **ñ** follows the letter **n: añadir** follows **anuncio.** The following abbreviations are used:

adj.	adjective	*inv.*	invariable
adv.	adverb	*irreg.*	irregular
Amer.	American	*m.*	masculine
coll.	colloquial	*n.*	noun
conj.	conjunction	*p.p.*	past participle
f.	feminine	*pl.*	plural
fam.	familiar	*prep.*	preposition
form.	formal	*pron.*	pronoun
gram.	grammar	*s.*	singular
indef. pron.	indefinite pronoun	*Sp.*	Spain
inf.	infinitive	*v.*	verb
interj.	interjection		

A

a at; to; **a base de** the basic ingredients; **a cambio de** in exchange for; **a causa de** because of; **a condición de que** under the condition that; provided that; **a continuación** following, next; **a distancia** at a distance; **a favor de** in favor of; **a fin de cuentas** in the end; **a fin de que** *conj.* so that; **a fondo** thoroughly; **a la vez** at the same time; **a lo largo de** along; **a menos que** *conj.* unless; **a pesar de** in spite of, despite; **a propósito** by the way; **a sabiendas** *adv.* knowingly, consciously; **a tiempo** on time; **a través de** *prep.* through, across (9); **a veces** sometimes; **a ver** let's see

abajo down; below

abalorios *pl.* glass beads

abierto/a (*p.p. of* **abrir**) open, opened

abogado/a lawyer

aborto abortion

absoluto/a absolute; **en absoluto** not at all

absorber to absorb

absorción *f.*: **absorción cultural** cultural absorption (1)

aburrimiento boredom

aburrir to bore; **aburrirse** to become bored

abuso abuse

acabar(se) to finish, complete; **acabar con** to put an end to; to kill; **acabar de** (+ *inf.*) to have just (*done something*)

acampar to camp

acceder to access

acción *f.* action; **acciones concienzudas** conscientious actions (5); **acción nociva** harmful actions (5); **serie** (*f.*) **de acción** action series

acentuado/a stressed

aceptar to accept

acerca de *prep.* about, concerning

acercarse (qu) to come close, draw near

acertar (ie) to guess correctly

acidez *f.* acidity

ácido/a acid; **lluvia ácida** acid rain (6)

aclamar to acclaim

aclaración *f.* clarification, explanation

aclarar to clarify, explain (4)

acomodar to accommodate
acompañar to accompany
acondicionador *m.* air conditioner
aconsejar to advise
acontecimiento event
acordar (ue) to agree upon
acostarse (ue) to go to bed
actitud *f.* attitude (8); **actitud
   discriminatoria** discriminatory
   attitude (10)
actitudinal attitudinal
activar to activate
activista *m., f.* activist
actriz *f.* actress
actuación *f.* performance
actual present, current
actualidad *f.:* **en la actualidad**
   at the present time
acuerdo agreement; **de acuerdo
   con** in accordance with; **estar**
   (irreg.) **de acuerdo** to agree
acumular to accumulate (6)
acumulativo/a cumulative
acusación *f.* accusation
acusar to accuse (10)
acusatorio/a accusatory
acústico/a acoustic
adelgazar(se) (c) to become
   thin (7)
además *adv.* moreover, furthermore
   (3); **además de** *prep.* besides, in
   addition to
adherirse (ie, i) to support, join
   (*a cause*)
adhesión *f.* adherence
adiestramiento training
adivinador(a) prophesier; soothsayer
adivinar to guess; to foretell
adivinatorio/a divinatory, prophetic
adjetival *gram.:* **cláusula adjetival**
   adjective clause
administrar to manage; to run
   (*a business*)
adquirir (ie) to acquire
adverbial *gram.:* **cláusula adverbial** adverbial clause
aeróbico: hacer *(irreg.)* **ejercicio
   aeróbico** to do aerobics
aerosoles *m. pl.* aerosols (5)
afectar to affect
afecto affection
afeitar to shave
afición *f.* fondness; liking
afirmación *f.* statement, assertion
afirmar to state, assert

afortunado/a fortunate
africanocubano/a *n., adj.*
   Afro-Cuban
afrontar to face; to confront
afuera *adv.* outside
agarrar to hold on tightly
agenda electrónica electronic
   agenda (7)
agonizar (c) to agonize
agotado/a exhausted
agotarse to run out of, use up
agradable pleasant
agradecer (zc) to give thanks
agrado pleasure
agrario/a: reforma agraria
   agrarian reform
agregar (gu) to add
agricultor(a) farmer
agricultura agriculture
aguacate *m.* avocado
aguaprieta black water (*swamp*)
águila *f.* (*but* **el águila**) eagle
agujerear to pierce
agujero en la capa del ozono hole
   in the ozone layer (6)
ahorrar to save (5)
ahuyentar to drive, chase away
aire *m.* air; **al aire libre** outdoors
aislar to isolate
ajo garlic
al (**a** + **el**) to the; **al contrario** on
   the contrary; **al igual que** just as,
   like; **al lado** next door; **al
   principio** in the beginning
alambre *m.* wire
alarmar to alarm
alcance *m.* reach
alcanzar (c) to reach (4)
alegrarse (de) to be happy (about)
alejar to remove (*to a distance*);
   alejarse to move away
alemán, alemana *n., adj.* German
alentar (ie) to encourage
alféizar *m.* windowsill
alimentar to feed
almacén *m.* warehouse
almacenaje *m.* storage fees,
   warehouse fees
almacenar to store (5)
alojamiento lodging
alquiler *m.* rent
alrededor de around
alterado/a altered
alto/a tall; high; **pasar por alto** to
   disregard; to leave out

alucinado/a: estar *(irreg.)*
   alucinado/a to be amazed,
   freaked out
aluminio aluminum (5)
alzar (c) to raise
amante *m., f.* lover
ambición *f.* ambition
ambiental environmental
ambiente *m.* atmosphere; **medio
   ambiente** environment
ambos/as both
amenaza threat
amenazante threatening
amenazar (c) to threaten (2)
ametrallar to gun down
amnistía amnesty
ampliación *f.* enlargement
ampliar to enlarge, extend (1)
amuleto amulet
analítico/a analytical
anciano/a old man / old woman
anfitrión, anfitriona host, hostess
anglohablante *m., f.* English-
   speaker (2)
anglosajón, anglosajona *n., adj.*
   Anglo-Saxon
anillo ring
animado/a lively (1); **dibujos
   animados** cartoons, comics (7)
animar to encourage (7)
ánimo spirit; energy
anoche *adv.* last night
anotar to jot down
ansia *f.* (*but* **el ansia**) anxiety
ansiedad *f.* anxiety, worry
antagonismo antagonism (11)
ante *prep.* before; in view of
antepasado ancestor
anterior prior, previous
antiguo/a ancient; old
antisemítico/a anti-Semitic
anular to revoke; to annul
anunciar to announce; to
   advertise
anuncio announcement; **anuncio
   publicitario** advertisement (7)
añadir to add
apaciguar (gü) to placate
apagar (gu) to turn off (7)
apagón *m.* blackout
apalabrado/a arranged beforehand
apantallar to screen; to shield
aparato device; appliance
aparecer (zc) to appear
aparición *f.* apparition

apariencia física physical appearance (8)

apartar to separate; **apartarse** to leave

apasionado/a passionate

apasionamiento enthusiasm, excitement

apellido last name

apenas *adv.* scarcely, hardly

apetecer (zc) to crave

aplicado/a studious, industrious (1)

aplicar (qu) to apply

apoyar to support

apreciar to appreciate

aprehender to apprehend

aprender to learn

aprendizaje *m.* learning

apresar to arrest

aprobar (ue) to approve

apropiado/a appropriate

aprovecharse de to make use of, take advantage of

apuesto/a handsome, good-looking

apuntar to note, jot down

apunte *m.* note; sketch

apuro haste

aquejado/a (de) suffering (from); afflicted (with)

araña spider

arbusto bush

archivo file

arco arch; **arco iris** rainbow

arder to burn

arena sand

arepa *cornmeal griddlecake*

argumento argument; plot (*literature*)

árido/a dry

arma *f.* (*but* **el arma**) weapon

armonia harmony

aroma *m.* smell

arpillera tapestry

arrecife *m.* reef

arreglar to fix, repair

arrepentirse (ie, i) (de) to regret; to repent

arrestar to arrest

arriesgar (gu) to risk (9)

arrodillarse to kneel

artístico/a artistic; **libertad** (*f.*) **de expresión artística** freedom of artistic expression (9)

arzobispo archbishop

asaltar to assault

ascendencia ancestry (11)

ascendiente *m., f.* ancestor (11)

asegurar to assure

asemejarse a to be similar to

asesinar to murder

asesinato murder

asfixiante suffocating, asphyxiating

asiento seat

asimilar to assimilate; **asimilarse** to become assimilated (1)

asistir to attend

aspecto appearance; aspect

aspiración *f.* aspiration (4)

aspirante *m., f.* candidate; applicant

aspirar to aspire

asunto matter

asustar to frighten (4)

atacar (qu) to attack

atención *f.* attention; **llamar la atención** to attract notice; **prestar atención** to pay attention

atentado illegal act

atento/a attentive

ateo/a *n.* atheist (4)

atestiguar (gü) to testify

atraer (*like* **traer**) to attract

atrapar to trap (6)

atrás *adv.* back; behind

atravesar (ie) to cross

atreverse to dare

atrevido/a daring (1)

atrevimiento daring, boldness

atribuir (y) to attribute (11)

atributo attribute (11)

auge *m.* apex, apogee

aula *f.* (*but* **el aula**) classroom

aullar to howl

aumentar to increase (6)

aun *adv.* even; **aun cuando** even though

aún *adv.* yet, still

aunque although, even if, even though

ausente absent

autodestructivo/a self-destructive

automático/a automatic; **cajero automático** automatic teller machine (7); **contestador** (*m.*) **automático** answering machine (7)

automatizar (c) to automate

autorizar (c) to authorize (9)

avance *m.* advance; **avance tecnológico** technological advance (7)

avanzar (c) to advance

avaricia greed (7)

avaro/a greedy

ave *f.* (*but* **el ave**) bird

aventajar to give an advantage to; to surpass

averiguar (gü) to check

avisar to warn; to inform

ayudar to help

azar *m.* chance

Б

bailarín, bailarina dancer

bajo *adv.* under

bajo/a short; low; lower

balanza balance

balcón *m.* balcony

ballena whale

bancario/a: cuenta bancaria bank account

banda band, gang

bandera flag

barcelonés, barcelonesa *n.* man, woman from Barcelona

barrera barrier (11)

barril *m.* barrel

basarse en to be based on

base *f.*: **a base de** the basic ingredients; **con base en** based on

bastante *adj.* enough; *adv.* fairly, rather; quite a lot

basura trash; **tirar en la basura** throw away, out (5)

basurero trash can

batalla battle; **campo de batalla** battlefield

baúl *m.* trunk

bautizo baptism

bello/a: bellas artes *f. pl.* fine arts

beso kiss

bestia beast

Biblia Bible

bicultural bicultural (2)

bien *adv.* well; *n.* good; **bien común** public good (9); **bien parecido** good-looking (2)

bienvenida: dar (*irreg.*) **la bienvenida** to welcome

bilingüe bilingual (2)

billete *m.* ticket

biodegradarse to biodegrade

bisabuelo/a great-grandfather/ great-grandmother; *pl.* great-grandparents

blanco/a white; blank; **Blanca Nieves** Snow White

boda wedding

boleto de ida y vuelta roundtrip ticket
bolígrafo pen
bolsillo pocket
bordear to border
borrador *m.* rough draft
borrar to erase
bosque *m.* forest
bosquejo outline
botella bottle
bozo muzzle
brasa live coal
brazo arm
breve brief
brillante shining, bright
brindar to toast
bromear to joke
bromista *adj. m., f.* joking, bantering (1)
brujería witchcraft
brusco/a abrupt
buitre *m.* vulture
burbuja bubble
burla taunt
burlarse (de) to make fun (of), mock
busca: en busca de in search of
búsqueda search

C

caballero gentleman; nobleman; knight
caballo horse
caber *irreg.* to fit
cachaza sluggishness
cacto cactus
cada each; every; **cada vez más** more and more
caimán *m.* alligator
caja box
cajero/a cashier; **cajero automático** automatic teller machine (7)
caldera de carbón coal-fired boiler
calefacción *f.* heating; heater
calentar (ie) to heat (6); to warm (6)
calvicie *f.* baldness
calvo/a bald
cambio change; **a cambio de** in exchange for; **en cambio** on the other hand
camino road
camión *m.* truck
campaña campaign

campesino/a peasant
campo countryside; field (4); camp; **campo de batalla** battlefield
canal *m.* channel
cancillería chancellorship
canción *f.* song
candidato/a candidate
cantante *m., f.* singer
cántaro pitcher
cantidad *f.* quantity
capa: agujero en la capa del ozono hole in the ozone layer (6); **capa de hielo polar** polar ice cap
capacidad *f.* ability
capaz (*pl.* **capaces**) able
captar to capture (*attention*) (11); to hear, perceive (11)
capturar to capture
cara face
carácter *m.* (*pl.* **caracteres**) character, personality
caracterizar (c) to characterize (11)
carbón *m.* coal; **caldera de carbón** coal-fired boiler
carbono carbon; **dióxido de carbono** carbon dioxide
cárcel *f.* prison, jail
carecer (zc) to lack
carencia lack, shortage
cargo burden
Caribe *m.* Caribbean
cariño affection
carpintero carpenter
carrera career
cartel *m.* poster
casar to marry; **casarse (con)** to get married
casco urbano city center
casero/a *adj.* home
casilla box
caso case; **en caso de que** *conj.* in case that
casta caste; lineage
castaño/a chestnut (*color*)
castigar (gu) to punish (4)
castigo punishment
castillo castle
castizo/a quadroon (*a person having one black and three white grandparents*)
casualidad *f.* chance
catalizador *m.* catalyst
catástrofe *m.* catastrophe
cátredra professorship

causa cause; **a causa de** because of
causar to cause
ceja eyebrow
célebre famous
célula cell
celular *m.* cell phone (7)
cenar to have dinner
Cenicienta Cinderella
censura censorship
censurar to censor (9)
centavo cent
centenario centennial
centeno rye
centro center; downtown; **centro comercial** mall
cera wax
cerebro brain
certeza certainty (3); **tener** (*irreg.*) **la certeza** to be sure
certidumbre *f.* certainty
cesación *f.* cessation, discontinuing
cesar to cease, stop (10)
cese *m.* cease; cessation
champú *m.* shampoo
charla chat; discussion
cheque *m.* check; **cheque de viajero** traveler's check
chileno/a *n., adj.* Chilean
chino *n.* Chinese (*language*)
chisme *m.* gossip
chiste *m.* joke
cibernauta *m., f.* Internet surfer
cibernética cybernetics (8)
cielo heaven; sky
científico/a *n.* scientist; *adj.* scientific
cierto/a certain, sure
cigarro cigar; cigarette
cinta tape
Circe Circe, the enchantress in Homer's *Odyssey*
circulación *f.* traffic (6); circulation (6)
circular to circulate (6)
circunstancia circumstance
cita date; appointment
ciudad *f.* city
ciudadano/a citizen (2)
claridad *f.* clarity
claro/a clear; **claro que** clearly, of course; **claro que sí** of course; **poner** (*irreg.*) **en claro** to make clear
cláusula *gram.* clause; **cláusula adjetival** adjective clause; **cláusula adverbial** adverbial

clause; **cláusula nominal** noun clause

clave *adj. inv.* key (*important*)

clérigo priest

cliente *m., f.* customer; client

clonar to clone

cloro chlorine

clorofluorocarbono chlorofluoro-carbon (6)

cobrar to charge

cobrizo/a *adj.* copper, copper-colored

Coco Boogeyman

coctel *m.* cocktail

códice *m.* codex

código code

coger (j) to take hold of

cohete *m.* rocket

coincidir to coincide

cola tail

colectividad *f.* community

colegio college

colgar (ue) (gu) to hang

colindar to border

colocación *f.* placement

colocar (qu) to place, put (8)

colonizar (c) to colonize (12)

combustible *m.* fuel; **combustibles fósiles** fossil fuels (6)

comentar to comment (on), talk about, discuss

comenzar (ie) (c) to begin

comer to eat; **comerse** to eat up

comercial commercial; **centro comercial** mall

comestibles *m. pl.* food

cometer to commit

cómico/a funny; **tira cómica** comic strip; *pl.* comics

comienzo beginning

como like; as; **así como** just as; **como consecuencia** consequently; **tal como** such as; just as; **tan... como** as . . . as; **tan pronto como** as soon as; **tanto... como** as . . . as; **tanto como** as much as

comodidad *f.* comfort

compacto: disco compacto compact disc

compañía company

compartir to share

compensar to compensate

competir (i, i) to compete

complemento directo *gram.* direct object pronoun; **complemento**

indirecto *gram.* indirect object pronoun

completo/a complete; **por completo** completely

complicar (qu) to complicate

cómplice *m., f.* accomplice

componente component

componer (*like* **poner**) to compose

comportamiento behavior (3)

comportarse to behave

compra purchase; **ir** (*irreg.*) **de compras** to go shopping

comprensible comprehensible

comprobar (ue) to confirm; to check, verify

computadora computer (7)

computar to compute

común common; **bien** (*m.*) **común** public good (9)

comunicación *f.* communication; **medios de comunicación** media; **red** (*f.*) **de comunicación** communication network (7)

comunidad *f.* community (11)

comunitario/a *adj.* community

con *prep.* with; **con base de** based on; **con tal de que** *conj.* provided that

conceder to grant

concienzudo/a: acciones (*f. pl.*) **concienzudas** conscientious actions (5)

concluir (y) to conclude

concordancia agreement

concordar (ue) to agree

concursante *m., f.* contestant

concursar to take part in a contest

concurso contest; **concurso televisivo** game show (7)

conde *m.* count

condenar to condemn (10)

condición *f.* condition; **a condición de que** under the condition that; provided that

condicional *m. gram.* conditional (*tense*)

conducción *f.* conduction; conveyance

conducir *irreg.* to drive

conductor(a) driver

conejero/a rabbit breeder

conejo rabbit (3); **Conejo de Pascua** Easter Bunny

conexión *f.* connection

conferencia lecture; conference

confiado/a confident

confianza: tener (*irreg.*) **confianza** to be confident; **tenerle** (*irreg.*) **confianza** to trust

confiar (confío) en to trust

confirmar to confirm

confundido/a confused (1)

conjetura conjecture

conjunto group

conmover (ue) to disturb, trouble

cono cone

conocimiento knowledge

conquistado/a *n.* conquered (12)

conquistar to conquer (12)

consecuencia consequence; **como consecuencia** consequently

conseguir (*like* **seguir**) to obtain

consejo advice

consentido/a spoiled, pampered

consentimiento consent

consentir (ie, i) to consent (10)

conservar to conserve, save

consigo with oneself

consistir en to consist of, be composed of

constituir (y) to constitute, make up

construir (y) to build (6)

consumir to consume (5)

consumo consumption

contable *m., f.* accountant

contado/a numbered

contador(a) accountant

contaminación *f.* pollution

contar (ue) to count; to tell (3); **contar con** to count on (10); to have (10)

contener (*like* **tener**) to contain

contenido *n.* content

contento/a content

contestación *f.* answer

contestador (*m.*) **automático** answering machine (7)

contigo with you (*fam. s.*)

continuación *f.*: **a continuación** following, next

continuar (continúo) to continue

contra *prep.* against; **en contra de** opposed to

contradecir (*like* **decir**) to contradict

contraer (*like* **traer**) to contract; **contraer matrimonio** to get married

contrariedad *f.* obstacle, hindrance

contrario/a opposite; contrary; **al contrario** on the contrary

contraseña password

contraste *m.* contrast; **en contraste con** in contrast to

contribuir (y) to contribute

controlar to control (10)

convencer (z) to convince (5)

convenir (*like* **venir**) to suit; to be convenient

converso/a *n.* convert

convertirse (ie, i) en to become

convincente convincing

convivencia coexistence

convivir to coexist (2); to live together (2)

copiar to copy

corazón *m.* heart

corona crown

correcto/a correct, right

correo mail; **correo electrónico** e-mail (7)

correr to run; **correr riesgos** to take risks

corresponder to correspond; to match, go with

corrida de toros bullfight

corriente *f.* current

corromperse (*p.p.* **corrupto**) to rot, putrefy

corto/a short

coser to sew

costear to pay for

costumbre *f.* custom; habit

cotidianidad *f.* day-to-day existence

cotidiano/a *adj.* daily (2)

creación *f.* creation

crear to create (8)

crecer (zc) to grow (6)

crecimiento growth

creencia belief

creer (y) to believe

creyente *m., f.* believer

criarse (me crío) to grow up

crimen *m.* crime; **crimen por odio** hate crime (10)

criterio criterion

crítica *n.* criticism

crítico/a *adj.* critical

cruz *f.* cross

cruzar (c) to cross; **cruzar los dedos** to cross one's fingers (3)

cuadro painting

cualidad *f.* quality

cualquier *adj.* any

cualquiera *indef. pron.* anyone; either

cuando *adv., conj.* when; **aun cuando** even though; **de vez en cuando** once in a while; **siempre y cuando** as long as, provided that

cuanto: en cuanto *conj.* as soon as; **cuanto mayor** the bigger; **en cuanto a** in regard to

cubierto (*p.p. of* **cubrir**) covered

cubo cube

cubrir (*p.p.* **cubierto**) to cover

cuenta account; **a fin de cuentas** in the end; **cuenta bancaria** bank account; **darse** (*irreg.*) **cuenta** to realize; **tomar en cuenta** to take into account

cuentista *m., f.* storyteller

cuento story (3); **cuento de hadas** fairy tale

cuerpo body

cuestión *f.* question, matter

cuestionar to question

cuestionario questionnaire

cuidar (de) to take care (of)

culpa fault

culpable guilty

cultivar to grow, raise

cultivo cultivation

culto *n.* religion

culto/a learned, erudite

cultura culture (2)

cultural: absorción (*f.*) **cultural** cultural absorption (1)

cumplir to fulfill; to carry out

cura *m.* priest; *f.* cure

curandero/a healer (*in traditional, homeopathic medicine*)

curiosear to pry; *coll.* to snoop

curioso/a curious (1)

cursivo/a: letra cursiva italics

curso course

cursor *m.* cursor (8)

custodiar to grant custody

cuyo/a(s) whose

D

dañar to harm, hurt (7); to damage (7)

dañino/a harmful, damaging

daño damage (4); harm (4); **hacer** (*irreg.*) **daño** to harm; to damage

dar *irreg.* to give; **dar a conocer** to reveal; **dar gritos** to shout; **dar gusto** to please, make happy; **dar la bienvenida** to welcome; **dar por sentado/a** to take for granted; **dar vueltas** to go around in circles; **darse cuenta** to realize

datos *pl.* information

de of; from; **de acuerdo con** in accordance with; **de joven** as a young person; **de manera que** in such a way that; **de modo que** *conj.* in such a way that; **de ninguna manera** absolutely not; **de niño** as a child; **de nuevo** again; **de repente** suddenly; **de rodillas** on one's knees; **de vez en cuando** once in a while

debajo: por debajo de underneath

deber *n.* duty

deber *v.* to owe; **deber + (*inf.*)** to have to, ought, should (*do something*); **deberse a** to be due to

decaer (*like* **caer**) to decay

decir *irreg.* to say, tell; **es decir** that is to say; **querer** (*irreg.*) **decir** to mean

decisión *f.* decision; **tomar decisiones** to make decisions

decrecer (*like* **crecer**) to decrease; to decline

dedicado/a dedicated (1)

dedo finger; toe; **cruzar (c) los dedos** to cross one's fingers (3)

defensor(a) defender

definir to define

definitivamente definitively, decisively

deforestación *f.* deforestation (6); **tasa de deforestación** rate of deforestation

deforestar to deforest

delantero/a *adj.* front

delgado/a thin, slender

delirio delirium

delito crime (10)

demás: los/las demás the rest

demoledor(a) destructive

demoler (ue) to demolish, destroy (6)

demostrar (*like* **mostrar**) to demonstrate

denotar to denote

dentista *m., f.* dentist

dentro de *prep.* inside, within, in

denuncia accusation, denunciation

denunciable censurable

denunciar to accuse, to denounce (9); to report (*a crime*) (9)
dependencia dependence
depender (de) to depend (on)
dependiente dependent
deprimido/a depressed (1)
derecho *n.* right (9); law
derivado *n.* by-product
derivarse de to derive from, come from
derrocado/a overthrown
derrochador(a) wasteful
derrochar to waste (5)
derrotar to defeat
desacordar (*like* **acordar**) to disagree
desacuerdo disagreement; **estar** (*irreg.*) **en desacuerdo** to disagree
desafortunadamente unfortunately
desagradable unpleasant (8)
desanimar to discourage
desaparecer (*like* **parecer**) to disappear
desapasionado/a dispassionate, impartial
desaprobar (*like* **aprobar**) to disapprove
desarrollar to develop
desastre *m.* disaster
desatinado/a foolish
descartar to discard
descomponerse (*like* **poner**) to decompose (5); to fall apart (5)
descomposición *f.* decomposition
desconectar to disconnect
desconfiado/a distrusting, suspicious
desconocido/a unknown
describir (*like* **escribir**) to describe
descriminatorio/a discriminatory
descrito/a (*p.p. of* **describir**) described
descubierto/a (*p.p. of* **descubrir**) discovered
descubrimiento discovery (12)
descuidar to neglect
desechable disposable (5)
desechar to dispose of
desembocar (qu) to empty (into)
desempeñar to play (*a role*)
desempleo unemployment
deseo desire
desgracia misfortune (3)
desgraciado/a unfortunate
deshacer (*like* **hacer**) to undo

desigual unequal
desigualdad *f.* inequality (10)
desilusionado/a disappointed
desnudar to strip
desnudez *f.* nudity (9)
desodorante *m.* deodorant
desordenado/a disorganized (4)
despasionado/a dispassionate
despectivo/a derogatory
despedazar (c) to break or tear into pieces
despedir (*like* **pedir**) to say good-bye
desperdicio waste product
despertar (ie) to awaken, arouse; **despertarse** to wake (*oneself*) up
despistado/a absentminded
desplazamiento displacement
desplazar (c) to displace (2); **desplazarse** to move, shift
despoblado/a unpopulated
despreciar to scorn, despise, look down on (10)
desprecio scorn, contempt
desprestigiar to cause a person or thing to lose prestige (10)
destacarse (qu) to stand out
desterrar (ie) to get rid of
destinado/a (a) destined (for)
destino fate, destiny
destrucción *f.* destruction
destruir (y) to destroy (12)
desventaja disadvantage (2)
desvestido/a undressed
desviar (desvío) to divert
detalle *m.* detail
detenidamente carefully, thoroughly
detenido/a detained
detergente *m.* detergent (5)
determinado/a specific
determinar to determine
devolución *f.* return
devolver (*like* **volver**) to return (*something*)
devorar to devour
devuelto/a (*p.p. of* **devolver**) returned
diablo devil
dialecto dialect (2)
diario/a daily
dibujante *m., f.* illustrator, cartoonist
dibujo drawing; **dibujos animados** cartoons, comics (7)
dicho *n.* saying

dictado/a dictated
dictador(a) dictator
dictadura dictatorship
dificultad *f.* difficulty
difundir to disseminate; to spread; **difundir opiniones** to spread opinions (9)
difusión *f.* broadcasting; spreading
digital: huella digital fingerprint (8)
dígito *n.* digit
dígito/a *adj.* digital
Dios *m.* God
dióxido de carbono carbon dioxide
diputado/a representative
dirección *f.* address; **dirección** (*f.*) **electrónica** e-mail address; **libreta de direcciones** address book
dirigente *n. m., f.* leader; manager; *adj.* leading; ruling, governing
dirigir (j) to direct (8); **dirigirse a** to address, speak to
disco compacto compact disk
discordia discord; disagreement
discriminar to discriminate (10)
discriminatorio/a discriminatory; **actitud** (*f.*) **discriminatoria** discriminatory attitude (10)
discurso speech
discutir to discuss; to argue
diseñar to design (8)
diseño design
disfrutar de to enjoy
disidente *m., f.* dissident
disminución *f.* decrease
disminuir (y) to decrease, lessen (6)
disponible available
disposición *f.* disposition
disputa dispute, argument
distancia distance; **a distancia** at a distance; **mando a distancia** remote control (7)
distanciar to place at a distance
distracción *f.* distraction
distraer (*like* **traer**) to distract (7)
distribuir (y) to distribute
diverso/a diverse, different; *pl.* various, several
divertido/a fun (1)
dividir to divide
divinidad *f.* divinity
divino/a divine
divisar to see, perceive
división *f.* division
divulgar (gu) to make known, disclose

documentar to document
doler (ue) to hurt
dominar to dominate (10)
dominicano/a *n.* Dominican
dominio control; power
don *m.* Don (*title of respect prefixed to a man's first name*)
droga drug
dualidad *f.* duality (2)
dualismo dualism
duchar(se) to shower
duda doubt (4); **sin duda** without a doubt
dudar to doubt
dueño/a owner
durante during
durar to last

E

echar to throw, cast; **echar suertes** to cast or draw lots
ecologista *m., f.* ecologist
económico/a economic, economical; **nivel** (*m.*) **económico** economic status (8)
economizar (c) to economize
ecuador *m.* equator
ecuatoriano/a *n., adj.* Ecuadoran
educar (qu) educate (7)
educativo/a educational
efectivo *n.* cash
efectivo/a *adj.* effective
efecto effect; **efecto invernadero** greenhouse effect (6)
efectuar (efectúo) to carry out
eficacia efficiency
eficaz (*pl.* **eficaces**) efficient (7)
ejecutivo/a executive
ejercer (z) to practice (*one's profession*)
ejército army
elaborar to elaborate; to make
electrodo electrode
electrónico/a electronic; **agenda electrónica** electronic agenda (7); **correo electrónico** e-mail (7); **dirección** (*f.*) **electrónica** e-mail address
elegir (i, i) (j) to choose, elect
elevar to raise
elitista *adj. m., f.* elitist
eludir to elude; to avoid
embarazada pregnant
embarcar (qu) to embark
embargo: sin embargo however (3)

emblema *m.* symbol (11)
emblematizar (c) to symbolize
emborracharse to get drunk
embotellamiento traffic jam (6)
emigrar to emigrate (12)
emitir to broadcast; **emitir vapores tóxicos** to emit toxic gases (6)
emoción *f.* emotion
emocionar to move, touch, excite
emotivo/a emotional
empaque *m.* packaging
emparejar to match
empeñarse to insist, persist (8)
empeño involvement; commitment; determination, persistence
emperador, emperatriz emperor, empress
empleado/a *n.* employee; *adj.* used, employed
emplear to use, employ
empresa business
en in; **en absoluto** not at all; **en busca de** in search of; **en cambio** on the other hand; **en caso de que** *conj.* in case that; **en contra de** opposed to; **en contraste con** in contrast to; **en cuanto** *conj.* as soon as; **en cuanto a** in regard to; **en primer lugar** in the first place; **en vez de** instead of
enano/a dwarf
encantar to enchant, delight (5)
encarnar to embody (11)
encendedor *m.* lighter
encender (ie) to light; to turn on (*an appliance*) (7)
encerrar (ie) to enclose
enchufar to plug in, connect
encima: por encima de on top of, above
encontrar (ue) to find; **encontrarse con** to meet, encounter (*someone*)
encuentro encounter (12); meeting
encuesta survey, poll
enemigo/a enemy
energía energy (5)
enérgico/a energetic
énfasis *m.*: **hacer** (*irreg.*) **/ poner** (*irreg.*) **énfasis** to emphasize
enfatizar (c) to emphasize
enfermedad *f.* illness
enfermero/a nurse
enfermo/a sick, ill
enfocarse (qu) to focus, concentrate (1)
enfoque *m.* focus

enfrentarse to confront (4)
engañar to deceive
enlace *m.* link, connection
enlatar to can, preserve
enredar to tangle, entangle
ensayo essay
enseñanza education
enseñar to teach
enterado/a informed
enterarse de to find out about (7)
entero/a entire
entidad *f.* entity
entierro burial
entrar to enter
entrecruzar (c) to intercross; to interweave
entregar (gu) to turn in
entretener (*like* **tener**) to entertain; **entretenerse** to amuse oneself (7)
entrevista interview; **programa** (*m.*) **de entrevistas** talk show (7)
entrevistar to interview
enumerado/a enumerated
envasado/a canned; **productos envasados** canned goods (5)
envase *m.* package (*of products, foods*) (5); container (5)
enviar (envío) to send
envoltorio package (5)
envolver (*like* **volver**) to wrap
época epoch, time
equidad *f.* equity
equitativo/a equitable, fair
equivocarse (qu) to make a mistake
errar to wander
erudito/a learned, scholarly
escala scale
escalera stairs; ladder
escandaloso/a scandalous
escape *m.* escape (4)
escasez *f.* (*pl.* **escaseces**) shortage
escaso/a scarce, limited
esclavitud *f.* slavery
esclavo/a slave (12)
escoltar to escort
escondido/a hidden
escudo shield
esencial essential
esfuerzo effort
espacio space
especializarse (c) en to major in (1)
especie *f.* species
especulación *f.* speculation
espejismo mirage
espejo mirror (3)

espíritu *m.* spirit
espiritualidad *f.* spirituality
espliego lavender
espoleta wishbone (3)
espuma plástica bubble wrap (5)
esquema *m.* plan, diagram
esquiar (esquío) to ski
esquivar to avoid, evade
estable stable
establecer (zc) to establish
estacionar to park (6)
estallar to explode
estandarte *m.* standard, banner
estar *irreg.* to be; **estar alucinado/a** to be amazed, freaked out; **estar de acuerdo** to agree; **estar de pie** to be standing; **estar despistado/a** to be absentminded; **estar en desacuerdo** to disagree; **estar hecho/a a polvo** to be exhausted; **estar rallado/a** to be very angry
estatua statue
estatura stature
estéreo stereo
estereotipo stereotype
estilo style
estimar to respect, value
estimular to stimulate (7)
estímulo stimulus
estorbar to disturb
estrategia strategy
estrella star
estrés *m.* stress
ético/a ethical
etiqueta label; tag
etnicidad *f.* ethnicity (11)
étnico/a ethnic
evadir to evade
evaluar (evalúo) to evaluate
evasión *f.* escape
evitar to avoid (3)
excedente excessive
excitar to excite
excluir (y) to exclude
exigir (j) to demand
existencia existence
éxito: tener (irreg.) éxito to be successful (2)
exitoso/a successful
expandir to expand
explicar (qu) to explain
exploración *f.* exploration
explorador(a) explorer (12)
explotación *f.* exploitation
explotar to exploit (12)

expresión *f.* expression; **libertad (f.) de expresión artística** freedom of artistic expression (9)
expulsar to expel
extender (ie) to extend
extenso/a extensive
extinguir (g) to extinguish, put out; **extinguirse** to become extinct (6)
extranjero *n. m.* abroad
extranjero/a *n.* foreigner; *adj.* foreign; **lengua extranjera** foreign language (1)

F

fábrica factory
fabricar (qu) to manufacture
fábula fable
facción *f.* faction
facilidad *f.* ease
facilitar to make easier
facsímil *m.* facsimile (fax) (7)
facultad *f.* ability
fallar to fail
fallecimiento death
falsificar (qu) to falsify
falta lack; absence; error, mistake
faltar to lack; to miss (*an event*)
fanatismo fanaticism (10)
fanatizar (c) to make fanatical
fantasma ghost
fascinante fascinating
fastidiar to annoy, irritate, bother
favorecer (zc) to favor (8)
fax *m.* fax (7)
fe *f.* faith
febril feverish
fehaciente reliable
fenómeno phenomenon
feria fair
festejar to celebrate
festivo/a: día (m.) festivo holiday
fiarse (me fío) de to trust
figura figure
fila row
filtro filter
fin *m.* end; **a fin de cuentas** in the end; **a fin de que** *conj.* so that; **fin de semana** weekend; **por fin** finally
financiero/a financial
firma signature
física *f.* physics
físico/a *adj.* physical; **apariencia física** physical appearance (8)

flecha arrow
flor *f.* flower
fluidez *f.* fluency
flúor *m.* fluorine
fomentar to foster, promote (8)
fomento fostering, promotion
fondo: a fondo thoroughly
formar to form; **formar parte de** to be a member or part of
fortuito/a accidental, fortuitous
fósil *adj.*: **combustibles (m. pl.) fósiles** fossil fuels (6)
fracasar to fail
fraile *m.* friar, monk
fraternidad *f.* fraternity
frente *f.* front; **frente a** *prep.* facing, opposite; **hacer (irreg.) frente** to face, confront
fresa strawberry
fricativo/a *gram.* fricative
frito/a fried
frontera border (2)
fronterizo/a *adj.* border
fuente *f.* source; fountain
fuerza force; strength
fuga flight, escape
fulgor *m.* splendor; shine
fundar to found
fútbol *m.* soccer

G

gafas (f. pl.) de sol sunglasses
galardonar to reward
gallego *m.* Galician (*language*)
ganado herd
ganar to win; to earn
garantizar (c) to guarantee
garganta throat
gastar to spend
general *m.* general (*military*); *adj.* general; **por lo general** in general
genocidio genocide (12)
gerente *m., f.* manager
gigantesco/a gigantic
ginebra gin
giro spinning, turning
gobierno government
golpear to hit
gorguera ruffle
gorro cap
gozar (c) to enjoy
grabadora tape recorder
grabar to record
grado degree

graduarse (me gradúo) to graduate
gráfico/a *adj.* graphic
grafología graphology (*study of handwriting*)
granja farm
granjero/a farmer
gratificar (qu) to gratify
grave serious
grito shout; **dar** (*irreg.*) **gritos** to shout
guante *m.* glove
guardián, guardiana caretaker
guerra war; **Segunda Guerra Mundial** World War II
guía *m., f.* guide (*person*); *f.* guidebook; **guía telefónica** telephone book
guiar (guío) to guide
gustar to be pleasing; to like (5)
gusto pleasure; **dar** (*irreg.*) **gusto** to please, make happy

H

haber *irreg.* to have (*auxiliary*); **haber que** + (*inf.*) to be necessary to (*do something*)
habitante *m., f.* inhabitant (6)
hábito habit
hablante *m., f.* speaker
hacer *irreg.* to do; to make; **desde hace** + *time* for (*time*); **hace** + *period of time* (*period of time*) ago; **hace poco** a little while ago; **hacer clik** to click on; **hacer daño** to harm; to damage; **hacer ejercicio** to exercise; **hacer ejercicio aeróbico** to do aerobics; **hacer énfasis** to emphasize; **hacer frente** to face, confront; **hacer frío** to be cold (*weather*); **hacer preguntas** to ask questions; **hacer presente** to represent; **hacer sol** to be sunny; **hacer trampa** to play a trick; **hacer viento** to be windy; **hacerse** to become
hacia *prep.* toward
hacienda ranch
hada: cuento de hadas fairy tale
hallar to find
hambre *m.* hunger
harina: masa harina cornmeal
hasta *prep.* until; up to; as far as; *adv.* even, also; **hasta que** *conj.* until

hecho *n.* act; deed; fact
hecho/a (*p.p. of* **hacer**) made; done; **estar** (*irreg.*) **hecho/a a polvo** to be exhausted
hemisferio norte/sur northern/southern hemisphere (12); **hemisferio occidental/oriental** western/eastern hemisphere (12)
heredar to inherit
herencia inheritance
herir (ie, i) to wound, hurt
hermoso/a beautiful; handsome
héroe, heroína hero, heroine
herradura horseshoe (3)
herrar (ie) to shoe (*a horse*)
herrería blacksmithing
hierba grass; herb
hierro iron
hispanohablante *m., f.* Spanish-speaker (2)
hogar *m.* home
hoja leaf; sheet (*of paper*)
honrar to honor
hora hour; time; **horas pico** rush hour (6)
horno oven
horrorizado/a horrified (1)
hueco hole, gap
huelga strike
huella digital fingerprint (8)
hueso bone
huir (y) to flee
humano/a human (9); **ser** (*m.*) **humano** human being
humo smoke
huracán *m.* hurricane

I

ibérico/a Iberian
identidad *f.* identity (11)
idóneo/a proper
iglesia church (9)
ignorar to be unaware of
igualdad *f.* equality (9)
igualmente *adv.* equally; likewise
ilegal illegal
imagen *f.* image (11); picture
impedido/a disabled, crippled
impedimiento obstacle
impedir (*like* **pedir**) to impede (7); to prevent
imperio empire
imponer (*like* **poner**) to impose
importar to be important (5)

imprescindible essential, indispensable
impresionar to impress (5)
impreso/a printed
imprevisible unforeseeable, unpredictable
impuesto tax
impulsar to impel, drive
impulsivo/a impulsive (1)
inalámbrico: teléfono inalámbrico cordless telephone (7)
incierto/a uncertain, unsure
incitación *f.* incitement
inclinado/a slanted
incluir (y) to include
inconfundible unmistakable
incrédulo/a incredulous (4)
incrementar to increase
inculcación *f.* implantation (of ideas)
inculcar (qu) to implant (ideas) (4)
indemnización *f.* indemnification
independizar (c) to become independent
indicar (qu) to indicate
indicativo *m. gram.* indicative
índice *m.* index
indígena *n. m., f.* indigenous person; *adj.* indigenous
indio/a *n.* Indian
indocumentado/a undocumented
indudable doubtless, certain
inevitable unavoidable
influir (y) (en) to influence (4)
informe *m.* report
infundir to inspire with; to instill
ingresar to enter
iniciar to initiate
injusticia injustice (10)
injustificable unjustifiable
injusto/a unfair; unjust
inmigrar to immigrate (12)
inmóvil immobile, motionless
innato/a innate
innecesario/a unnecessary
inolvidable unforgettable
inquietar to worry
inscribirse (*p.p.* **inscrito**) to enroll
inseguro/a unsure
insensatez *f.* senselessness; foolishness
inseparable inseparable (2)
insignia insignia (11)
insinuar (insinúo) to insinuate
insomnio insomnia
inspirar to inspire (7)

instruir (y) to instruct
íntegro/a integral
intencionado/a intentional
intensidad *f.* intensity
intenso/a intense
intentar to try
intento attempt
interacción *f.* interaction
intercambio interchange,
  exchange (12)
interés *m.* interest
interesado/a interested (1)
interfaz *f.* (*pl.* **interfaces**)
  interface (8)
interior *m.* inside, interior; **ropa**
  interior underwear
intervenir (*like* **venir**) to intervene
íntimo/a intimate
intolerancia intolerance (10)
introducir *irreg.* to introduce
intuir (y) to intuit
intuitivo/a intuitive (4)
inútil useless
invadir to invade (2)
invasión *f.* invasion (12)
invento invention
invernadero: efecto invernaderno
  greenhouse effect (6)
invernar (ie) to hibernate; to spend
  the winter
inversión *f.* investment
invertir (ie, i) to invest
invitado/a *n.* guest
iris: arco iris rainbow
irradiación *f.* radiation
irreal unreal
irreparablemente irreparably
isla island; **Islas Pascuas** Easter
  Island

J

jabón *m.* soap
jarra jar
jeroglífico hieroglyphic
Jesucristo Jesus Christ
judío/a *n.* Jewish person; *adj.*
  Jewish
juez(a) (*pl.* **jueces**) judge
juguete *m.* toy
juicio judgment
jungla jungle
juntar to assemble, gather
justicia justice
justificar (qu) to justify
justo/a fair

juvenil juvenile
juventud *f.* youth
juzgado court
juzgar (gu) to judge

L

ladrón, ladrona thief
lago lake
lamentable deplorable; sad
lamentar to lament, mourn
lanzamiento launching
largo/a long; **a lo largo de** along
lástima shame
lastimar(se) to hurt (oneself)
lata can
legislar to legislate
legumbre *m.* vegetable
lejano/a *adj.* far, distant
lentamente slowly
león *m.* lion
lesión *f.* injury, wound, lesion
letal lethal
letra letter; **letra cursiva** italics
levantar to raise; **levantarse** to get
  up
levar to weigh (anchor)
ley *f.* law
leyenda legend
liberar to free; to liberate
libre free; **al aire libre** outdoors
libreta de direcciones address book
líder *m.* leader
liderazgo leadership (11)
lienzo canvas
ligero/a light
límite *m.* limit; boundary
linaje *m.* lineage (10)
línea line
listeza cleverness; alertness
listo/a *adj.* smart (1); ready
llamada *n.* call
llamar to call; **llamar la atención**
  to attract notice; **llamarse** to be
  called
llamativo/a showy; attention-
  getting (8)
llanura plain (*geography*)
llegada arrival
llegar (gu) to arrive; **llegar a ser** to
  become
lleno/a full
lluvia rain; **lluvia ácida** acid rain (6)
localizar (c) to find
lograr to achieve, attain (4)
logro achievement

luchar to struggle; to fight
lugar *m.* place; **tener** (*irreg.*) **lugar**
  to take place
lujoso/a luxurious
luminoso/a bright
luna moon

M

madera wood, lumber (3); **tocar**
  (qu) madera to knock on wood
maderería lumberyard
madrastra stepmother
madrina godmother
madrugar (gu) to get up early
maíz *m.* (*pl.* **maíces**) corn; **pan** (*m.*)
  de maíz cornbread
maldad *f.* wickedness; evil
maldecir (*like* **decir**) to curse,
  damn; to speak ill of
maldición *f.* curse (3)
maleficiencia wickedness,
  maleficence
maleficio spell, curse, charm
malgastar to waste
mancha stain
mandamiento command, order
mandar to send, mail (7); to order,
  command (7)
mandarina mandarin orange
mandato *gram.* command
mando a distancia remote
  control (7)
manera way, manner; **de manera**
  que in such a way that; **de nin-**
  guna manera absolutely not
manifestación (*f.*) **política**
  demonstration (9)
manifestante *m., f.* demonstrator
mantener (*like* **tener**) to maintain
  (4); to keep (4)
mantenimiento maintenance
mapamundi *m.* map of the world
máquina machine; **máquina de**
  escribir typewriter
marca mark; brand
marcado/a pronounced
marcar (qu) to mark
margen *m.* margin; fringe
marginación *f.* marginalization (10)
mariposa butterfly
marrón chestnut-colored
Marruecos Morocco
mascullar to mumble, mutter
matar to kill (3)
mate *m. type of tea*

materia subject; matter; material, substance
materno/a maternal
matricularse to enroll, register
matrimonio marriage; **contraer** (*like* **traer**) **matrimonio** to get married
maya *n., adj. m., f.* Mayan
mayor greater; greatest; larger; largest; older; oldest; **cuanto mayor** the bigger
mayoría majority
mecedora rocking chair
mecer (z) to rock
medalla medal
mediano/a average
mediante by means of
medio *n.* means, way; medium; **medio ambiente** environment; **medios de comunicación** media; **por medio de** by means of
medio/a *adj.* half; middle; **media luz** *f.* half-light
meditación *f.* meditation
mejorar to improve
meléfico/a harmful (3)
mencionar to mention
menesteroso/a needy
menor *n.* minor; *adj.* less; lesser; younger; youngest
menos less; least; fewer; fewest; *prep.* except, but; **a menos que** *conj.* unless; **por lo menos** at least
mensaje *m.* message (7)
mensajero/a messenger
mente *f.* mind
mentir (ie, i) to lie (3)
mentira lie
mentón *m.* chin
meñique *m.* little finger
mercader(a) shopkeeper
merecer (zc) to deserve
meridiano meridian
mero/a mere
merodear to pillage, loot
mestizaje *m. interracial mixing*
meta goal
meter to put in, insert (7); **meter la pata** to put one's foot in one's mouth
metido/a rich, full of; meddlesome (*Amer.*)
metódico/a methodical (4)
metro meter

mezcla mixture (2)
mezcolanza mixture; hodgepodge
miedo fear; **tener** (*irreg.*) **miedo** to be afraid
miembro member
mientras *adv.* meanwhile; **mientras que** as long as; *conj.* while
migrante *adj.* migrant
milagro miracle
ministro/a minister
minoritario/a *adj.* minority
misa Mass
mismo/a same; self; **ahora mismo** right now; **sí mismo/a** oneself
mitología mythology
módem *m.* modem
modestia modesty
modo way, manner; **de modo que** *conj.* in such a way that
molestar to bother, annoy (5)
molestia *n.* bother
molino de viento windmill
moneda coin
monja nun
monolingüe monolingual
montaña mountain
montañoso/a mountainous
monte *m.* mountain
moral: principio moral moral principle (9)
moralizar (c) to moralize
moreno/a dark (*hair and skin*)
morfológico/a morphologic
morir(se) (ue, u) (*p.p.* **muerto**) to die
mostrar (ue) to show
motivación *f.* motivation
motivar to motivate
motivo reason; motive
moto *f.* motorcycle
mover(se) (ue) to move
móvil *m.* cell phone (7)
movimiento movement
mozo/a young man/woman
muchacho/a boy/girl
mudanza *n.* move
mudarse to move (1)
mueble *m.* a piece of furniture; *pl.* furniture
muerte *f.* death
muerto/a *n.* dead person; *adj.* dead
mujer *f.* woman; wife
mulato/a mulatto (*person of mixed African and European ethnicities*)

multa *n.* fine
mundano/a worldly; mundane
mundial *adj.* world, worldwide; **Segunda Guerra Mundial** World War II
mundo world; **mundo occidental** western world
murciélago bat (*animal*)
musulmán, musulmana *n., adj.* Muslim
mutuamente mutually

N

nacer (zc) to be born
nacimiento birth
nación *f.* nation; **Naciones Unidas** United Nation
náhuatl *m. language spoken by the Aztecs*
narrador(a) narrator
narrativo/a *adj.* narrative
natal: país (*m.*) **natal** native country
nativo/a *n., adj.* native; **lengua nativa** native language
naturaleza *n.* nature
naturalización *f.* naturalization
navegación *f.* navigation
navegar (gu) to navigate (7); **navegar la red** to surf the Internet
necesidad *f.* necessity
necesitar to need
negar (ie) (gu) to deny; **negarse a** to decline, refuse to
negocio business
neutro/a neutral
niebla fog
nieve *f.* snow; **Blanca Nieves** Snow White
nivel *m.* level; **nivel de vida** standard of living (2); **nivel económico** economic status (8); **nivel social** social status (8)
nivelación *f.* leveling
nivelar to level
no obstante nevertheless
nocivo/a harmful; **acción** (*f.*) **nociva** harmful action (5)
Noel: Papá Noel Santa Claus
nombrar to name
nominado/a nominated
nominal: cláusula nominal *gram.* noun clause
nopal *m. type of cactus*
norma standard, norm; rule

noroeste *m.* northwest

norte *n. m., adj.* north; **hemisferio norte** northern hemisphere (12)

norteamericano/a *n., adj.* North American; American

nota note; grade

noticia piece of news; *pl.* news (7)

noticiero/a *n.* newscast; *adj.* news

notificar (qu) to notify

novelesco/a like a novel; fantastic

novelizar (c) to novelize, fictionalize

nube *f.* cloud

nuez *f.* (*pl.* **nueces**) nut

nupcial nuptial

O

obedecer (zc) to obey

obispo bishop

objetivo/a *adj.* objective (4)

obligación *f.* obligation

obligatorio/a compulsory, obligatory

obra work (*art, music, theater*)

obrero/a laborer, worker

obstante: no obstante nevertheless

obstinación stubbornness, obstinacy

obtener (*like* **tener**) to obtain

ocasión *f.* occasion; opportunity, chance

ocasionar to cause (6)

occidental *adj.* western; **hemisferio occidental** western hemisphere (12); **mundo occidental** western world

occidente *m.* west

océano ocean; **Océano Atlántico** Atlantic Ocean

oclusivo/a *gram.* occlusive

ocultar to hide

oculto/a hidden

ocupado/a busy

ocupar to occupy

ocurrir to happen

odio hatred; **crimen** (*m.*) **por odio** hate crime (10)

oeste *m.* west

ofender to offend (10)

ofensor(a) *n.* offender; *adj.* offending

oferta offer

ofrecer (zc) to offer

ofrenda offering

oír *irreg.* to hear

ojalá *interj.* I hope so; Let's hope

ojo eye; *interj.* watch out

olimpiadas *pl.* Olympics

olvidar to forget

opinión *f.* opinion; **difundir opiniones** to spread opinions (9)

oponerse a (*like* **poner**) to oppose (10)

oprimir to oppress (12)

optativo/a optional

opuesto/a opposite

órbita orbit

ordenador *m.* computer (*Sp.*) (7)

ordenar to arrange, put in order

organizar (c) to organize

orgullo pride

orgulloso/a proud

oriental *adj.* eastern; **hemisferio oriental** eastern hemisphere (12)

oriente *m.* east

orificio orifice

originario/a (de) originating (from), native (of)

ortográfico/a *adj.* spelling

oscuro/a dark

otorgar (gu) to grant

oye *interj.* hey

ozono ozone; **agujero en la capa del ozono** hole in the ozone layer (6)

ozonósfera ozonosphere

P

padecer (zc) to suffer

país *m.* country; **país natal** native country

palabra word; **libertad** (*f.*) **de palabra** freedom of speech (9)

palabrear to chat; to prattle

palabrería talk, chatter

palma palm

paloma dove

palomitas *pl.* popcorn

pan *m.* bread; **pan de maíz** cornbread; **pan tostado** toast

panameño/a *n., adj.* Panamanian

pánico panic

pantalla screen (7)

pañal *m.* diaper

papa *m.* pope

papá *m.* Dad; **Papá Noel** Santa Claus

papel *m.* paper

paquete *m.* package

par *m.* pair

paraguas *m. inv.* umbrella (3)

paraíso paradise

paralelo parallel

parar to stop

parcial partial

parecer (zc) to appear, seem, look; **parecerse** to look alike, resemble one another (4); **¿qué te parece?** what do you (*fam. s.*) think?

parecido/a similar, alike; **bien parecido** good-looking (2)

pared *f.* wall

pareja couple, pair; partner

parentesco kinship, relationship

pariente *m.* relative

párrafo paragraph

parte *f.* part; **formar parte** to be a member or part of; **por otra parte** on the other hand; **por otro lado** on the other hand; **por parte de** on behalf of (9); **por todas partes** everywhere

partida: punto de partida starting point

partido game; party (*political*)

pasar to spend; to pass; to happen; **pasar por alto** to disregard; to leave out

Pascua: Conejo de Pascua Easter Bunny; **Islas Pascuas** Easter Island

pasivo/a passive

paso step

pasto grass

pata paw (3); hoof; leg; **meter la pata** to put one's foot in one's mouth

patada kick

patear to kick

patrón, patrona *n., adj.* patron

paz *f.* (*pl.* **paces**) peace

pecado sin

pecho chest

pechuga chest, breast

pedir (i, i) to ask (for)

pegamento glue

peinar to comb; to fix, do (*hair*); **peinarse** to comb one's hair; to do one's hair

peligro danger (4)

peligroso/a dangerous

pelo hair

peluquero/a hairdresser

pena: valer (*irreg.*) **la pena** to be worthwhile (10)

pensamiento thought

pensar (ie) to think

penumbra *f.* semidarkness

peor worse; worst
percibir to perceive
perder (ie) to lose; to waste (*time*); to miss
pérdida loss
perdonar to forgive, pardon
perdurar to last
pereza laziness
perezoso/a lazy (1)
perfil *m.* profile
perfume *m.* perfume
periférico *n.* peripheral (*computer*) (8)
periodista *m., f.* journalist
perjudicar (qu) to harm
permitir to allow, permit
perpetrar to perpetrate
perseguir (*like* **seguir**) to pursue
persistente persistent
personaje *m.* personage, personality; character (*in literature*)
personalidad *f.* personality
perspectiva perspective (12)
persuadir to persuade
pertenecer (zc) to belong to
perteneciente pertaining, belonging
pertinente pertinent
pesar to weigh; **a pesar de** in spite of, despite
pesca fishing
peso weight
petróleo oil
picar (qu) to peck
pico: horas pico rush hour (6)
pie *m.* foot; bottom (*of a page/ drawing*); **estar** (*irreg.*) **de pie** to be standing
piedra stone
piel *f.* skin
pila battery
pionero/a pioneer (12)
pirata *m., f.* pirate (12)
piso floor
pizarra chalkboard
placer *m.* pleasure
planicie *f.* plain
plano/a flat
planta *n.* plant
plantar to plant
plástico/a *adj.* plastic; **espuma plástica** bubble wrap (5)
plátano banana
playa beach
plaza square, plaza
pleito lawsuit

población *f.* population (2)
poblar to populate
pobre *n. m., f.* poor person; *adj.* poor
pobreza poverty
poco *n.* a little; *adv.* not very; little; not often; **hace poco** a little while ago; **poco a poco** little by little
poesía poetry
polar: capa de hielo polar polar ice cap
político/a *n.* politician; *adj.* political; **manifestación** (*f.*) **política** demonstration (9)
polo pole
polvo dust; **estar** (*irreg.*) **hecho/a a polvo** to be exhausted
poner *irreg.* to put; **poner en claro** to make clear; **poner énfasis** to emphasize; **ponerse** + (*adj.*) to become + (*adj.*)
por by; for; through; by means of; by way of; as; **por ciento** percent; **por completo** completely; **por debajo de** underneath; **por ejemplo** for example; **por encima de** on top of, above; **por escrito** in writing; **por eso** for that reason; **por favor** please; **por fin** finally; **por la mañana/tarde** in the morning/afternoon; **por la noche** at night; in the evening; **por lo general** in general; **por lo menos** at least; **por medio de** by means of; **por otra parte** on the other hand; **por otro lado** on the other hand; **por parte de** on behalf of (9); **¿por qué?** why?; **por su lado** on his/her part; **por supuesto** of course; **por todas partes** everywhere; **por último** lastly; **por un lado** on the one hand
porcentaje *m.* percentage (2)
porche *m.* porch
porción *f.* portion
portada cover (*of a magazine, book*)
portar to carry, bear; **portarse** to behave
portátil portable (7)
poseer (y) to possess
postergar (gu) to postpone
postre *m.* dessert
postura stance
potencia power
practicar (qu) to practice

práctico/a practical (1)
preceder to precede
precepto precept
precio price
precisar to specify
preciso/a necessary
predecir (*like* **decir**) to predict
predicción *f.* prediction
predominar to predominate
preferir (ie, i) to prefer
prejuicio prejudice
prejuicioso/a prejudicial (4)
prejuzgar (gu) to prejudge
premiación *f.* awarding
premiar to award (8)
premio award, prize
prenda article of clothing
prensa press; **libertad** (*f.*) **de prensa** freedom of the press (9)
preocupación *f.* worry, concern
preocupar to worry (5); **preocuparse** to be worried
preparar to prepare
presagiar to predict, foretell
presagio omen (4)
presencia presence
preservación *f.* preservation
preservar to preserve
presidencia presidency
presidencial presidential
presión *f.* pressure; **sufrir presiones** to be stressed
préstamo loan
prestar to lend; **prestar atención** to pay attention
presunto/a presumed
pretender to claim
prevalecer (zc) to prevail
prevenir (*like* **venir**) to prevent
previamente previously
previsible foreseeable
primario/a: escuela primaria elementary school
primitivo/a primitive
principalmente primarily, mainly
principio principle; **al principio** in the beginning; **principio moral** moral principle (9); **principio religioso** religious principle (9); **principio social** social principle (9)
prisionero/a prisoner
privado/a private
privilegiar to favor; to grant a privilege to
privilegio privilege (9)

probar (ue) to taste; to try
procedente de coming, originating from
procedimiento procedure
proclamar to proclaim
producir *irreg.* to produce
productivo/a productive
producto product (8); **productos envasados** canned goods (5)
productor(a) producer
profecía prophecy
profesar to profess
profeta *m., f.* prophet
profundidad *f.* depth
profundo/a deep
programa *m.* program; **programa** (*m.*) **de entrevistas** talk show (7)
programación *f.* programming
progreso progress
prohibir (prohíbo) to forbid, prohibit
prometer to promise
promover (ue) to promote
pronóstico forecast
pronto soon; **tan pronto como** as soon as
pronunciar to pronounce
propagar (gu) to spread
propicio/a auspicious, favorable
propio/a one's own
proponer (*like* **poner**) to propose
propósito purpose (4); **a propósito** by the way
propuesto (*p.p. of* **proponer**) proposed
prosperidad *f.* prosperity
protagonista *m., f.* protagonist
proteger (j) to protect (4)
protestante *adj.* protestant
provecho benefit; advantage
provechoso/a beneficial; profitable; advantageous
providencia providence
provincia province
provocar (qu) to provoke; to tempt
proyecto project
prudente prudent, wise
prueba quiz; proof
psíquicamente psychically
publicar (qu) to publish
publicitario/a: anuncio publicitario advertisement (7)
público/a *adj.* public; **transporte** (*m.*) **público** public transportation (6)

pudrir to rot
pueblo town; people
puente *m.* bridge
puertorriqueño/a *n., adj.* Puerto Rican
puesto (*p.p. of* **poner**) put; **llevar puesto** to have on; **puesto que** *conj.* since
pulgar *m.* thumb
pulmón *m.* lung
punto point; **punto de partida** starting point; **punto de vista** point of view
puntual punctual
puro *n.* cigar
puro/a *adj.* pure

Q

quedar to be left (*over*); **quedarse** to stay, remain
quemar to burn
querer *irreg.* to want; to love; **querer decir** to mean
químico/a *n.* chemist; chemical (5); *adj.* chemical
quitar to take away

R

racionalmente rationally
racismo racism (10)
racista *n., adj. m., f.* racist
radiación *f.* radiation
radiar to radiate
radioemisora broadcasting station
rallado/a: estar (*irreg.*) **rallado/a** to be very angry
rango rank
raro/a rare; unusual; **raras veces** rarely
rasgo trait, characteristic
ratificar (qu) to ratify
rato a while
Ratoncito Pérez Tooth Fairy
rayo ray
raza race (*ethnicity*) (10)
razón *f.* reason; **tener** (*irreg.*) **razón** to be right
razonable reasonable (4)
razonamiento reasoning
reacción *f.* reaction
reaccionar to react
realidad *f.* reality
realista *adj.* realistic (8)

realizado/a carried out, accomplished (4)
realizar (c) to carry out
reaparecer (*like* **parecer**) to reappear
rebajar to lower, bring down
rebelde rebellious
recado message
recepcionista receptionist
receta recipe
rechazar (c) to reject (5)
rechazo rejection
rechinar to creak, squeak
recibir to receive (7)
recibo receipt
reciclaje *m.* recycling
reciclar to recycle (5)
reciente recent
recipiente *m.* container (5)
recoger (j) to pick up, collect
recomendar (ie) to recommend
reconocer (zc) to recognize
reconocido/a acknowledged
recordar (ue) to remember
recurso resource
red *f.* network; Web, Internet (7); **navegar (gu) la red** to surf the Internet; **red de comunicación** communication network (7)
redada roundup, dragnet
reducción *f.* reduction
reducir *irreg.* to reduce (5)
reemplazar (c) to replace (8)
reemplazo replacement
reescribir to rewrite
referencia reference
referirse (ie, i) a to refer to
reflejar to reflect
reforma reform; **reforma agraria** agrarian reform
refrán *m.* saying, adage
refrescarse (qu) to refresh oneself
refresco soft drink
regalar to give (*a gift*) (3)
regalo gift, present
régimen *m.* regime
región *f.* region (12)
registrar to search
regla rule
regresar to return (3)
rehuir (y) to avoid; to shrink from
reina queen
reino kingdom, realm
relación *f.* relation

relacionarse to become connected or related (1); to get acquainted
relajación *f.* relaxation
relajado/a relaxed (1)
relajar(se) to relax (7)
relatar to tell, relate; to narrate
relato report, account; story
remitir to remit, send
remontar to elevate, raise
remoto/a remote
rencilla grudge, quarrel (11)
reparación *f.* repair
repartir to distribute, give out
repasar to review
repaso review
repeler to repel
repente: de repente suddenly
repetir (i, i) to repeat
reportaje *m.* article, report
representar to represent (11)
reprimir to repress
reprobable reprehensible
reprobación *f.* reproof, censure
reprobador(a) reproving
reprobar (ue) to reprove, censure (9); to fail, flunk
reproducir *irreg.* to reproduce
requerir (ie, i) to require
reservado/a reserved (1)
reservar to reserve
residir to reside
resolver (ue) (*p.p.* **resuelto**) to resolve
resonar to resound; to resonate
respectar to respect
respectivo/a respective
respecto: (con) respecto a with regard to
restaurar to restore
resto rest; *pl.* leftovers
restringir (j) to restrict
resuelto/a (*p.p. of* **resolver**) resolved
resumen *m.* summary
retar to challenge, dare
retener (*like* **tener**) to retain
retirar to withdraw
reto challenge (8)
retrato portrait
reunión *f.* meeting
reunir (reúno) to assemble, gather; **reunirse** to get together
reusar to reuse
reutilizable reusable
reutilizar (c) to reutilize, reuse
revelar to reveal

reventar to burst, explode
revisar to search
revisión *f.* review
rey *m.* king
ridiculizar (c) to ridicule (8)
ridículo/a ridiculous
riesgo risk (4); **correr riesgos** to take risks
rigor *m.* rigor, severity
rincón *m.* corner
río river
rito rite
rivalidad *f.* rivalry
robar to steal, rob
robo theft, robbery
rocío dew
rodilla: de rodillas on one's knees
rogar (ue) (gu) to beg
romper (*p.p.* **roto**) to break
ropa clothes, clothing; **ropa interior** underwear; **suavizante** (*m.*) **de ropa** fabric softener
rosario rosary
roto/a (*p.p. of* **romper**) broken
rubio/a blond
ruido noise
ruta: ir (*irreg.*) **en ruta** to be on the way
rutinario/a routine

##

sabelotodo *m., f.* know-it-all
sabiduría wisdom (3)
sabiendas: a sabiendas *adv.* knowingly, consciously
sábila aloe
sabio/a wise (3)
sabor *m.* flavor
sacar (qu) to take out; to remove; **sacar conclusiones** to draw conclusions; **sacar foto(grafías)** to take pictures; **sacar vídeo(s)** to check out (a) video(s)
sacerdote *m.* priest
sacrificio sacrifice
sal *f.* salt
salir *irreg.* to leave; to go out; **salir bien** to turn out well
salsa sauce
salvar to save, rescue
salvo que *conj.* unless
san, santo/a saint
sangre *f.* blood
sangriento/a bloody

sano/a healthy
satira satire
satirizar (c) to satirize (8)
satisfacer (*like* **hacer**) to satisfy
sección *f.* section
sedentario/a sedentary (1)
sedentarismo sedentariness
segregar (gu) to segregate (10)
seguido/a *adj.* successive
seguir (i, i) (g) to follow; to continue
segundo/a *adj.* second; **Segunda Guerra Mundial** World War II
seguro/a sure, certain; secure; **seguro de sí** sure of oneself (4)
selva jungle
semanal weekly
semejante similar
semejanza similarity
senador(a) senator
sensato/a sensible, prudent
sentado/a: dar (*irreg.*) **por sentado/a** to take for granted
sentarse (ie) to sit
sentencia sentence (*legal*)
sentido sense; meaning
sentimiento feeling
señal *m.* signal (7); sign
señalar to indicate
señor(a) man, woman
separar to separate
ser *m.* being; **ser humano** human being
ser *irreg.* to be; **llegar (gu) a ser** to become
serie *f.* series; **serie de acción** action series
serpiente *f.* snake
servicial obliging, willing
servicio service (8)
servilleta napkin
servir (i, i) to serve
sexismo sexism (10)
sexista *adj.* sexist (8)
SIDA *m.* AIDS
siempre *adv.* always; **siempre que** *conj.* provided that; **siempre y cuando** as long as, provided that
siglo century
significado meaning
significar (qu) to mean
silencioso/a quiet
simbólico/a symbolic
simbolizar (c) to symbolize (11)
simétrico/a symmetrical

simpatizar (c) (con) to get along well (with)
sincero/a sincere
sintaxis *f. inv., gram.* syntax
sintético/a synthetic
sitio place
situar (sitúo) to put, place
sobrenatural *adj.* supernatural
sobrepeso excess weight
sobrepoblación *f.* overpopulation (6)
sobrepoblado/a overpopulated
sobrevivir to survive
sociabilidad *f.* sociability
sociable sociable (1)
social: nivel (*m.*) **social** social status (8); **principio social** social principle (9)
socialismo socialism
socializar (c) to socialize
sociedad *f.* society
sociohistórico/a socio-historical
soldado soldier
soledad *f.* loneliness
soler (ue) to be in the habit of, be accustomed to
solidaridad *f.* solidarity (11)
sólido/a solid
sollozo sob
solucionar to solve
sombra shadow
someter a to subject (*someone*) to
sonador(a) *adj.* noisemaking
sonar (ue) to ring (7); to sound (7)
sonido sound
soñar (ue) (con) to dream (about)
soportar to tolerate
sorprender to surprise (5)
sorprendido/a surprised (1)
sospecha suspicion
sospechoso/a suspect
sostener (*like* **tener**) to sustain
soviético/a: Unión (*f.*) **Soviética** Soviet Union
suavemente softly
suavizante (*m.*) **de ropa** fabric softener
subjetivo/a subjective (4)
subordinación *f.* subordination
subrayado/a underlined
subyacer (*like* **yacer**) to underlie
subyugar (gu) to subjugate (10)
suceso event, occurrence
sucursal *f.* subsidiary; branch office
Sudáfrica South Africa

sueldo salary
suelo ground; soil, earth
sueño dream
suerte *f.* luck (3); **echar suertes** to cast or draw lots; **tener** (*irreg.*) **buena/mala suerte** to be (un)lucky
suertudo/a lucky
sufrimiento suffering
sufrir to suffer; to undergo, experience; **sufrir presiones** to be stressed
sugerencia suggestion
sugerir (ie, i) to suggest
suicidarse to commit suicide
sujetar to subject, subdue
suma sum, amount
superficie *f.* surface
suplantado/a supplanted
suplicar (qu) to beg
suponer (*like* **poner**) to suppose
suprimir to suppress (10)
supuesto: por supuesto of course
sur *m.* south; **hemisferio sur** southern hemisphere (12)
sureño/a southern
surgimiento rise
surgir (j) to spring up, arise (2)
surtido/a assorted
suspensión *f.* suspension
suspicaz (*pl.* **suspicaces**) suspicious, distrustful
sustancia substance
sustituir (y) to substitute
susto fright

T

tabaco tobacco
tabla table, chart
tal such, such a; so; **con tal de que** *conj.* provided that; **tal como** such as; just as; **tal vez** perhaps, maybe
tala logging
talar to fell, cut down (6)
taller *m.* shop; workshop
tan *adv.* as; so; at least, only; **tan... como** as . . . as; **tan pronto como** as soon as
tanque *m.* tank
tanto/a *adj.* so much; so long, so far; so often; *pl.* so many; **tanto... como** as . . . as; **tanto como** as much as

tapiz (*pl.* **tapices**) tapestry
tardar en (+ *inf.*) to take a long time to (*do something*)
tarta pie
tasa de deforestación rate of deforestation
techo roof
tecla key (*of a keyboard*)
teclado keyboard
técnica technique
tecnología technology
tecnológico/a technological; **avance** (*m.*) **tecnológico** technological advance (7)
teleadicción *f.* TV addiction
telefónico/a *adj.* telephone; **guía telefónica** telephone book
teléfono telephone; **teléfono celular** cellular telephone; **teléfono inalámbrico** cordless telephone (7)
telenovela soap opera (7)
televidente *m., f.* television viewer
televisivo/a *adj.* television; **concurso televisivo** game show (7)
temer to fear (3)
temeroso/a fearful
temible to be feared, frightening
templo temple
tener *irreg.* to have; **tener... años** to be . . . years old; **tener buena/mala suerte** to be (un)lucky; **tener confianza** to be confident; **tener éxito** to be successful (2); **tener ganas de** (+ *inf.*) to feel like (*doing something*); **tener la certeza** to be sure; **tener lugar** to take place; **tener miedo** to be afraid; **tener que** (+ *inf.*) to have to (*do something*); **tener razón** to be right; **tenerle confianza** to trust
terapeuta *m., f.* therapist
término term
terreno land
terrestre *adj.* terrestrial
territorio territory (12)
terrorismo terrorism
terrorista *adj.* terrorist
tertulia social gathering
tesis *m.* thesis
tibieza coolness
tierra dirt; ground; Earth
tilde *m.* accent mark
tímido/a shy
típico/a typical

tipo type
tira cómica comic strip; *pl.* comics
tiranía tyranny (9)
tirano/a tyrant
tirar to throw; **tirar en la basura** throw away, out (5)
titulado/a entitled
título title
tocar (qu) to touch; **tocar madera** to knock on wood
tolerar to tolerate
tontería foolishness
torero/a bullfighter
tormenta storm
torneo tournament
toro bull; **corrida de toros** bullfight
tortuga turtle
torturar to torture
tostador *m.* toaster
tóxico/a toxic; **emitir vapores tóxicos** to emit toxic fumes (6)
tradición *f.* tradition
traducción *f.* translation
traducir *irreg.* to translate (1)
traficar (qu) to traffic, deal
tráfico traffic (6)
trama *m.* plot (*literary*)
trampa trick; trap; **hacer** (*irreg.*) **trampa** to play a trick
tranquilo/a calm
transferencia transfer
transitar to transit (6)
transmitir to transmit (7)
transportar to transport
transporte *m.* transportation; **transporte** (*m.*) **público** public transportation (6)
tranvía *m.* trolley car, tram
trasero/a *adj.* back, rear
trasladarse to move
traspasar to go through; to cross
tratado treaty
tratar to treat; to address; **tratar de** (+ *inf.*) to try to (*do something*); **tratarse de** to be about, a question of

trato treatment
través: a través de *prep.* through, across (9)
trébol *m.* clover (3)
trebolar *m.* clover field
trenza braid
tribu *f.* tribe
tribunal *m.* court
trigueño/a olive-skinned
triunfar to triumph (2)
triunfo triumph
trolebús *m.* trolley car
trono throne
tropa troupe
trozo piece
tubería plumbing
tuna prickly pear
turista *m., f.* tourist

U

ultravioleta ultraviolet
unido/a together; united; **Naciones** (*f. pl.*) **Unidas** United Nations
unión *f.* union; **Unión Soviética** Soviet Union
urbanismo urbanism (6)
urbanización *f.* urbanization
urbe *f.* large city
útil useful
utilidad *f.* utility

V

valer (*irreg.*) **la pena** to be worthwhile (10)
validez *f.* validity
válido/a valid
valiente brave
valle *m.* valley
valor *m.* value
valorar to value
vapor *m.* vapor; **emitir vapores tóxicos** to emit toxic fumes (6)
variar (varío) to vary
variedad *f.* variety

vasija vessel, receptacle
vela candle
velorio wake
vencedor(a) conqueror (12); victor, winner
vencer (z) to conquer
venir *irreg.* to come; *period of time* + **que viene** next (*period of time*)
ventaja advantage
ventajoso/a advantageous
veracidad *f.* proof
vergüenza shame
verificar (qu) to check; to verify
vía road; way; track
viciar to corrupt, debase
vicio vice (7)
víctima victim
vida life; **nivel** (*m.*) **de vida** standard of living (2)
vidente *m., f.* seer, clairvoyant
vídeo: sacar (qu) vídeos to check out videos
videocasetera videocassette player (7)
videojuego video game (7)
vidrio glass (5)
viento wind; **hacer** (*irreg.*) **viento** to be windy; **molino de viento** windmill
violación *f.* violation; rape
violar to violate; to rape
violencia violence
virgen *f.* virgin
virtud *f.* virtue
vista sight (7); **punto de vista** point of view
vitorear to applaud, cheer
vitrina glass showcase; store window
voluntad *f.* will
voluntario/a volunteer
votante *m., f.* voter
votar to vote
voz *f.* (*pl.* **voces**) voice
vuelo flight

Index

About the Authors

James F. Lee is Professor of Spanish and Director of Language Instruction in the Department of Spanish and Portuguese at Indiana University. His research interests lie in the areas of second language reading comprehension, input processing, and exploring the relationship between the two. His research papers have appeared in a number of scholarly journals and publications. His previous publications include *Making Communicative Language Teaching Happen,* Second Edition (2003, McGraw-Hill) and several co-edited volumes, including *Multiple Perspectives on Form and Meaning,* the 1999 volume of the American Association of University Supervisors and Coordinators. Dr. Lee is also the author of *Tasks and Communicating in Language Classrooms* (2000, McGraw-Hill). He has also co-authored several textbooks, including *¿Sabías que... ? Beginning Spanish* (2004, McGraw-Hill) and *Ideas: Lecturas, estrategias, actividades y composiciones* (1994, McGraw-Hill). He and Bill VanPatten are series editors for The McGraw-Hill Second Language Professional Series.

Dolly Jesusita Young is currently a Full Professor of Spanish and Associate Head of the Department of Modern Foreign Languages and Literatures at the University of Tennessee, where she is also Director of the first- and second-year Spanish programs. She received her Ph.D. in Foreign Language Education from the University of Texas at Austin in 1985. She has published widely in the areas of language anxiety and foreign language reading. She co-edited the first language anxiety volume *Language Anxiety: From Theory and Research to Classroom Implications,* with Dr. Elaine K. Horwitz, and she published another edited volume in The McGraw-Hill Second Language Professional Series entitled *Affect in Foreign Language and Second Language Learning: A Practical Guide to Creating a Low-Anxiety Classroom Atmosphere* (1999). In addition she co-wrote a Spanish reader, *Esquemas,* with the late Darlene F. Wolf, and then co-wrote *Schema* and *Schemata,* French and German versions of the same reader. Her current research, an outcome of a PEW grant, examines the relationship between technology-enhanced learning and learning outcomes.

Rodney Bransdorfer received his Ph.D. in 1991 in Spanish Linguistics and Second Language Acquisition from the University of Illinois at Urbana-Champaign. He has taught at Purdue University, the University of Illinois at Chicago, and Gustavus Adolphus College. He is currently Associate Professor of Spanish at Central Washington University, where he has taught since 1995. He has presented papers at national conferences such as AATSP and AAAL. In addition to his work on the first two editions of the *Manual que acompaña ¿Qué te parece?,* he also authored the instructor's annotations for *Nuevos Destinos: Spanish in Review* (1998, McGraw-Hill), co-authored the instructor's annotations for *Destinos: Alternate Edition* (1997, McGraw-Hill) and co-authored *Avance* (2004, McGraw-Hill).

Darlene F. Wolf was, at the time of her death, Assistant Professor of Spanish in the Department of Romance Languages at the University of Alabama, where she served as the Director of first-year Spanish and was responsible for the training of graduate teaching assistants. She taught a range of undergraduate and graduate courses in Spanish linguistics and applied linguistics. She received her Ph.D. in Spanish Applied Linguistics at the University of Illinois in 1991, specializing in second language reading research. She published several articles in this area. She co-authored, along with Dolly Jesusita Young, *Esquemas*, a supplementary Spanish reader, as well as other textbooks on developing reading strategies in various languages.